铁路桥梁钢管混凝土结构理论与设计

徐升桥　著

人民交通出版社股份有限公司
China Communications Press Co.,Ltd.

内容提要

本书系统地介绍了铁路桥梁钢管混凝土结构的设计理论，以及作者多年来的相关研究成果，主要包括钢管混凝土结构设计参数的取值、典型节点疲劳试验、承载能力计算方法、钢管应力限值、构造措施等。通过将合成法的研究成果融入叠加法的计算分析过程，建立了实用的桥梁钢管混凝土结构承载能力设计方法；通过4个板管节点试件的疲劳试验，推导了板管节点的疲劳抗力方程，提出了钢管混凝土结构管节点的疲劳设计方法和构造要求；结合实际工程，详解了桥梁钢管混凝土结构的设计过程与技巧，并对可靠性设计进行了实例分析。

本书可供土木工程专业的科学研究人员、工程技术人员、研究生以及高等院校的师生参考。

图书在版编目(CIP)数据

铁路桥梁钢管混凝土结构理论与设计 / 徐升桥著.
— 北京 ：人民交通出版社股份有限公司，2014.12
ISBN 978-7-114-11738-1

Ⅰ.①铁… Ⅱ.①徐… Ⅲ.①铁路桥—钢管混凝土结构 Ⅳ.①U448.13

中国版本图书馆 CIP 数据核字(2014)第 223143 号

书　　名：铁路桥梁钢管混凝土结构理论与设计
著 作 者：徐升桥
责任编辑：赵瑞琴
出版发行：人民交通出版社股份有限公司
地　　址：(100011)北京市朝阳区安定门外外馆斜街3号
网　　址：http://www.ccpress.com.cn
销售电话：(010)59757973
总 经 销：人民交通出版社股份有限公司发行部
经　　销：各地新华书店
印　　刷：北京市密东印刷有限公司
开　　本：787×1092　1/16
印　　张：10
字　　数：238千
版　　次：2014年12月　第1版
印　　次：2014年12月　第1次印刷
书　　号：ISBN 978-7-114-11738-1
定　　价：30.00元
(有印刷、装订质量问题的图书由本公司负责调换)

序　言

钢管混凝土受压构件，其钢管对其内部混凝土的约束作用使混凝土处于三向受压状态，提高了混凝土的抗压强度；其内部混凝土又可以有效地防止钢管发生局部屈曲，钢管和混凝土之间的相互作用使钢管内部混凝土的破坏由脆性破坏转变为塑性破坏，构件的延性性能明显提高。钢管混凝土结构施工时，钢管可以作为劲性骨架承担施工阶段的施工荷载和结构重量，施工不受混凝土养护时间的影响；钢管混凝土结构施工时，不需要模板，具有施工便捷等特点。

钢管混凝土是组合结构的重要形式之一，具有良好的受力性能和施工性能，近年来被广泛使用于铁路、公路和城市桥梁工程中，在我国桥梁工程界取得了多项有影响的国际原创性成果，因此有必要对桥梁工程钢管混凝土结构的理论与设计进行综合性的论述，特别是疲劳设计方面，但到目前为止相关文献较少。

本书总结了关于钢管混凝土结构在铁路桥梁上的使用经验与研究成果，具有重要实用价值，通过简明扼要的论述，达到应用方便的目的；同时为从事桥梁工程设计研究的工程师与研究生们提供一些设计这种结构的准则与方法。

本书第 2 章通过将合成法的研究成果融入叠加法的计算分析过程，确定了桥梁钢管混凝土结构设计所必需的基本参数，满足了大跨度钢管混凝土结构对施工、运营阶段累计应力、位移的计算需求；第 3 章通过典型管节点的疲劳试验与分析，推导了管节点的疲劳抗力方程，提出了钢管混凝土结构管节点的疲劳设计方法和构造要求；第 4～8 章叙述了桥梁钢管混凝土结构的计算分析方法与设计规定，第 9 章对可靠性设计进行了实例分析，第 10～11 章结合实际工程，详解了桥梁钢管混凝土结构的设计过程与技巧。

作者长期从事铁路桥梁工程钢管混凝土结构的设计研究工作，在多方面开展了理论联系实际的研究，积累了不少新成果和新经验，出版此书正好可以满足桥梁钢管混凝土结构设计研究人员对这种专著的需求，亦可供有关院校师生阅读、参考。相信此书的出版，必将有助于促进我国桥梁工程尤其是钢管混凝土结构技术的进步和设计方法的发展。

2014 年 9 月 22 日

前　言

钢管混凝土结构的计算分析方法主要有叠加法和合成法两类，两种方法都可以考虑钢管混凝土构件的套箍效应，在设计中各有其优缺点：合成法采用钢管混凝土统一理论，且有大量的研究成果，可直接进行构件设计，公式形式简单、概念清晰，最近出版的建筑行业设计与施工技术规程均基于合成法；叠加法符合桥梁工程师的设计习惯，可较好地反映大跨度钢管混凝土拱桥施工和运营过程钢管、混凝土应力变化以及结构位移变化的情况，便于设计者开展总体性桥梁结构分析，确保工程的建设和使用安全。

目前钢管混凝土结构在我国桥梁建设中已得到大量的应用，与建筑结构相比，桥梁结构具有跨度大、承受活载的特点，而且大跨度钢管混凝土结构在施工过程累积的应力、位移不可忽视，桥梁设计必须考虑施工过程，以确保桥梁工程的建设和使用安全。

为了充分利用相关行业已有的研究成果，本书结合桥梁工程的特点，对钢管混凝土结构的材料、强度、刚度等参数进行了相应的研究，提出了可考虑施工过程的桥梁钢管混凝土结构设计分析方法和配套的构造要求。钢管混凝土结构连接构造几何形态复杂，不同的焊接部位应力分布差异显著，导致其疲劳承载能力比普通钢结构连接构造的要低，疲劳问题突出，但目前国内外有关桥梁工程钢管混凝土结构疲劳设计方面的研究文献较少，本书在有关钢管混凝土结构典型焊接节点疲劳试验的基础上，提出了钢管混凝土结构的疲劳设计方法。

本书是作者多年研究成果的总结。全书共分 11 章，其主要内容有：基本设计参数研究，疲劳试验，材料与结构分析，构件承载力，节点连接，疲劳设计，构造与工艺要求，可靠性设计，简支组合拱桥设计，连续组合梁桥设计。

中国铁道科学研究院张玉玲研究员、西南交通大学范文理教授参加了第 3 章的试验工作；作者的同事任为东、彭岚平、简方梁、邹永伟、张华分别参加了第 6、7、9、10、11 章的有关研究与试设计工作；原铁道部、中铁工程设计咨询集团有限公司资助了有关建设标准和科技开发计划课题，书中也引用了同行的相关研究成果，在此深表感谢！

由于作者水平有限，书中难免存在不妥之处，恳请读者批评指正。

目　　录

第1章 绪 论

钢管混凝土结构[1-2]是由混凝土填入钢管内形成的一种新型组合结构。钢管混凝土结构能够更有效地发挥钢材和混凝土两种材料各自的优点，同时也克服了钢管结构容易发生局部屈曲的缺点。近年来，随着理论研究的深入和施工工艺的进步，钢管混凝土结构的工程应用日益广泛。钢管混凝土结构按照截面形式的不同，可以分为矩形钢管混凝土结构、圆钢管混凝土结构和多边形钢管混凝土结构等，其中圆钢管混凝土结构能最大限度地发挥钢管混凝土结构的套箍作用，应用最为广泛，将作为本书的叙述重点。

1.1 桥梁工程中钢管混凝土结构的应用

在桥梁工程中，钢管混凝土结构具有以下特点：

(1)由于钢管的径向约束限制了受压混凝土的膨胀，使混凝土处于三向受压状态，从而显著提高了混凝土的抗压强度。

(2)钢管兼有纵向主筋和横向套箍的作用，并可作为施工模板，方便混凝土浇筑。

(3)施工过程中，钢管还可作为劲性承重骨架，具有吊装重量轻的优点，从而简化了施工工艺，能有效缩短施工工期。

1879 年，英国在赛文(Severn)铁路桥的桥墩设计中率先采用了钢管混凝土结构；1939 年，苏联桥梁专家 Perederity 率先采用钢管混凝土结构，在列宁格勒涅瓦河建造了跨度为 101m 的拱梁组合体系公路桥，同时，另一名教授 RosnovsKiy 在西伯利亚也建造了一座跨度为 140m 的铁路钢管混凝土拱桥。

我国第一座钢管混凝土拱桥是 1990 年建成的跨径 110m 的四川旺苍东河大桥，1995 年，广东省三山西大桥是第一座跨径超过 200m 的钢管混凝土拱桥。钢管混凝土拱桥常用的拱肋结构有哑铃形实腹式和三管[7]、四管、六管式截面等。先后建成于 2000 年的主跨 360m 的广州市丫髻沙大桥[3]、2005 年的主跨 460m 的重庆巫峡长江大桥、2013 年的主跨 530m 的四川省合江波司登长江大桥分别把钢管混凝土拱桥的跨径推上了一个新的台阶。图 1.1-1为贵阳花溪大桥的拱肋结构，图 1.1-2 为广州丫髻沙大桥。

在斜拉桥和梁式桥中也有采用钢管混凝土结构的实例，广东南海市紫洞大桥、湖北秭归县向家坝大桥、重庆万州大桥都采用了钢管混凝土空间桁架组合梁式结构，减轻了结构恒载，降低了工程造价。

钢管混凝土结构还用于钢筋混凝土拱桥的劲性骨架，兼作拱桥钢筋混凝土拱肋施工的支撑结构，其代表性桥梁有主跨 420m 的重庆万县长江公路大桥、主跨 342m 的大瑞铁路澜沧江大桥和主跨 445m 的沪昆客运专线铁路北盘江大桥。

图 1.1-1 贵阳花溪大桥的拱肋结构

图 1.1-2 广州丫髻沙大桥

我国在客运专线铁路桥梁建设中也大量应用了钢管混凝土结构，主要的桥式为连续梁拱组合桥和简支组合拱桥。如东莞至惠州城际铁路的东莞水道特大桥是桥跨为 100m＋180m＋100m 的预应力混凝土连续梁—钢管混凝土拱的组合结构桥（图 1.1-3）；郑州至焦作城际铁路郑州黄河特大桥跨大堤桥是主跨为 120m 的预应力混凝土简支梁与钢管混凝土拱的组合结构桥（图 1.1-4）。

图 1.1-3 莞惠城际铁路东莞水道桥

图 1.1-4 郑焦城际铁路跨黄河大堤桥

据不完全统计，截至目前，我国已建的钢管混凝土结构桥梁有 300 多座，其中包括几十座铁路桥。钢管混凝土结构适用于多种桥型，如拱桥、连续梁（刚构）桥、斜拉桥、悬索桥等，推广其应用必将带来显著的经济效益和社会效益。

1.2 术语和符号

1.2.1 术语

（1）钢管混凝土构件 concrete filled steel tubular member

在圆形截面钢管内浇筑混凝土且两种材料共同受力的构件。

(2)钢管混凝土结构 concrete filled steel tubular structure

以钢管混凝土为主要受力构件的结构。

(3)轴压承载力 composite compressive strength

钢管混凝土构件截面所能承受的轴向屈服压力。

(4)轴压弹性模量 composite compressive modulus of elasticity

钢管混凝土构件截面在单向受压,且其纵向名义应力与应变近似呈线性关系时,截面上名义正应力与对应正应变的比值。

(5)弹性抗弯刚度 composite bending stiffness of elasticity

钢管混凝土构件的曲率与截面弯矩近似呈线性关系时,截面弯矩与曲率的比值。

(6)剪切弹性模量 composite shear modulus of elasticity

钢管混凝土构件截面在受纯剪,且其切向名义应力与应变近似呈线性关系时,截面上名义剪应力与对应剪应变的比值。

(7)弹性剪切刚度 composite shear stitfness of elasticity

钢管混凝土构件的扭转角与截面扭矩近似呈线性关系时,截面扭矩和扭转角的比值。

(8)套箍系数 constraining coefficient

反映钢管混凝土构件截面几何特征和组成材料物理特性的综合参数 ξ,$\xi=A_s f_s/(A_c f_c)$。

1.2.2 符号

(1)内力、外力

N——轴向力;

M——弯矩。

(2)材料性能

f_c——混凝土轴心抗压强度;

$[\sigma_c]$——混凝土轴心受压容许应力;

f_s——钢材屈服强度;

$[\sigma_s]$——钢材轴向容许应力;

$[\tau]$——钢材剪切容许应力;

$[\sigma_0]$——钢构件或连接的疲劳容许应力幅;

E——弹性模量;

G——剪切模量;

EA——构件的轴压刚度;

EI——构件的抗弯刚度。

(3)几何特性

L——几何长度;

L_0——构件的计算长度;

D——钢管直径;

A_c——钢管内混凝土的截面面积;

A_L——混凝土的局部受压面积；
A_s——钢管的截面面积；
l_c——混凝土截面惯性矩；
l_s——钢管截面惯性矩；
θ——腹杆与弦管的夹角；
g——节点内两腹杆的间隙值；
e——腹杆与弦管交点与弦管形心的偏心距；
t——钢管的壁厚。

(4)计算系数

α_c——混凝土的温度线膨胀系数；
α_s——钢的温度线膨胀系数；
α——钢管混凝土构件截面的含钢率，$\alpha=A_s/A_c$；
γ_m——钢管混凝土构件截面抗弯塑性发展系数；
φ——轴心受压稳定系数；
λ——长细比，圆钢管混凝土构件 $\lambda=4L_0/D$；
K_I——钢管混凝土结构的线弹性稳定安全系数；
β——节点内腹杆与弦杆的直径比；
γ——节点内腹杆的半径与壁厚比；
τ——节点内腹杆与弦杆的壁厚比。

第2章

基本设计参数

钢管混凝土结构的计算分析方法主要有叠加法和合成法(统一理论)两类,两种方法都可以考虑钢管混凝土构件的套箍效应,在设计中各有其优缺点。

合成法采用钢管混凝土统一理论,且有大量的研究成果,可直接进行构件设计,公式形式简单、概念清晰。最近出版的建筑行业设计与施工技术规程均基于合成法。

与建筑结构相比,桥梁结构具有跨度大、承受活载的特点,叠加法符合桥梁工程师的设计习惯,可较好地反映大跨度钢管混凝土拱桥施工和运营过程中钢管、混凝土应力变化以及结构位移变化的情况,便于设计者开展总体性桥梁结构分析,确保工程的使用与安全性能。

目前钢管混凝土结构[17-20]在我国桥梁建设中已得到大量的应用,为了充分利用建筑行业的研究成果,有必要对钢管混凝土结构的强度、刚度[4-7]等参数进行相应的研究,为制定桥梁结构的设计规范提供必要的技术依据。

2.1 轴心抗压强度

2.1.1 计算方法

(1)叠加法计算公式

容许轴压力:

$$[N]=A_s[\sigma_s]+C_1A_c[\sigma_c] \tag{2.1-1}$$

屈服轴压力:

$$N_u=A_sf_y+C_2A_cf_c \tag{2.1-2}$$

式中:C_1、C_2——混凝土强度换算系数。

(2)合成法计算公式

容许轴压力:

$$[N]=(A_s+A_c)(1.14+1.02\xi)[\sigma_c] \tag{2.1-3}$$

屈服轴压力:

$$N_u=(A_s+A_c)(1.14+1.02\xi)f_c \tag{2.1-4}$$

$$\left.\begin{aligned}\alpha&=\frac{A_s}{A_c}\\ \beta&=\frac{f_s}{f_c}\\ \gamma&=\frac{[\sigma_s]}{[\sigma_c]}\\ \xi&=\alpha\beta\end{aligned}\right\} \tag{2.1-5}$$

式中：α——钢管混凝土截面的含钢率；

ξ——钢管混凝土截面的套箍系数。

令

$$C_0 = 1.14 + 1.02\xi \tag{2.1-6}$$

式中：C_0——钢管混凝土强度计算系数。

比较式(2.1-1)、式(2.1-3)，可得：

$$C_1 = (1+\alpha)C_0 - \alpha\gamma \tag{2.1-7}$$

比较式(2.1-2)、式(2.1-4)，可得：

$$C_2 = (1+\alpha)C_0 - \alpha\beta \tag{2.1-8}$$

通过合成法的计算公式可以导出叠加法公式的计算参数，美国规范 AISC 360—05 也按此思路进行钢管混凝土轴心受压构件承载力计算，且规定 $C_1=0.95$。

按式(2.1-7)、式(2.1-8)计算的铁路桥梁钢管混凝土构件 C_1、C_2值见表 2.1-1、表 2.1-2。

钢管混凝土容许轴压力[N]计算参数 C_1 表 2.1-1

含钢率 α	Q235			Q345			Q370			Q420		
	C40	C50	C60	C40	C50	C60	C40	C50	C60	C40	C50	C60
0.05	1.04	1.07	1.09	0.96	1.00	1.03	0.96	1.00	1.04	0.97	1.01	1.04
0.1	0.98	1.03	1.07	0.84	0.92	0.97	0.85	0.93	0.98	0.87	0.94	0.99
0.15	0.97	1.03	1.08	0.78	0.88	0.95	0.81	0.90	0.97	0.85	0.94	1.00
0.2	1.00	1.07	1.12	0.79	0.90	0.98	0.83	0.94	1.01	0.92	1.00	1.06

钢管混凝土屈服轴压力 N_u计算参数 C_2 表 2.1-2

含钢率 α	Q235			Q345			Q370			Q420		
	C40	C50	C60	C40	C50	C60	C40	C50	C60	C40	C50	C60
0.05	1.23	1.22	1.22	1.24	1.23	1.23	1.25	1.24	1.23	1.25	1.24	1.23
0.1	1.36	1.34	1.33	1.41	1.38	1.36	1.42	1.39	1.37	1.44	1.41	1.38
0.15	1.54	1.49	1.46	1.64	1.58	1.53	1.67	1.60	1.55	1.71	1.64	1.58
0.2	1.76	1.68	1.63	1.94	1.83	1.75	1.98	1.86	1.78	2.06	1.93	1.84

由表 2.1-1、表 2.1-2 可以看出，C_1、C_2的取值与含钢率、钢材种类、混凝土强度等级有关。与美国规范相比，本书给出的计算方法更合理、安全。

2.1.2 截面有限元分析

为了验证以上计算方法，利用材料非线性有限元分析程序，分别按照钢、混凝土的应力应变曲线建立计算分析模型，计算其屈服轴压力和极限轴压力，模型由 Q345 的 $\phi1000\times46$ 钢管、C50 混凝土组成。

有限元计算结果如图 2.1-1 所示。钢管混凝土结构具有与钢结构相近的延性性能，屈服轴压力为 86710kN、极限轴压力为 89700kN，而按式(2.1-1)、式(2.1-2)分别计算的容许、屈服轴压力为 35535kN、88838kN，两者屈服强度吻合好，根据式(2.1-1)计算的容许轴压力具有很高的安全储备。

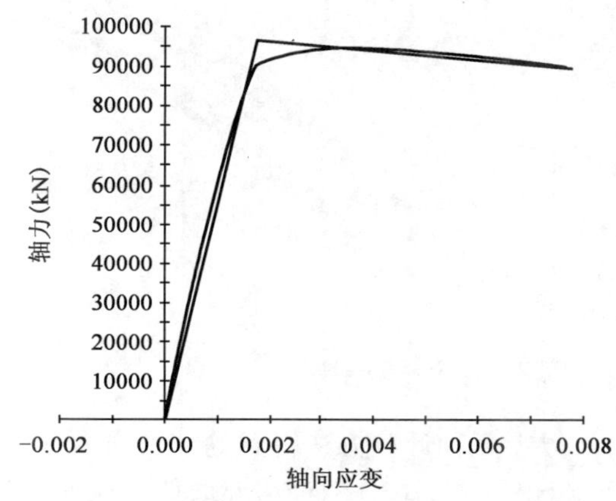

图 2.1-1 钢管混凝土结构轴压承载力计算曲线

2.1.3 结论

按照式(2.1-2)计算的屈服轴压力除以 2.0 的安全系数，得到的容许轴压力将比按照式(2.1-1)计算的容许轴压力大 20%以上，考虑到桥梁工程中钢管混凝土结构具有一定的初始应力，以及钢管混凝土结构的初始缺陷和运营阶段由于混凝土收缩在钢管、混凝土间可能产生缝隙，钢管混凝土容许轴压承载力仍应按式(2.1-1)进行设计计算，但钢管的容许应力可较《铁路桥梁钢筋混凝土和预应力混凝土结构设计规范》(TB 10002.3—2005)(以下简称《桥规》)提高 10%左右。

2.2 混凝土徐变

2.2.1 计算方法

混凝土徐变使组合截面中钢管分担的内力增加，管内混凝土分担的内力减小。目前的铁路钢管混凝土拱桥设计，徐变计算多参照混凝土桥梁的计算方法。

时速 250km 客运专线铁路有砟轨道双线简支组合拱[专桥(2010)0227-Ⅳ]为钢管混凝土拱肋与混凝土主梁构成的组合桥梁结构，主梁长 122m，计算跨度 118m。主拱拱肋为钢管混凝土平行拱，拱轴线采用二次抛物线，矢高 23.6m，矢跨比 1∶5。拱肋采用 Q345q 钢、哑铃形截面的钢管混凝土，截面由 2 根钢管及连接腹板组成，截面全高 3.2m，钢管直径 1.2m，壁厚 32mm(拱脚段 36mm)，腹板厚 16mm，管内灌注 C50 自密实混凝土(图 2.2-1)。

按以下 3 种计算条件，进行比较计算：

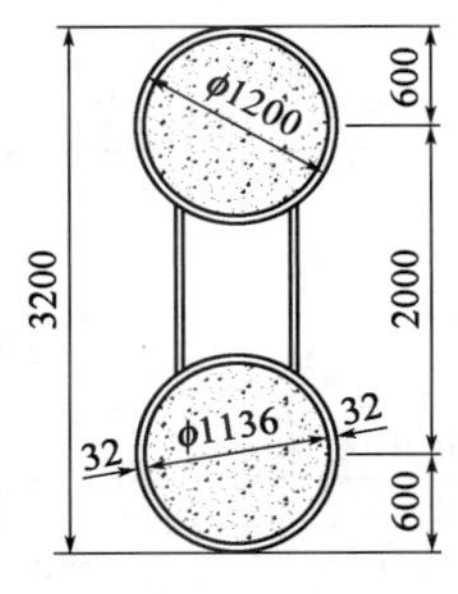

a)标准段拱肋

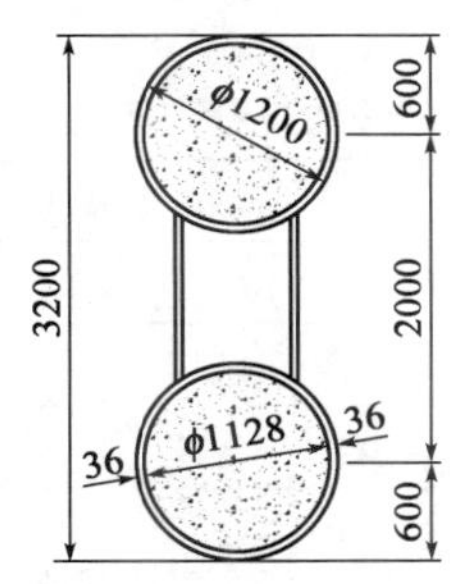

b)拱脚段拱肋

图 2.2-1 钢管混凝土拱肋截面(尺寸单位：mm)

(1)不计钢管内混凝土的徐变。

(2)灌注钢管内混凝土 10d 后张拉吊杆，参照混凝土梁《桥规》[15]的计算方法，钢管内混凝土徐变终极系数取 1.7。

(3)钢管内混凝土徐变终极系数取 2.0。

采用 MIDAS/Civil 建立空间有限元模型，主梁、拱肋、横撑均采用梁单元模拟；拱肋单元为哑铃形截面，采用施工阶段联合截面来模拟钢管和管内混凝土的相互作用。模型共包括291个节点和339个单元，分析模型如图2.2-2所示。

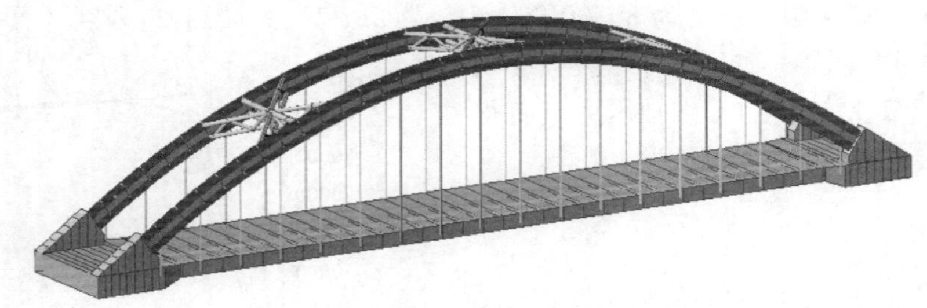

图2.2-2 空间有限元模型

2.2.2 计算结果

以上3种计算方法得到的结构内力见表2.2-1。考虑钢管内混凝土徐变，钢管内力增加、混凝土内力减小，分两种情况取值。徐变系数取1.7时，钢管轴力增加约41.8%，混凝土轴力减小约51.5%；徐变系数取2.0时，钢管轴力增加约47.7%，混凝土轴力减小约58.3%。

拱肋恒载轴力 表2.2-1

项目 / 位置	徐变系数0.0		徐变系数1.7		徐变系数2.0	
	轴力(kN)		轴力(kN)		轴力(kN)	
	钢管	混凝土	钢管	混凝土	钢管	混凝土
拱顶	34389	28701	48763	13928	50783	11964
1/4跨度	37111	30988	52652	15041	54833	12921
拱脚	42534	35443	60257	17201	62737	14759

2.2.3 实桥测试成果分析

广州丫髻沙大桥主桥[3]为主跨达360m的钢管混凝土拱桥，每肋截面由6-ϕ750钢管组成，管内灌注C50混凝土，含钢率为0.10，具有长期的拱轴线测量资料和成桥、运营1周年的应力测试资料，对大跨度拱桥的徐变效应分析具有很高的研究价值。

(1)同徐变参数下的计算挠度、应力与内力

不同徐变系数终值$\phi(t_\infty,\tau)$对应的拱顶截面的挠度及应力计算结果见表2.2-2，其对应的主拱拱顶截面轴力和弯矩计算结果见表2.2-3。

恒载作用下拱顶截面上缘的挠度、应力 表2.2-2

徐变$\phi(t_\infty,\tau)$	挠度f(m)	应力σ(MPa)	
		钢管	混凝土
0.0	0.429	171	15.0
1.6	0.562	224	9.7
1.8	0.580	231	9.2
2.0	0.593	237	8.8
2.5	0.631	252	7.8

主拱拱肋拱顶截面内力 表 2.2-3

徐变系数 $\phi(t_{\infty},\tau)$	轴 力(kN)			弯 矩(kN·m)		
	钢管	混凝土	合计	钢管	混凝土	合计
0.0	72820	61680	134500	58420	51160	109580
1.6	95420	39170	134590	77230	32460	109690
1.8	98070	36520	134590	79450	30270	109720
2.0	100700	33890	134590	81640	28090	109730
2.5	107120	27500	134620	87040	22750	109790

(2)实测结果

成桥时、通车运营 1 年后的主拱拱肋拱顶截面实测内力及应力见表 2.2-4,大桥运营 1 年后发生的徐变总挠度实测值为 0.12m(此时拱肋混凝土的加载龄期约为 18 个月),大桥运营 10 年后拱轴线(扣除温度影响)与运营 1 年的拱轴线相比基本没有发生变化。

恒载作用下拱顶截面应力与内力 表 2.2-4

构件 \ 时间		成桥状态(2000 年 6 月)	运营 1 年(2001 年 6 月)
上缘应力(MPa)	钢管	206.4	218.3
	混凝土	13.8	11.3
轴力(kN)	钢管	93110	94330
	混凝土	41530	40310

(3)计算与实测结果对比分析

按照运营 1 年后徐变已完成约 80%推算,对比表 2.2-2～表 2.2-4 的数据可以看出,广州丫髻沙大桥主桥的徐变系数 $\phi(t_{\infty},\tau)$取 1.8～1.9 时,计算与实测结果吻合较好。

2.2.4 结论

钢管内混凝土的徐变系数终极值 $\phi(t_{\infty},\tau)$可取 1.8～2.0。

2.3 混凝土收缩

2.3.1 计算方法

钢管内混凝土的纵向收缩,将在截面上产生收缩自应力,对于钢管是压应力,对于混凝土则是拉应力。按以下 3 种计算条件,对上述时速 250 公里客运专线铁路有砟轨道双线简支组合拱[专桥(2010)0227—Ⅳ]进行比较计算:

(1)不计管内混凝土收缩。

(2)参照混凝土梁《桥规》[15]的计算方法,收缩应变终极值取 0.00011。

(3)管内混凝土收缩按混凝土降温 10℃计算。

2.3.2 计算结果

计算结果见表 2.3-1。

拱肋恒载轴力　　表 2.3-1

位置＼项目	不计混凝土收缩		混凝土收缩按常规计算		管内混凝土降温 10℃	
	轴力(kN)		轴力(kN)		轴力(kN)	
	钢管	混凝土	钢管	混凝土	钢管	混凝土
拱顶	34389	28701	40997	21369	40620	22309
1/4 跨度	37111	30988	43708	23639	43308	24591
拱脚	42534	35443	49133	28092	48738	29015

从表 2.3-1 可知，混凝土收缩按管内混凝土降温 10℃计算与按《桥规》方法计算，计算结果较为接近。

考虑管内混凝土收缩，钢管轴力增加 14.6%～18.1%，混凝土轴力减小 18.1%～22.2%，混凝土收缩效应不可忽视。

2.3.3 结论

钢管混凝土结构的混凝土收缩值较普通钢筋混凝土结构要小，混凝土收缩产生的内力可按混凝土降温 10℃计算。

2.4 结构安全系数与容许应力

对时速 250km 客运专线铁路有砟轨道双线简支组合拱设计图[专桥(2010)0227－Ⅳ]和大瑞铁路澜沧江特大桥建立空间有限元分析模型，考虑施工过程钢管、管内混凝土单元应力的逐步累加，以及混凝土收缩徐变的影响，进行结构安全系数与容许应力的取值计算分析。

2.4.1 专桥(2010)0227-Ⅳ

(1)拱肋组合应力

主力组合作用下，钢管最大应力 171.4MPa、最小应力 137.6MPa(受压)，混凝土最大压应力 7.6MPa。

主＋附组合作用下，钢管最大应力 171.4MPa、最小应力 128.4MPa(受压)，混凝土最大压应力 7.6MPa。

(2)拱肋强度

轴心受压构件的强度按下式计算：

$$K=\frac{N_u}{N} \tag{2.4-1}$$

$$N_u=\varphi(A_s f_s+C_2 A_c f_c) \tag{2.4-2}$$

拱肋截面强度计算结果如图 2.4-1、图 2.4-2 所示。

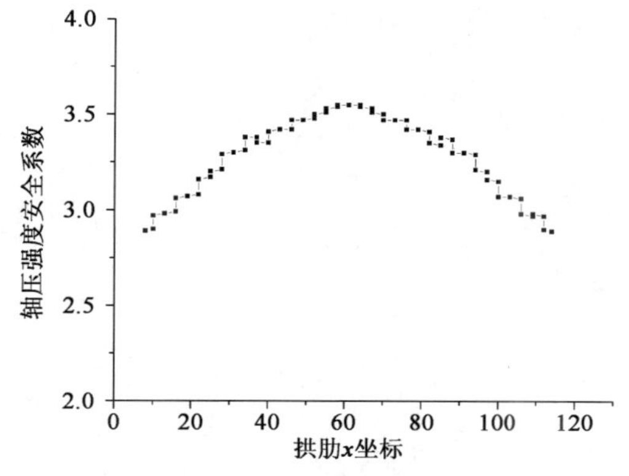

图 2.4-1 主力工况轴压强度安全系数

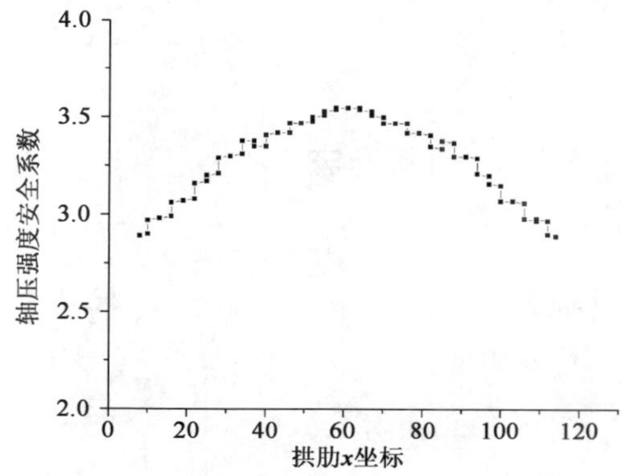

图 2.4-2 主+附工况轴压强度安全系数

2.4.2 大瑞铁路澜沧江特大桥

大瑞铁路澜沧江特大桥[3]为计算跨径 342m 的上承式劲性骨架钢筋混凝土拱桥，拱肋劲性骨架采用 Q345q 钢的 4 管式桁架，弦杆钢管外径 1.0m，壁厚根据受力部位的不同分为 26mm、36mm、42mm、46mm，管内灌注 C60 混凝土。

由于恒载比例大，本桥为主力组合工况控制设计。

(1)拱脚截面

主力组合下计算轴力：N=41880kN

截面承载力：N_u=85756kN

安全系数：K=85756÷41880=2.05

相应的钢管应力：σ_s=238MPa

混凝土应力：σ_c=13.9MPa

(2)拱顶截面

主力组合下计算轴力：N=39691kN

截面承载力：N_u=87742kN

安全系数：K=87742÷39691=2.21

相应的钢管应力：σ_s=221MPa

混凝土计算应力：σ_c=14.3MPa

2.4.3 结论

从以上两类实桥的计算结果可以看出，钢管混凝土构件的钢管应力在各种荷载组合(不含地震力)下均不大于 1.25[σ_s]，相应主力工况下的安全系数 K 不小于 2.0，因此结构的强度安全系数 K 可按下式取值：

主力： $$K \geqslant 2.0 \tag{2.4-3}$$

主力+附加力： $$K \geqslant 1.8 \tag{2.4-4}$$

2.5 刚　　度

2.5.1 计算方法

(1)叠加法计算公式

轴压刚度：
$$EA=E_sA_s+\eta_AE_cA_c \tag{2.5-1}$$

抗弯刚度：
$$EI=E_sI_S+\eta_IE_cI_c \tag{2.5-2}$$

(2)合成法计算公式

轴压刚度：
$$EA=E_{sc}(A_s+A_c) \tag{2.5-3}$$

抗弯刚度：
$$EI=E_{sc}(I_s+I_c) \tag{2.5-4}$$

式中：E_{sc}——钢管混凝土组合截面的统一弹性模量[1]，由式 2.5-5 计算：

$$E_{sc}=\frac{f_{scp}}{\varepsilon_{scp}} \tag{2.5-5}$$

其中：

$$f_{scp}=\left[0.192\left(\frac{f_y}{235}\right)+0.488\right]C_0f_c$$

$$\varepsilon_{scp}=3.25\times10^{-6}f_y$$

比较式(2.5-1)、式(2.5-3)，可得：

$$\eta_A=\frac{E_{SC}(A_S+A_C)-E_SA_S}{E_CA_C} \tag{2.5-6}$$

比较式(2.5-2)、式(2.5-4)，可得：

$$\eta_I=\frac{E_{SC}(I_S+I_C)-E_SI_S}{E_CI_C} \tag{2.5-7}$$

2.5.2 计算结果

根据式(2.5-5)～式(2.5-7)的计算结果见表 2.5-1，充分利用已有的大量试验成果，通过统一理论导出了叠加法公式的刚度计算系数。

钢管混凝土结构刚度计算参数　　表 2.5-1

钢　材	混凝土	C40			C50			C60		
	含钢率 α	E_{SC}	η_A	η_I	E_{SC}	η_A	η_I	E_{SC}	η_A	η_I
Q235q	0.2	70082	1.24	0.26	76679	1.41	0.52	83277	1.59	0.76
	0.15	59420	1.09	0.33	66017	1.26	0.56	72615	1.43	0.79
	0.10	48742	0.96	0.44	55340	1.12	0.65	61937	1.29	0.85
	0.05	38073	0.87	0.60	44670	1.03	0.78	51268	1.19	0.96

续上表

钢　材	混凝土	C40			C50			C60		
	含钢率 α	E_{SC}	η_A	η_I	E_{SC}	η_A	η_I	E_{SC}	η_A	η_I
Q345q	0.2	69451	1.22	0.23	74539	1.34	0.42	79627	1.47	0.62
	0.15	57380	1.02	0.25	62468	1.14	0.42	67556	1.27	0.60
	0.10	45292	0.85	0.32	50379	0.97	0.48	55467	1.10	0.63
	0.05	33212	0.72	0.44	38300	0.84	0.58	43388	0.96	0.72
Q370q	0.2	69828	1.23	0.24	74698	1.34	0.43	79568	1.47	0.61
	0.15	57436	1.02	0.25	62306	1.13	0.42	67176	1.25	0.58
	0.10	45027	0.84	0.31	49897	0.96	0.46	54767	1.08	0.61
	0.05	32627	0.70	0.43	37497	0.81	0.56	42367	0.93	0.69
Q420q	0.2	70905	1.27	0.29	75417	1.37	0.46	79929	1.48	0.63
	0.15	57873	1.03	0.27	62385	1.14	0.42	66897	1.25	0.57
	0.10	44822	0.83	0.30	49334	0.94	0.44	53845	1.05	0.57
	0.05	31782	0.67	0.40	36293	0.78	0.52	40805	0.89	0.64

2.5.3　实例分析

对上述时速 250km 客运专线铁路有砟轨道双线简支组合拱[专桥(2010)0227-Ⅳ]的拱肋钢管混凝土结构，钢管单元的轴压刚度、抗弯刚度分别为 E_sA_s、E_sI_s，混凝土单元的轴压刚度、抗弯刚度分别按本书方法、传统方法取：$\eta_A E_cA_c$、$\eta_I E_cI_c$ 和 E_cA_c、E_cI_c。

两种不同刚度计算参数，恒、活载作用下的结构内力见表 2.5-2、表 2.5-3。

拱 肋 恒 载 内 力　　表 2.5-2

位置＼项目	传统方法				本书方法			
	轴　力(kN)		弯　矩(kN·m)		轴　力(kN)		弯　矩(kN·m)	
	钢管	混凝土	钢管	混凝土	钢管	混凝土	钢管	混凝土
拱顶	54196	8540	−611	−265	53727	9011	−645	−275
1/4 跨度	58083	9653	269	−441	57564	10174	268	−459
拱脚	65671	11796	948	805	65054	12413	984	849

拱 肋 活 载 内 力　　表 2.5-3

位置＼项目	传统方法				本书方法			
	最大轴力(kN)		最大弯矩(kN·m)		最大轴力(kN)		最大弯矩(kN·m)	
	钢管	混凝土	钢管	混凝土	钢管	混凝土	钢管	混凝土
拱顶	6155	7904	2286	3049	5988	8074	2250	3152
1/4 跨度	6637	8523	5534	7382	6456	8705	5480	7676
拱脚	6995	8983	8794	11732	6802	9173	8664	12136

两种刚度计算参数，恒、活载作用下，钢管与混凝土分担的内力变化不大：钢管轴力略有减小、混凝土轴力略有增加。

2.6 其他设计参数

2.6.1 钢管混凝土压杆稳定系数 φ

钢管混凝土压杆稳定系数 φ[1]为钢材牌号、混凝土强度等级、截面含钢率和构件长细比 λ 的函数：

$$\left.\begin{aligned}
&\varphi=\left.\begin{cases}1 & (\lambda\leqslant\lambda_0)\\ a\lambda^2+b\lambda+c & (\lambda_0<\lambda\leqslant\lambda_p)\\ \dfrac{d}{(\lambda+35)^2} & (\lambda>\lambda_p)\end{cases}\right\}\\
&\lambda_0=\pi\sqrt{(420\xi+550)/(C_0 f_c)}\\
&\lambda_p=\frac{1743}{\sqrt{f_s}}\\
&d=\left[13000+4657\ln\left(\frac{235}{f_s}\right)\right]\left(\frac{25}{f_c+5}\right)^{0.3}\left(\frac{\alpha}{0.1}\right)^{0.05}\\
&e=\frac{-d}{(\lambda_p+35)^3}\\
&a=\frac{1+(35+2\lambda_p-\lambda_0)e}{(\lambda_p-\lambda_0)^2}\\
&b=e-2a\lambda_p\\
&c=1-a\lambda_0{}^2-b\lambda_0
\end{aligned}\right\}\tag{2.6-1}$$

c_0 由式(2.1-6)计算。

通过以上公式，计算出稳定系数 φ 与长细比 λ 的函数表。

2.6.2 钢管混凝土截面抗弯塑性发展系数 γ_m[1]

钢管混凝土截面抗弯塑性发展系数按下式计算：

$$\gamma_m=1.1+0.48\ln(\xi+0.1)\tag{2.6-2}$$

2.6.3 钢管混凝土压弯强度系数 ζ_0、η_0、c

钢管混凝土构件压弯强度系数[1]按下式计算：

$$\zeta_0=0.18\xi^{-1.15}+1\tag{2.6-3}$$

$$\left.\begin{aligned}\eta_0&=0.5-0.245\xi & (\xi\leqslant0.4)\\ \eta_0&=0.1+0.14\xi^{-0.84} & (\xi>0.4)\end{aligned}\right\}\tag{2.6-4}$$

$$c=\frac{2(\zeta_0-1)}{\eta_0}\tag{2.6-5}$$

2.7 列车活载的冲击系数

根据国内已建成多座钢管混凝土结构的桥梁动载试验结果，按现行铁路桥规计算的冲击系数均小于实测冲击系数，为准确计算活载应力幅，有必要提出钢管混凝土结构桥梁的冲击系数计算公式。截至目前，国内铁路钢管混凝土结构桥梁的动载试验[8-10]实测列车冲击系数数据见表 2.7-1。

铁路钢管混凝土结构桥梁冲击系数 μ 表 2.7-1

桥　名	一阶竖向自激振动频率(Hz)	实测冲击系数 μ
宜万铁路宜昌长江大桥(双线)	0.664	0.11
水柏铁路北盘江大桥(单线)	0.836	0.12
宜万铁路野三河大桥(双线)	1.511	0.18

将以上数据进行线性拟合，可得出钢管混凝土结构桥梁的冲击系数计算公式如下：

$$\mu=0.052+0.085f \tag{2.7-1}$$

式中：f——钢管混凝土结构桥梁的一阶竖向频率，Hz。

第3章 疲劳试验

与建筑结构相比，铁路桥梁结构具有跨度大、承受列车活载的特点，且钢管混凝土结构的连接构造几何形态复杂，不同的焊接部位应力分布差异显著，导致其疲劳承载能力比普通钢结构的疲劳连接细节要低，甚至低很多，疲劳问题突出。中铁工程设计咨询集团有限公司、中国铁道科学研究院、西南交通大学、重庆交通大学等单位进行了典型焊接节点的疲劳试验研究[11-13]，为系统解决钢管混凝土桥梁结构的疲劳设计打下了工程技术基础。

在钢管混凝土结构的节点构造中，列车活载作用下应力幅较大的弦杆与腹杆连接一般采用节点板连接方式，节点板与弦杆焊接，腹杆与节点板采用栓接；而列车活载作用下应力幅较小的其他连接构造可采用管管相贯的节点连接方式。有关符号意义如下：

$[\sigma_0]$——疲劳容许应力幅(MPa)；

σ_{max}——列车活载作用下的最大截面应力(MPa)；

σ_{min}——列车活载作用下的最小截面应力(MPa)。

3.1 典型疲劳细节分类

3.1.1 简单管节点的几何描述

描述管节点的几何特征参数如图 3.1-1 所示，包括：

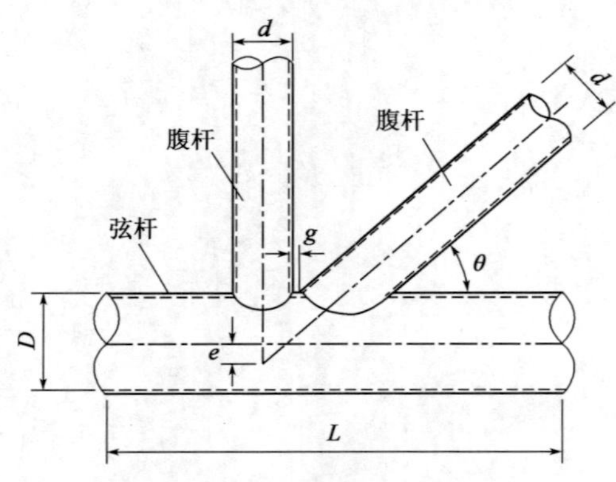

图 3.1-1 简单管节点的符号示意图

D、T——弦杆外直径与管壁厚；

d、t——支杆外直径与管壁厚；

θ——支杆与弦杆间的夹角；

g——支杆间的间隙；

e——支杆与弦杆轴线交会偏心距；

L——弦杆长度。

在管节点疲劳研究中，主要通过 α、β、γ、τ 指标分析其疲劳性能。

(1)α 指标

$\alpha=L/D$，反映弦杆的柔度，为弦杆长度参数。

(2)β 指标

$\beta = d/D$,反映荷载传递和应力分布,为管径比。

(3)γ 指标

$\gamma = D/2T$,反映主管径向刚度,为弦杆径厚比。

(4)τ 指标

$\tau = t/T$,反映支管与主管相对弯曲刚度,为壁厚比。

3.1.2 简单焊接管节点的应力描述

(1)复合应力法

钢管混凝土管节点相贯线处主要承受正应力和剪切应力的作用,可采用主应力或折算应力表述管节点的名义应力 σ_m,折算应力计算公式为:

$$\sigma_m = \sqrt{\sigma_n{}^2 + 3\tau^2} \tag{3.1-1}$$

式中:σ_n——垂直焊缝的正应力;

τ——焊缝剪切应力。

(2)简化应力法

复合应力法虽然能够反映连接焊缝的受力特征,但它的计算相对复杂,因此可提出简化轴应力法进行名义应力计算,即直接以节点连接部位支管(杆)的正应力作为名义应力 σ_m。

(3)管节点的应力集中系数 γ_{sc}

$$\gamma_{sc} = \frac{\sigma}{\sigma_m} \tag{3.1-2}$$

式中:σ_m——名义应力,正应力或复合应力;

σ——考察部位的应力,可以是支管处,也可以是弦管处。

3.1.3 典型管节点构造的应力集中系数及细节分类

(1)T/Y 形管节点的应力集中系数 γ_{sc}

弦杆鞍点:$$\gamma_{sc} = \gamma\tau^{1.1}[1.11 - 3(\beta - 0.52)^2](\sin\theta)^{1.6} + C_1(0.8\alpha - 6)\tau\beta^2(1-\beta^2)^{0.5}(\sin2\theta)^2 \tag{3.1-3}$$

弦杆冠点:$$\gamma_{sc} = \gamma^{0.2}\tau[2.65 + 5(\beta - 0.65)^2] + \tau\beta(C_2\alpha - 3)\sin\theta \tag{3.1-4}$$

腹杆鞍点:$$\gamma_{sc} = 1.3 + \gamma\tau^{0.52}\alpha^{0.1}[0.187 - 1.25\beta^{1.1}(\beta - 0.96)^2](\sin\theta)^{(2.7-0.01\alpha)} \tag{3.1-5}$$

腹杆冠点:$$\gamma_{sc} = 3 + \gamma^{1.2}[0.12e^{(-4\beta)} + 0.011\beta^2 - 0.045] + \beta\tau(C_3\alpha - 1.2) \tag{3.1-6}$$

$$\left.\begin{array}{c} \beta = \dfrac{d}{D}, \alpha = \dfrac{2L}{D}, \gamma = \dfrac{D}{2T}, \tau = \dfrac{t}{T} \\ C_1 = 2(C - 0.5), C_2 = \dfrac{C}{2}, C_3 = \dfrac{C}{5} \end{array}\right\} \tag{3.1-7}$$

式中:L——钢管节段长度,可取左右节间长度之和的一半;

C——杆端约束参数,一般取 0.7。

(2)K 形管节点的应力集中系数 γ_{sc}

弦杆:$$\gamma_{scx} = \tau^{0.9}\gamma^{0.5}(0.67 - \beta^2 + 1.16\beta)\sin\theta\left(\frac{\sin\theta_{max}}{\sin\theta_{min}}\right)^{0.30}\left(\frac{\beta_{max}}{\beta_{min}}\right)^{0.30} [1.64 + 0.29\beta^{-0.38}\arctan(8\zeta)] \tag{3.1-8}$$

腹杆：

$$\gamma_{sc}=1+(1.97-1.57\beta^{0.25})\tau^{-0.14}(\sin\theta)^{0.7}\gamma_{scx} \tag{3.1-9}$$

$$\left.\begin{aligned}\beta_A=\frac{d_A}{D},\beta_B=\frac{d_B}{D}\\ \tau_A=\frac{t_A}{T},\tau_B=\frac{t_B}{T}\\ \gamma=\frac{D}{2T},\zeta=\frac{g}{D}\end{aligned}\right\} \tag{3.1-10}$$

(3)KT 形管节点的应力集中系数 γ_{sc}

弦杆、腹杆的应力集中系数分别按式(3.1-8)、式(3.1-9)计算。

斜腹杆 A 和 C 适用 $\zeta=\zeta_{AB}+\zeta_{BC}+\beta_B$，中间直腹杆 B 适用 $\zeta=\max(\zeta_{AB},\zeta_{BC})$。

为便于疲劳设计，典型管管节点、板管节点构造细节分类见表 3.1-1。

铁路桥梁钢管混凝土结构管管节点构造细节 表 3.1-1

类别	构件或连接形式简图	加工质量及其他要求	疲劳容许应力幅$[\sigma_0]$及板厚修正系数 γ_t
1		采用相贯线切割机开制相贯线坡口，全熔透焊缝连接，焊趾处需焊后修磨，超声波探伤等级 B 级，质量等级为Ⅰ级	$[\sigma_0]=90.0$ $\gamma_t=\left(\frac{t}{32}\right)^{0.25}$ $t\leqslant 32\text{mm}$ $\gamma_t=1$
2		采用相贯线切割机开制相贯线坡口，全熔透焊缝连接，焊趾处需焊后修磨，超声波探伤等级 B 级，质量等级为Ⅰ级	$[\sigma_0]=90.0$ $\gamma_t=\left(\frac{t}{32}\right)^{0.25}$ $t\leqslant 32\text{mm}$ $\gamma_t=1$
3		采用相贯线切割机开制相贯线坡口，全熔透焊缝连接，焊趾处需焊后修磨，超声波探伤等级 B 级，质量等级为Ⅰ级	$[\sigma_0]=90.0$ $\gamma_t=\left(\frac{t}{32}\right)^{0.25}$ $t\leqslant 32\text{mm}$ $\gamma_t=1$
4	腹杆与弦管正交	板管 T/Y 形接头采用坡口全熔透焊缝，节点板放大系数不小于 1.7，两端按《铁路桥梁结构设计规范》(TB 10002.2—2005)要求打磨匀顺	$[\sigma_0]=80.0$ $\gamma_t=\left(\frac{t}{25}\right)^{0.25}$ $t\leqslant 25\text{mm}$ $\gamma_t=1$

续上表

类别	构件或连接形式简图	加工质量及其他要求	疲劳容许应力幅$[\sigma_0]$及板厚修正系数γ_t
5	30～90° 腹杆与弦管斜交，$\theta\geqslant30°$	板管T/Y形接头采用坡口全熔透焊缝，节点板放大系数不小于1.7，两端按《铁路桥梁结构设计规范》(TB 10002.2—2005)要求打磨匀顺	$[\sigma_0]=80.0$ $\gamma_t=\left(\frac{t}{25}\right)^{0.25}$ $t\leqslant25$mm $\gamma_t=1$

3.2 管管节点疲劳

欧美国家对管节点及其连接开展了大量的试验研究工作，最有价值的是欧洲国家在20世纪70～80年代耗资2000多万美元对300只各种形式的管节点模形进行的试验研究工作，挪威船级社DNV、英国劳氏船级社LR等通过系列试验给出了管节点的应力集中系数计算公式，挪威船级社DNV、美国国家标准AWS等还给出管节点的疲劳S～N曲线。

图3.2-1、图3.2-2分别为挪威船级社《海洋钢结构疲劳设计》[16]和美国标准AWS D1.1《钢结构焊接规范》中关于管管连接的疲劳曲线(S～N曲线)。

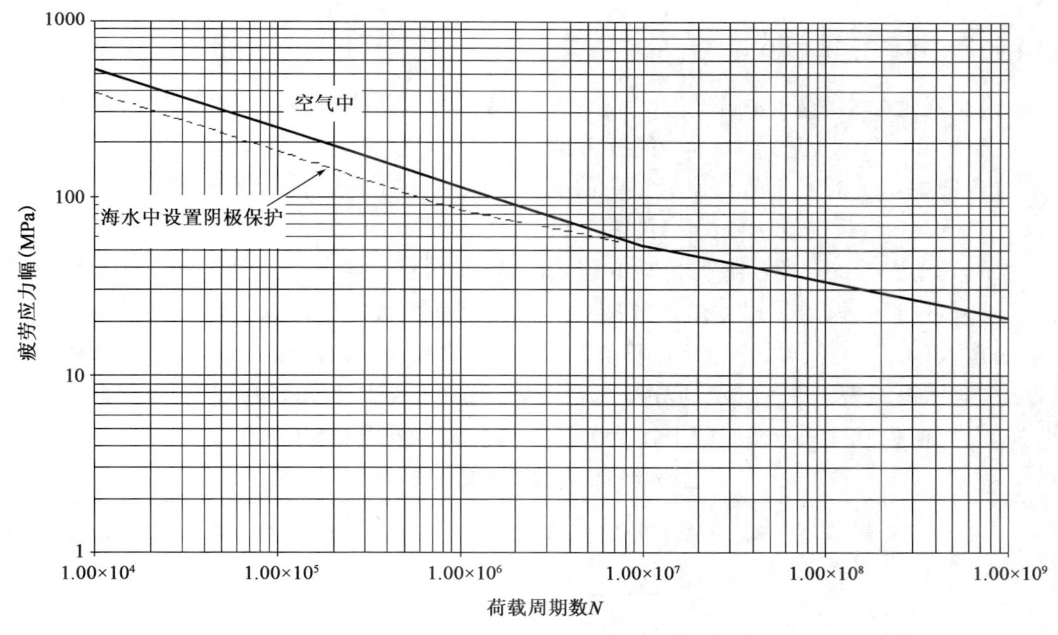

图3.2-1 管节点疲劳S～N曲线

3.2.1 疲劳抗力方程

根据文献[16]的疲劳S～N曲线，T/Y形、K形、KT形管管节点以及横向对接焊缝、熔透焊缝的加劲肋焊接等构造细节疲劳抗力方程式为：

$$\lg N + 3\lg\sigma = 12.164 \tag{3.2-1}$$

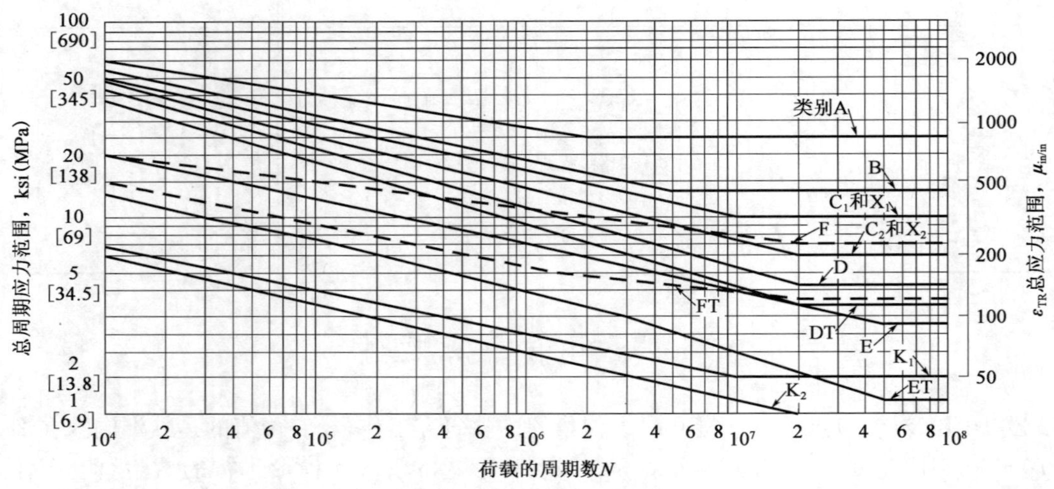

图 3.2-2　管节点疲劳 $S \sim N$ 曲线

将 $N=2\times10^6$ 代入式(3.2-1)中，即可求得$[\sigma_0]=90.02$MPa。

引入上节式(3.1-3)～式(3.1-9)的应力集中系数 γ_{sc}，可得出 T/Y 形、K 形、KT 形管管节点的疲劳设计强度$[\sigma_0]/\gamma_{sc}$。

3.2.2　试验验证与分析

西南交通大学在《钢管混凝土桥西部课题疲劳试验》[11]课题进行了 3 个钢管混凝土结构试件(主管 $\phi400\times10$、支管 $\phi220\times8$)的疲劳试验，其中 Y 形节点 1 个、K 形节点 2 个；重庆交通大学在《自应力钢管混凝土节点疲劳试验研究》[12]课题进行了 1 个 K 形节点钢管混凝土结构试件(主管 $\phi608\times12$、支管 $\phi249\times6$)的疲劳试验。

为了验证式(3.2-1)所示疲劳抗力方程式的合理性，将上述 4 个钢管混凝土结构疲劳试件的试验结果进行整理分析，根据试件的疲劳寿命，按照式(3.2-1)计算出该试件的计算疲劳强度，同时按式(3.1-3)～式(3.1-9)计算其应力集中系数 γ_{sc}，最后得出试件的设计疲劳强度$[\sigma_0]/\gamma_{sc}$，从而得出表 3.2-1 所示的分析结果。从表 3.2-1 可以看出，设计疲劳强度均小于试验疲劳强度，比值为 0.7～0.9，说明上述疲劳抗力方程式是安全、合理的。

结构试件的计算与实测疲劳强度　　表 3.2-1

项目 学校	节点类型	试验疲劳寿命 $N(10^4)$	试验疲劳强度 (MPa)	计算疲劳强度 $[\sigma_0]$(MPa)	腹杆冠点应力集中系数 γ_{sc}	设计疲劳强度 $[\sigma_0]/\gamma_{sc}$(MPa)	设计疲劳强度/试验疲劳强度
西南交通大学	K	263	54.44	82.16	1.928	42.6	0.78
	Y	106	60.01	111.23	2.66	41.8	0.70
	K	293	54.44	79.26	1.928	41.1	0.75
重庆交通大学	K	416	47.2	70.52	1.682	41.9	0.89

3.3 板管节点疲劳试验

3.3.1 板管节点疲劳试验方案

(1)试件设计

在钢管混凝土拱桥结构中,弦杆通常采用混凝土填心钢管,腹杆采用空心钢管或工型杆件。由于腹杆多为拉压杆件,因此空心管或工型腹杆与弦杆的连接节点是较为典型的疲劳节点。本研究针对该构造,设计与实桥情况相符的板管焊接节点构造模型进行疲劳试验。

设计试验模型时,完全依照实际结构中管节点的几何形状是不可行的,因为试件尺寸和加载吨位大小必然会受到试验室环境因素的制约,如一味求大,必然会导致试验成本过高和试验操作不便。另一方面,过小的试件尺寸会对试验数据的代表性打折扣,影响使用效果。通常做法是以管节点的几何形式参数为依据来模拟工程结构中的节点,如此一来,既可以保证模型与实桥结构几何形式参数近似或相差不大,又可确保试验方案切实可行。

根据管节点研究经验,从几何形式参数角度对板管焊接节点疲劳性能做出如下分析:

①α 指标,为弦杆长度参数($\alpha=L/D$)。该指标与板管节点试件的疲劳性能无关。

②β 指标,为支管与弦管直径比($\beta=d/D$),反映荷载传递关系,影响应力分布,是影响管节点疲劳寿命的敏感因数之一。管径比增大会使应力集中系数减小,但过大结构又不合理,一般控制在 0.25~1,即支管直径最多与主管相同。剖析根源,该指标实际反映环焊缝所占主管的比例,所以对于板管节点,没有环焊缝影响问题。

③γ 指标,为弦杆径厚比($\gamma=D/2T$),主要反映主管径向刚度,一般控制在 30 以内。对该指标的理解,是径厚比越大,主管的径向刚度就越小,发生"呼吸"疲劳的程度会越严重,而"呼吸"疲劳会严重降低反复面外变形疲劳的强度,应作为板管节点的关键参数之一。

④τ 指标,为支管与弦管壁厚比($\tau=t/T$),反映支管与主管相对弯曲刚度。减小壁厚比有利于降低应力集中,一般要求在 0.2~0.8。其实质是支管越薄,焊接对主管的影响程度会越小。所以该指标对板管节点同样为控制指标。

⑤偏心距 e,是指受节点构造条件所限,弦杆在节点内交会产生的偏心距,发生在含有 2 根支杆的节点。偏心距对节点疲劳寿命会产生影响,一般要求偏心距与主管直径比值控制在 -0.5~0.25。

⑥斜杆交角 θ,从理论上看,应该尽量减小斜杆交角,降低应力集中,但是支管与弦管小交角难以保证正常焊接工艺的实施,使焊缝质量下降,因此多数规程还是要求交角 $\theta_{min}\geqslant 30°$,该参数同样适用于板管节点。

通过上述分析,板管节点在设计中,需要控制的几何形式参数有:弦杆刚度 γ,支管与弦管壁厚比 τ,斜杆交角 θ。

在试件设计时,弦管刚度采用实际结构常见的情况,即主管直径 800mm,壁厚 20mm,径厚比为 20;对于壁厚比,试件的节点板厚同样取常见的 10mm 钢板,弦管壁厚 20mm,壁厚比为 0.5;本次试件斜杆交角取 45°,作为标准值。节点板一侧与模拟支杆的工形杆件翼板用高强度螺栓连接，另一侧与主管焊接，节点板在端部采用 1.66 倍的宽度放大系数，并分别在两端设定半径 R=50mm 和 R=157mm 的圆弧平缓过渡，以使焊缝端部有良好的受力状态。试件截取主管的一部分，中间填充 C55 混凝土，其间未设置任何加劲肋。主管倾斜焊在专用支架上，连接支杆的节点板垂直与试验机相连，节点板通过高强螺栓与模拟工字形杆件的工装连接，试验机夹头直接夹住该工装板，从而实现加载。试件照片如图 3.3-1 所示。

(2)加载专用支架设计

试验在高速铁路系统试验国家工程实验室桥梁结构工程试验室(中国铁道科学研究院院内)进行，采用±2000kN 液压伺服疲劳试验机加载。所设计的试验加载专业支架，通过夹板和地锚螺栓将支架底板与±2000kN 液压伺服疲劳试验机预设地槽牢固连接，底板上熔透焊接两块竖板，竖板上端为 45°斜口，使主管支撑在上面。底座两部分的焊缝尺寸和板厚都远远大于上部节点板焊缝，所以疲劳不会发生在底座的工装上。试验工装和加载全景照片如图 3.3-2 所示。

图 3.3-1　试件照片

图 3.3-2　试验加载全景

(3)试件的加工制造

模型试件的钢管部件、支杆、底座及加载专用支架由中铁山桥集团有限公司制造加工。

钢管制造采用 20mm 钢板卷曲后配陶质衬垫纵向单面对接焊，节点板与钢管为熔透角焊缝，焊接坡口形式见表 3.3-1。焊接时首先完成钢管的纵向对接焊缝，采用 CO_2 气体保护焊；之后采用 CO_2 气体保护焊在钢管上对称焊接节点板熔透角焊缝。焊缝不预热。最后进行工装焊接。试件焊接参数见表 3.3-2～表 3.3-4。

钢管制作完成后运至北京中铁房山桥梁有限公司进行混凝土灌注，混凝土强度等级采用 C55。灌注完成后养护 28d。此后运到高速铁路系统试验国家工程实验室桥梁结构工程试验室(中国铁道科学研究院院内)，期间进行试验工装调试和改制，至试验时间间隔约 6 个月。

试样焊缝坡口形式和尺寸 表 3.3-1

钢管纵向对接	(采用陶质衬垫)	板厚 δ (mm)	$B^{+1.0}_{-1.0}$	$b^{+6.0}_{-2.0}$
		20	8	6
节点板与钢管熔透角焊缝	(坡口焊满后盖板侧匀顺焊接 K=8mm的角焊缝)	板厚 δ (mm)	$B^{+2.0}_{0}$	$P^{0}_{-2.0}$
		10	4	2

钢管纵向对接焊缝参数 表 3.3-2

熔敷简图	板厚	焊接材料	焊道	电流(A)	电压(V)	焊速(m/h)
盖面 填充 1	20	ER50-6 (ϕ1.2)	1	220±20	28±2	—
			2～3	240±20	30±2	—
		H10Mm2 (ϕ5)+SJ101q	4	660±20	30±2	22±2
			其他	680±20	32±2	24±2

注:1. CO_2气体保护焊气体流量为 15～25L/min。

2. 焊缝背面衬陶制衬垫。

3. 多层多道焊,盖面 2 道。

其他焊缝 CO_2 气体保护焊规范参数 表 3.3-3

焊 丝	规 格	焊接位置	电 流(A)	电 压(V)	气体流量(L/min)
E501T-1	ϕ1.2	平位	260±20	30±3	15～25
		立位	160±20	26±3	15～25
ER50-6	ϕ1.2	平位	240±20	30±3	15～25

焊条电弧焊规范参数 表 3.3-4

焊条直径(mm)	焊接位置	电 流(A)
4.0	平位	170±20

3.3.2 试件的受力特征分析

(1)静载试验

为了解试件受力时的应力分布状态,首先进行静载试验。采用±2000kN 液压伺服疲劳试验机加载。试件上共粘贴 20 片电阻应变片,其中三向应变花 8 片,单向应变片 12 片。测点布置如图 3.3-3 所示。

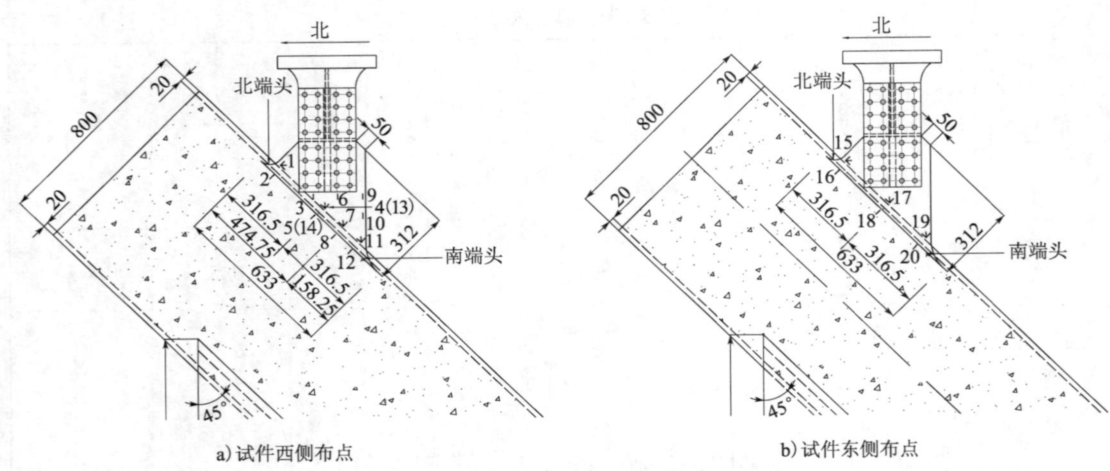

a）试件西侧布点　　b）试件东侧布点

图 3.3-3　试件静载试验测点布置（尺寸单位：mm）

数据采集和处理采用 UCAM-70A 静态数据采集系统。加载时首先预拉到 1000kN，再回零，重复 3 次，以消除试验工装安装精度的影响。然后每级荷载加载 200kN，逐级加载至 1000kN，最后每级荷载卸载 200kN，逐级卸载至 0，如此重复 3 次，试验结果取 3 次测试数据的算术平均值。试验照片如图 3.3-4 所示。

a）试验概况

b）应变片粘贴

图 3.3-4　试验照片

分别将加载 1000kN 时测点垂直于焊缝的应力分量和与加载方向相同的竖向应力分量的分布列于图 3.3-5a）和 b）。

由图 3.3-5a）可知，总的来看，以连接焊缝为分界线，主管壁侧的应力分量要明显大于节点板侧。在主管壁侧沿着焊缝由南端头向北端头（由低向高），应力基本呈现逐渐减小的趋势，且减小幅度较大，从南端头的 209MPa 降至北端头的 48MPa，降幅可达 77%。在节点板侧沿着焊缝由南向北，应力量值分布较无规律，这与节点板主要承受竖直方向的应力分量有关。

从图 3.3-5b）可知，从上到下应力量值逐渐增大，从中部的 149MPa 增加至连接焊缝南端头的 230MPa,增幅约 54%。从节点板南侧向北侧看,应力量值整体减小,从南侧的 149MPa,减小至北侧的 141MPa,减小幅度不大,约 5%。

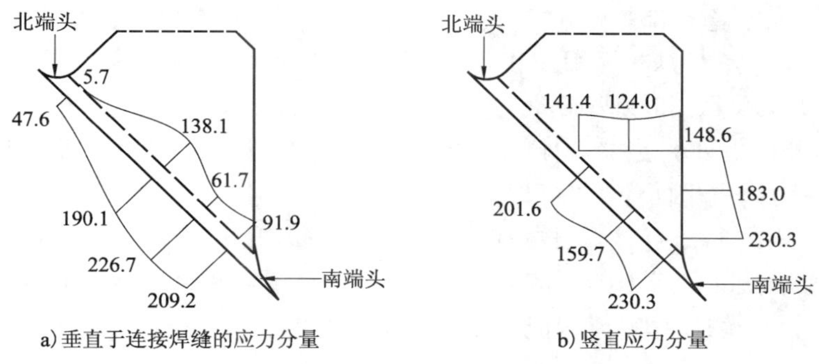

图 3.3-5 应力分量大小分布情况(单位:MPa)

8 片单向测点沿连接焊缝长度方向分别布置在混凝土钢管壁上,方向垂直于焊缝;8 片三向应变花沿连接焊缝长度方向分别布置在节点板上。现将焊缝两侧布点的垂直于连接焊缝的应力分量在加载过程中的变化情况示于图 3.3-6a)和 b),其中各测点布置见图 3.3-3,各荷载步分别对应加载 0kN、200kN、400kN、600kN、800kN、1000kN、800kN、600kN、400kN、200kN、0kN。

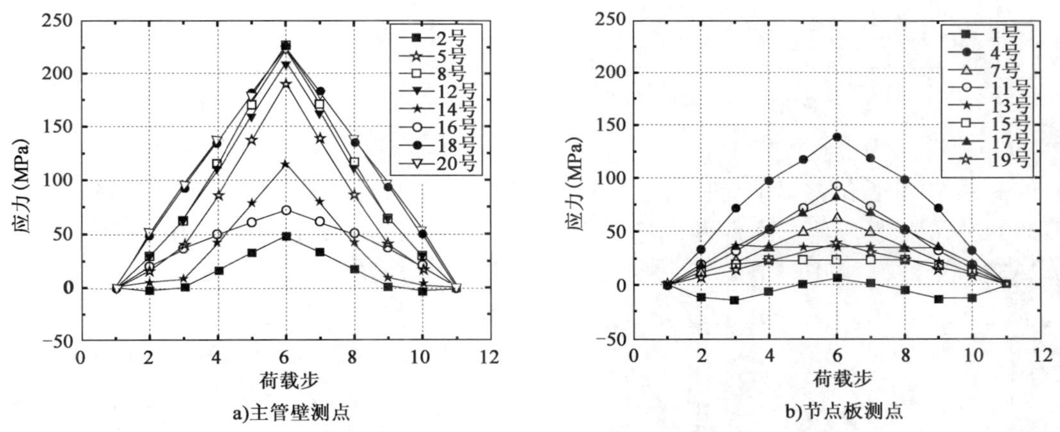

图 3.3-6 垂直于连接焊缝的应力分量随加载过程变化规律测试结果

分析主管壁测点:总的来看,竖向荷载作用时,连接焊缝管壁侧的下端头、焊缝 1/2 处应力最大,连接焊缝上端头应力最小,连接焊缝拱肋壁外侧受力大于内侧。1000kN 作用时,拱肋壁西侧连接焊缝距下端头 1/4 焊缝长度处测点(8 号)、东侧连接焊缝 1/2 处测点(18 号)和下端头测点(20 号)应力值较大,分别为 226.7MPa、225.5MPa 和 221.3MPa;西侧连接焊缝下端头测点(12 号)和焊缝 1/2 处测点(5 号)应力值次之,约为 209.2MPa 和 190.1MPa;西侧连接焊缝拱肋壁内侧测点(14 号)和连接焊缝北端头测点(16 号 2 号)应力值较小,分别为 115.1MPa、71.5MPa 和 47.6MPa。

分析节点板测点:总的来看,竖向荷载作用时,连接焊缝节点板测点垂直于连接焊缝方向的应力值远小于对应拱肋壁测点应力值。1000kN 作用时,节点板西侧连接焊缝 1/2 处测点

(4 号)应力值较大，约 138.1MPa；西侧连接焊缝下端头测点(11 号)和距下端头 1/4 焊缝长度处测点(7 号)、东侧连接焊缝 1/2 处测点(17 号)应力值次之，约为 91.9MPa、61.7MPa 和 81.1MPa；东侧连接焊缝下端头测点(19 号)、节点板背面西侧连接焊缝距南端头 1/2 处测点(13 号)应力值较小，分别为 38.7MPa 和 36.1MPa；连接焊缝北端头测点(15 号和 1 号)应力值最小，分别为 22.9MPa 和 5.7MPa。进一步分析节点板两侧测点(4 和 13 号)可以发现，1000kN 作用时，节点板外侧受拉，内侧受压。此时节点板的弯曲应力为 51MPa，平面应力为 87.1MPa，弯曲应力约占平面应力的 59%。

8 片三向应变花平行于连接焊缝的应力分量和主应力变化规律如图 3.3-7 和 3.3-8 所示。总的来看，焊缝所承受的剪应力与正应力大小相当，分布规律相似；焊缝所承受的主应力值略小于垂直或平行于焊缝的应力分量，但分布规律基本类似。

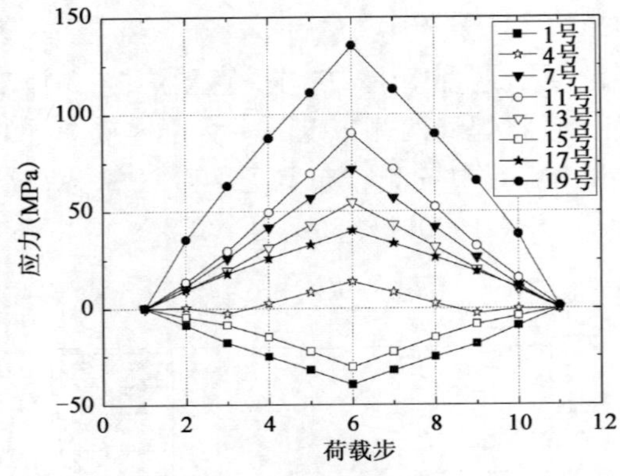

图 3.3-7　平行于连接焊缝的应力分量

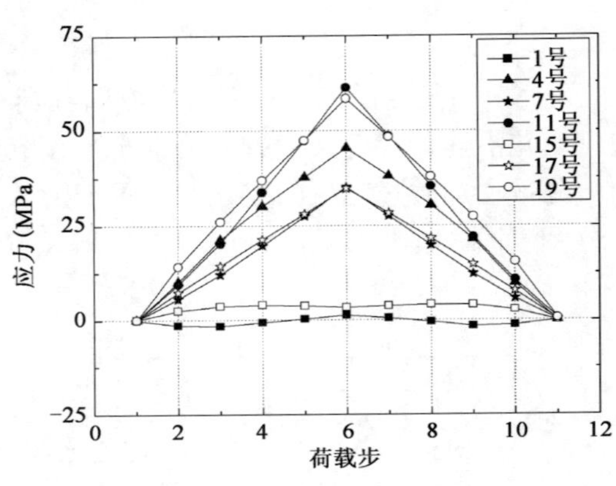

图 3.3-8　三向测点的主应力

外荷载作用时，试件以承受竖向应力为主，应力变化规律如图 3.3-9 所示。由图 3.3-9 可知，1000kN 作用时，节点板东西两侧连接焊缝南端头测点(19 和 11 号)应力值最大，分别为 215.1MPa 和 230.3MPa；节点板最外侧从上到下，竖向应力逐渐增大，从 9 号测点的 148.6MPa增大为 11 号测点的 230.3MPa；3、6 和 9 号测点位于同一截面，应力值相近，平均应力约为 138MPa。总的来看，节点板侧焊缝从南向北，竖向应力逐渐减小，南端头受力明显集中，1000kN 作用时，应力最大可达 230.3MPa；处于同一截面位置的测点应力基本相当；从上至下，竖向应力逐渐增大。

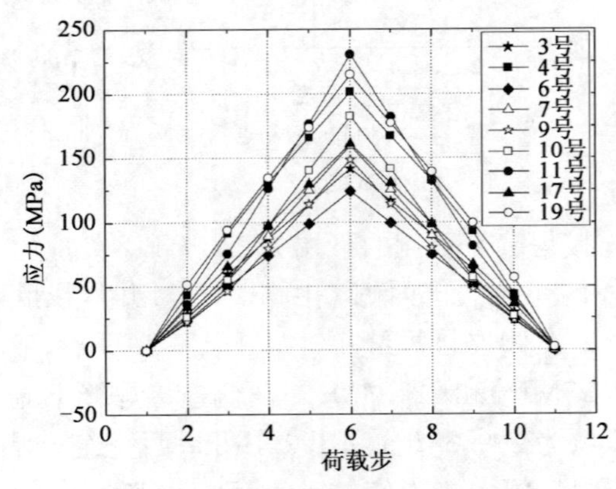

图 3.3-9　竖直应力分量

所有的测点，除北端头(节点板小交角侧)测点外，均表现了良好的加载线性关系。北端头测点在垂直焊缝方向的应力，存在较小荷载时受力起步慢的情况。

通过以上分析可知，竖向外荷载作用时，节点板侧南端头、连接焊缝拱肋壁侧南端头(即节点板与钢管大交角处)和焊缝中部受力最不利，1000kN 作用时，这 3 处应力值均在 200MPa 以上。

由此推断，试验时疲劳裂纹会首先在这3处萌生，随后的疲劳试验结果验证了这一推断。

(2)有限元分析

为进一步掌握试件的受力特征，根据试件几何尺寸建立有限元模型。模型共划分192627个SOLID186单元，454142个节点。计算时将试件底板固定，在加载区域施加1000kN拉力，具体约束和单元划分情况如图3.3-10所示，试件的应力分布情况如图3.3-11和图3.3-12所示。

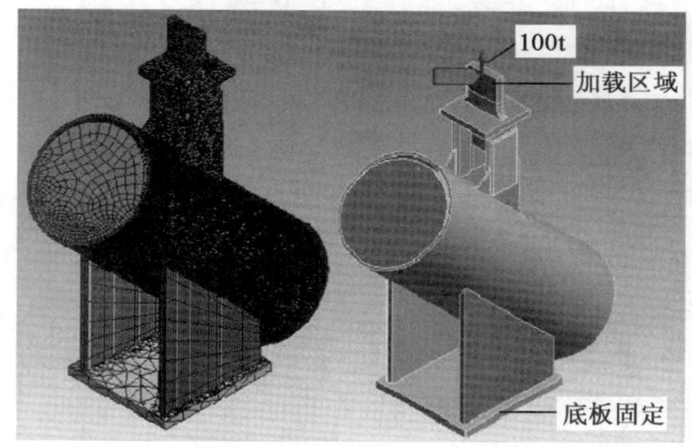

图3.3-10 计算模型与单元划分

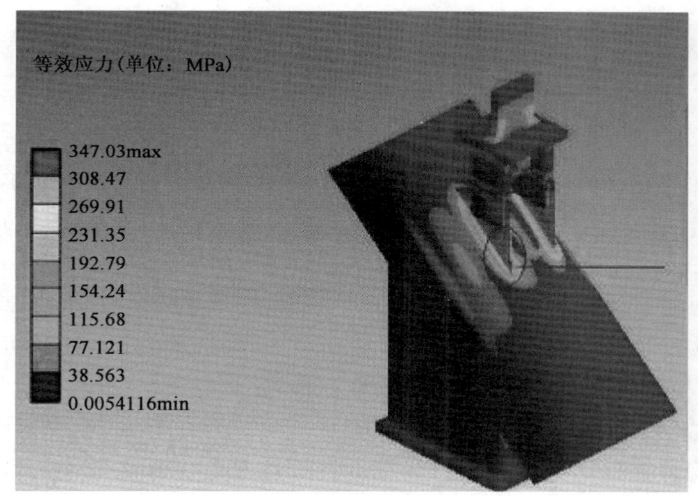

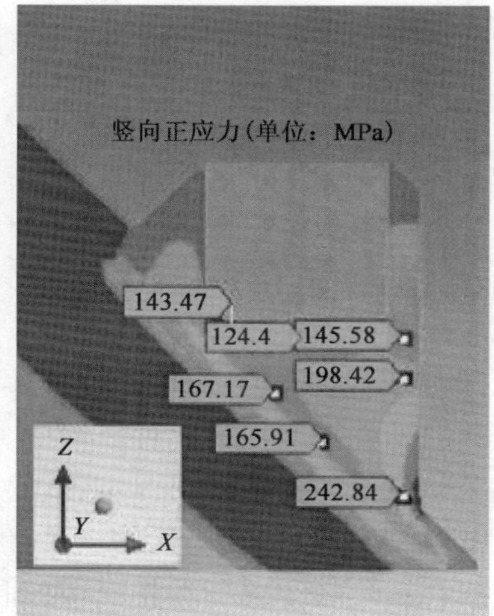

图3.3-11 试件竖向应力分布情况

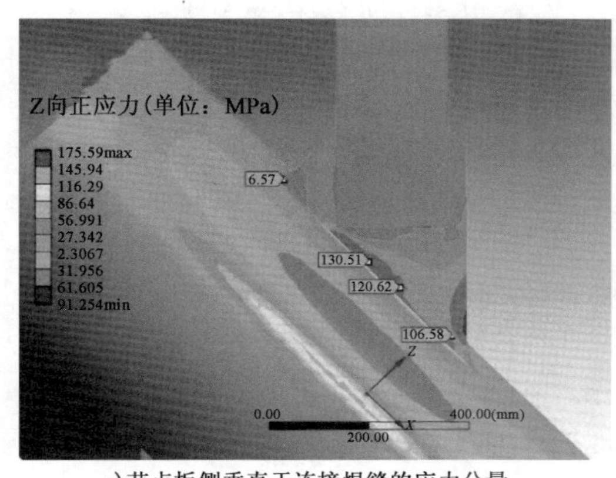

a)节点板侧垂直于连接焊缝的应力分量

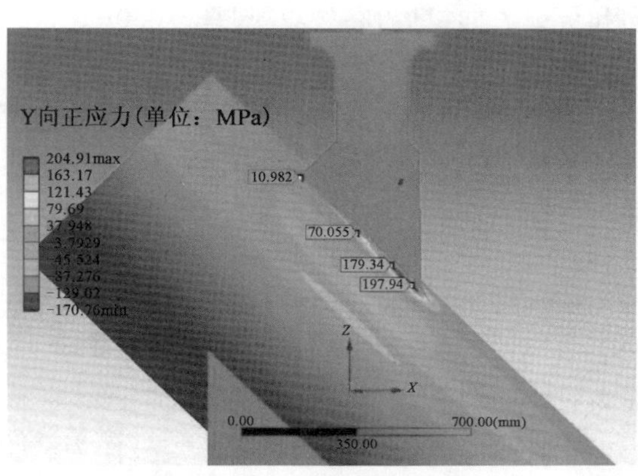

b)拱肋壁侧垂直于连接焊缝的应力分量

图3.3-12 试件垂直于连接焊缝的应力分布情况

分别取静载试验测点的竖向应力分量和垂直于连接焊缝的应力分量与图 3.3-11、图 3.3-12 中测点计算值进行对比可知，节点板侧的计算值与实测值具有较好一致性，拱肋壁侧的测点应力值与计算略有差异，但分布规律基本一致。这是因为混凝土与钢拱壁的共同作用，有限元较难精确模拟。总的来看，节点板侧的有限元计算结果更容易准确。由图 3.3-11 可知，竖向应力较大区域主要分布在节点板上，拱肋壁应力值普遍较小，仅在连接焊缝附近应力值与节点板应力值相近。最大竖向应力 345.7MPa 出现在节点板与拱壁连接焊缝端头(大交角处)，连接焊缝附近的竖向应力大小次之，约为 165MPa。据此推断，疲劳试验的破坏位置可能会发生在节点板与拱壁连接焊缝端头(大交角处)，因为此处应力集中。

由图 3.3-12 可知，垂直于连接焊缝的应力较大区域主要分布在拱肋壁上，节点板应力值略小，最大应力 204.9MPa 出现在连接焊缝大交角侧。据此推断，疲劳试验的破坏位置也可能会发生在连接焊缝的拱肋壁侧，因为此处疲劳抗力较低，且垂直于连接焊缝的应力分量较大。随后的疲劳试验在节点板与拱壁连接焊缝端头(大交角)和连接焊缝下焊趾均出现了疲劳裂纹。

3.3.3 疲劳试验

(1)试验概况

鉴于试件为焊接构造，疲劳影响仅与施加荷载产生的应力幅值有关，应力比对其影响不大，同时为不引起加载设备反向，产生不必要的误差，在本次疲劳试验中各试件均采用拉—拉循环加载，最小吨位取 10kN。

疲劳试验共计完成 4 根试件，试验统计数据见表 3.3-5。加载频率对疲劳裂纹的扩展速率影响较小，在室温无腐蚀环境中，频率在 0.1～100Hz 时，对疲劳裂纹的扩展速率影响几乎可以不考虑。所以在统计疲劳试验结果时，不考虑加载频率对疲劳寿命的影响。

试验过程中借助 5 倍放大镜和酒精观察疲劳裂纹，同时疲劳试验机设置位移限位。发现裂纹后，定时记录裂纹扩展情况和对应循环次数。通常将裂纹穿透壁厚时的循环次数作为统计分析基础来确定 $S\sim N$ 曲线，但试验时疲劳裂纹非常细小，很难判断是否穿透壁厚。由疲劳试验破坏结果可知，所有试件主要的疲劳裂纹均在连接焊缝下焊趾萌生，沿着连接焊缝长度方向和板厚方向扩展，在裂纹扩展至 350mm 左右时，已经沿板厚方向裂穿，试件明显失去承载能力，位移增大，试验机超限。因此，试验以疲劳裂纹扩展至约 350mm 时作为试件疲劳破坏的标志，停止试验，并以此时的循环次数作为统计分析基础来确定 $S\sim N$ 曲线。

根据本次试验经验，对其他径厚比试件进行疲劳试验时，疲劳破坏数据采集标准可参照类似方法确定，即根据能够确认裂纹穿透壁厚时的裂纹长度作为破坏标志，并使各试件大体统一。

本次模型试件模拟支杆的工形杆件通过 2 块翼板与弦管焊接，翼板厚度 24mm，弦管壁厚 20mm，与弦管焊接的节点板板厚 10mm，节点板与工形支杆间用高强度螺栓连接。计算名义应力时，采用模拟支杆的工形钢翼板宽度 220mm、节点板厚度 10mm 形成的面积(这里不取翼板板厚，因为在本次模型试件中，支杆作为试验工装考虑，使不致在支杆上发生破坏，实际结构中支杆的翼板应该与节点板等厚)为 $2\times220\times10=4400\text{mm}^2$。节点板在焊接端部弧状放大，放大系数用焊缝理论长度在垂直受力方向投影与支杆翼板宽度之比表示，即 $366\div220=$

1.66。

(2)试验结果

管节点在疲劳破坏过程中，如果设初见裂纹时疲劳循环次数为 N_1，裂纹穿透壁厚时的循环次数为 N_2，因裂纹导致试件刚度下降无法继续进行试验时的循环次数为 N_3，则 N_1 约为全寿命的 10%，N_2 约为 45%，N_3 为 100%，一般疲劳试验的破坏循环次数取值为 N_2。

共进行 4 个模型试件的疲劳试验，试验结果见表 3.3-5，相应在双对数坐标上的分布如图 3.3-13所示。其中 G-4 试件在 10～550kN 荷载下疲劳循环至 3737681 次时仅发生微小裂纹，增加荷载至 830kN 继续试验，又循环 360596 次裂纹扩展到与其他试件大致相同的长度。表 3.3-5 括号内列出等效循环次数。

疲劳试验结果数据统计 表 3.3-5

试件编号	加载吨位(kN)	频率(Hz)	应力幅(MPa)		循环次数	疲劳破坏描述
			正剪复合应力法	简化轴应力法		
G-1	10～930	3.0	162.6	209.1	279820	西侧外连接焊缝下焊趾处裂纹长约 350mm；西侧节点板母材起弧处 10mm 穿透板厚裂纹
G-2	10～670	3.0	116.7	150.0	825486	东侧外连接焊缝下焊趾处裂纹长约 350mm；东侧节点板母材起弧处穿透板厚裂纹
G-3	10～580	3.5	100.8	129.5	1490551	东侧外连接焊缝下焊趾处裂纹长约 350mm；东侧节点板母材起弧处穿透板厚裂纹
G-4	10～550	4	95.5	122.7	3737681 (5264479)	东侧节点板母材起弧处、西侧连接焊缝外侧南端和节点板母材起弧处均出现微小酒精可见裂纹。停机，加大荷载至 10～830kN(名义应力分别为 145.0MPa 和 186.4MPa)，重新开机，360596 次时，西侧外连接焊缝下焊趾处裂纹长约 350mm；西侧节点板母材起弧处穿透板厚裂纹

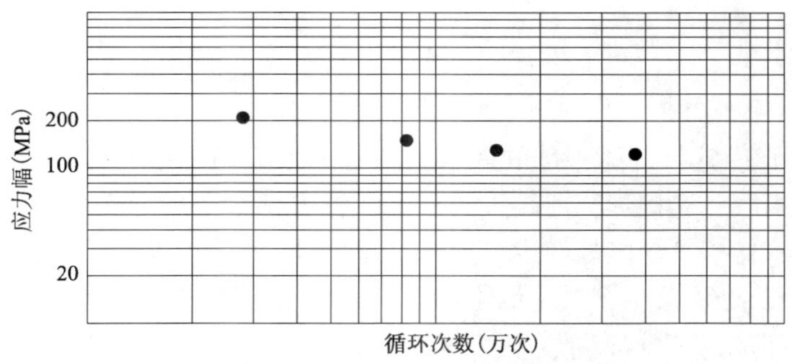

图 3.3-13 疲劳试验结果(名义应力取值采用简化轴应力法)

各试件疲劳试验均在连接焊缝和节点板下侧端头发生破坏。其中连接焊缝处的裂纹出现在弦管侧焊趾，从焊缝中部和焊缝下侧端头起裂，互相沿靠拢方向扩展，最终贯通，并穿透拱肋壁厚度方向，如图 3.3-14 所示；节点板下侧端头从焊趾处起裂，沿 45°方向朝向连接焊缝处扩展，如图 3.3-15 所示。破坏方式与有限元计算的推断是一致的。

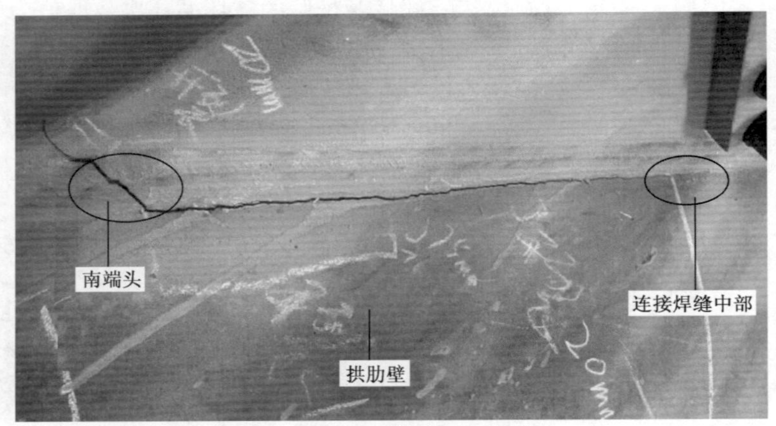

图 3.3-14　连接焊缝弦管侧焊趾裂纹

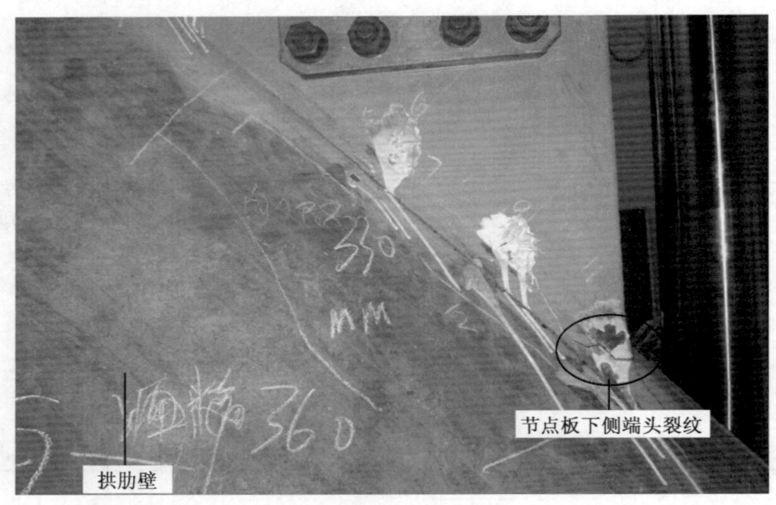

图 3.3-15　节点板下侧端头裂纹

试件的断口照片如图 3.3-16 所示。

由图 3.3-16 可知，连接焊缝中部的断口区域可见较大椭圆形疲劳环，且沿厚度方向层层扩展，已达到半个板厚。连接焊缝南端头的断口区域可见数个小型椭圆形疲劳环。由此可以推断，疲劳裂纹沿着连接焊缝多处萌生，进而沿板厚方向和连接焊缝长度方向双向扩展，多条疲劳裂纹长度的增长是由若干个微小的半椭圆表面裂纹合并成单一的表面裂纹，最终穿透板厚。进一步结合疲劳试验过程记录分析发现，当高周疲劳试验时，裂纹萌生阶段，仅占总寿命的小部分，裂纹扩展阶段则占整个疲劳寿命的主要部分。

归纳上述疲劳破坏特征，4 根试件中有 2 根是从中部弦管侧焊趾首先起裂；2 根从焊缝下端头起裂。表明两部位率先起裂的概率大体相同。

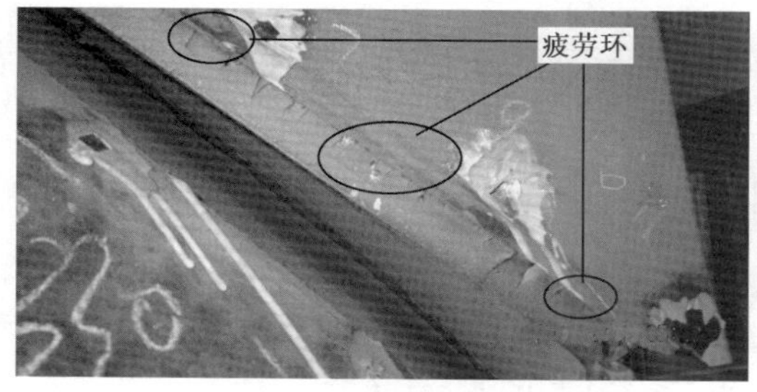

a)G-1断口照片

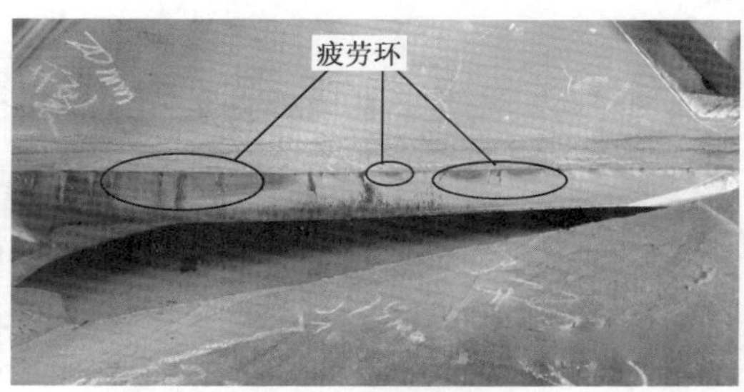

b)G-2断口照片

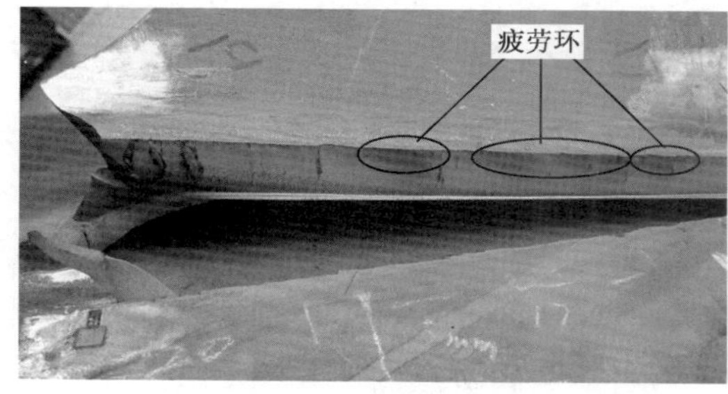

c)G-3断口照片

d)G-4断口照片

图 3.3-16 试件断口照片

将表 3.3-5 中前 3 根试件的试验数据进行回归，得曲线方程为：

(1)复合应力法

$$\lg N=13.086-3.451\lg\sigma,\sigma_0(2\times10^6)=91.6\text{MPa} \quad (3.3\text{-}1)$$

相关系数 $\gamma=-0.999$，均方差 $S=0.027$，取 97.7%保证率，即减去两个标准差，得回归曲线下限为：

$$\lg N=13.032-3.451\lg\sigma,\sigma_0(2\times10^6)=88.4\text{MPa} \quad (3.3\text{-}2)$$

(2)简化应力法

$$\lg N=13.449-3.451\lg\sigma,\sigma_0(2\times10^6)=117.8\text{MPa} \quad (3.3\text{-}3)$$

相关系数 $\gamma=-0.999$，均方差 $S=0.027$，取 97.7%保证率，得回归曲线下限为：

$$\lg N=13.395-3.451\lg\sigma,\sigma_0(2\times10^6)=113.7\text{MPa} \quad (3.3\text{-}4)$$

从理论上说，无论用哪条 $S\sim N$ 曲线进行疲劳设计，只要采用与其相对应的名义应力计算方法，均可达到控制疲劳裂纹的目的。偏于安全考虑，可将式(3.3-2)、式(3.3-4)的疲劳容许应力幅乘以 0.7 的折减系数用于设计，即$[\sigma_0]$分别取 60.0MPa、80.0MPa。也即当采用简化轴应力法时的疲劳设计抗力$[\sigma_0]$$(2\times10^6)$为 80MPa，与钢板十字焊缝构造一致。

基于简单应力法的板管节点疲劳抗力方程为：

$$\lg N+3.451\lg\sigma=13.395 \quad (3.3\text{-}5)$$

为进一步分析研究结果，将美国石油学会(API)、美国焊接学会(AWS)、国际焊接学会(IIW)、欧洲钢结构学会(ECCS)、挪威船级社(DNV)(各曲线拱肋壁厚 15mm)以及国内同济

大学提出的 T 形节点(TJ-T,拱肋壁厚≤12mm)的 $S\sim N$ 曲线一并绘于图 3.3-17,并绘入本次试验数据(拱肋壁厚 20mm)。

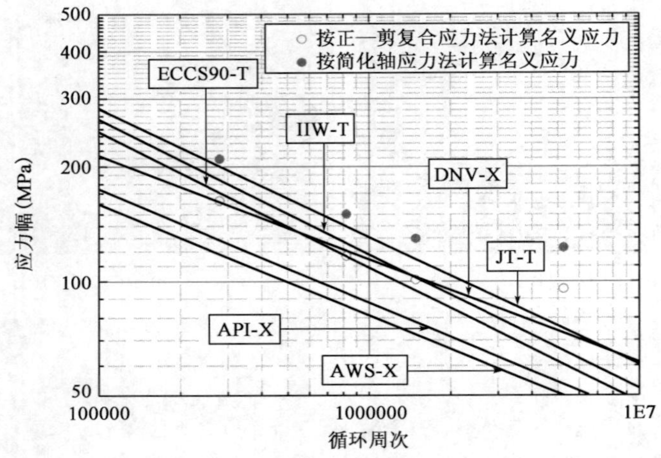

图 3.3-17　疲劳试验结果与各国规范对比

由图 3.3-17 可知,本次试验数据与各国已有研究成果基本相似。微小差异主要是由于以下两方面原因产生:一方面,管节点的 $S\sim N$ 曲线一般考虑了管节点的形式(T、Y、K)、焊接状况(熔透形式、焊接形状)及拱肋壁厚度等多种因素,美国石油学会(API)、美国焊接学会(AWS)、国际焊接学会(IIW)、欧洲钢结构学会(ECCS)及挪威船级社(DNV)的 $S\sim N$ 曲线均为不同形式的空心管管节点,并且都是基于拱肋壁厚 15mm 时的试验结果统计而成,本次疲劳试验试件为钢管混凝土板管节点,并且拱肋壁厚 20mm;另一方面,本次试验首次采用名义应力幅值进行统计分析,这也是试验数据不同于各国规范的主要原因。

(3)节点板与弦管焊接部位形状优化分析

疲劳试验表明,疲劳裂纹首先出现在节点板与弦管的连接焊缝中部弦管侧焊趾和下端焊缝端头节点板侧焊趾。前者是该构造的必然,只能通过控制焊接质量解决;后者除了焊接质量,还与节点板几何形状有关,所以本书试图进一步研究节点板在焊缝侧端头的几何形状,优化过渡圆弧,降低应力集中,改善该构造疲劳性能。利用上述有限元模型,对节点板焊缝下端侧的圆弧尺寸进行优化分析,计算时将试件底板固定,在加载区域施加 1000kN 的拉力。计算参数选取圆弧半径和连接焊缝长度,变化范围及计算结果见表 3.3-6。

对比表 3.3-6 中模型 1 和模型 2 的计算结果可知,随着圆弧半径的减小,应力集中现象更加严重,因此要降低应力集中,应该增大圆弧半径。

由表 3.3-6 可知,随着圆弧半径的增大,连接焊缝长度也随之增加,应力集中逐渐减小。当半径从 157mm 增大至 600m 时,半径每增大 100mm,最大应力值约减小 5%;半径从 600mm 增大至 800mm 时,最大应力值仅减小 3%;当半径从 800mm 增大至 950mm 时,最大应力值继续减小;当半径增大至 1000mm 时,圆弧处的应力集中消失,应力仅为 205MPa,此时最大应力值为 247MPa,出现在节点板中部,靠近加载区域。图 3.3-18 给出了 1 号、4 号、6 号和 9 号模型的计算结果。

设计参数变化范围及计算结果　　　　表 3.3-6

模型编号 \ 参数	圆弧半径 R(mm)	连接焊缝长度 l(mm)(含圆弧)	最大应力 σ(MPa)
1	100	609	350
2(疲劳试验采用试件)	157	633	346
3	300	692	331
4	500	775	295
5	600	816	279
6	800	899	270
7	850	920	257
8	950	961	244
9	1000	982	205

由以上分析可知,当圆弧半径 R 从 100mm 增加至 950mm 时,连接焊缝 l 随之从 609mm 增加至 961mm,圆弧处的应力集中显著降低,应力值从 350MPa 降低至 243.7MPa。当 R=1000mm,l=982mm 时,圆弧处的应力集中消失,此时应力值约为 205MPa,据此推断,采用这一设计尺寸可以避免圆弧处疲劳裂纹的萌生。

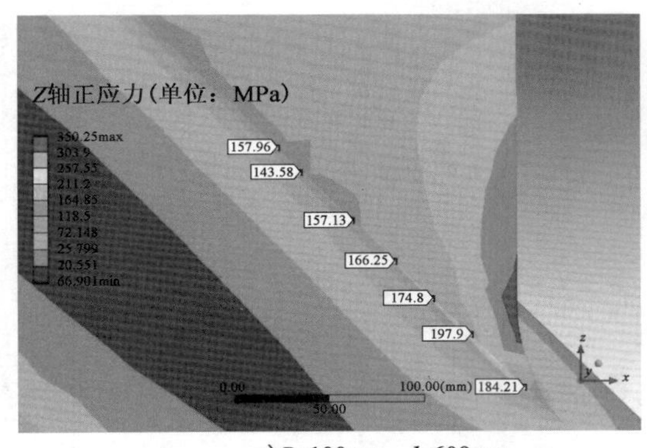

a) R=100mm，l=609mm

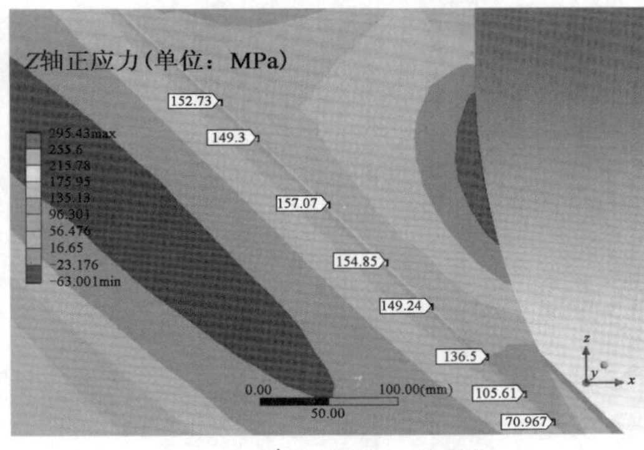

b) R=500mm，l=775mm

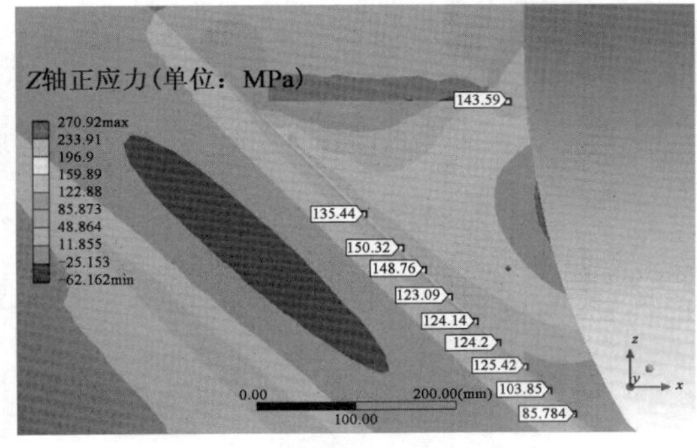

c) R=800mm，l=899mm

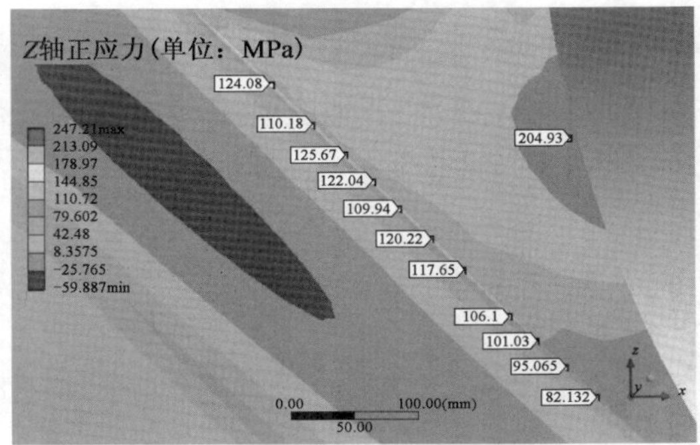

d) R=1000mm，l=982mm

图 3.3-18　优化模型计算结果

(4)构造规定

①节点板焊缝端部圆弧半径。控制该构造指标是为了降低疲劳裂纹首先发生在焊缝端部的概率。根据有限元分析可以发现,规定最小圆弧半径,可以转移几何应力集中,使不与焊接影响叠加来主导疲劳性能。从本次试验看,端部圆弧半径是157mm,多数疲劳裂纹首先发生在中部,个别从端部起裂,表明端部控制基本合理,故规定节点板焊缝端部圆弧半径不得小于150mm。

②节点板放大系数。在用简化轴应力法进行疲劳设计时,需要从构造上通过放大系数规定节点板在焊缝端的尺寸要求。因为本次试验结果是在放大系数为1.66时得到的,而且基本符合一般设计习惯,因此作为构造规定,给出最低放大系数值为1.7。

3.4 实用设计公式

3.4.1 疲劳损伤系数

综上所述,管管节点、板管节点的疲劳抗力方程均可表达为:

$$\lg N + a\lg\sigma = b \tag{3.4-1}$$

对式(3.4-1)进行数学公式变换,有:

$$10^{\lg N+\lg\sigma^a} = 10^b$$

$$N\sigma^a = 10^b$$

$$\sigma^a = \frac{10^b}{N} \tag{3.4-2}$$

将应力循环 2×10^6 的疲劳应力幅表示为 σ_0,应力循环 N 次的疲劳应力幅表示为 σ_n,疲劳损伤系数 γ_n 可表示为:

$$\gamma_n = \frac{\sigma_0}{\sigma_n}$$

$$\gamma_n = \sqrt[a]{\frac{N}{2\times10^6}} \tag{3.4-3}$$

3.4.2 实用设计公式

根据表3.1-1的规定,按不同连接形式选取相应的容许应力幅,对焊接及非焊接(栓接)构件及连接均需进行疲劳强度检算,钢管混凝土结构管节点的疲劳设计公式如下:

(1)拉拉或以拉为主的拉压构件,$\rho=\frac{\sigma_{min}}{\sigma_{max}}\geqslant-1$。

$$\gamma_d\gamma_n\gamma_{sc}\gamma_t(\sigma_{max}-\sigma_{min})\leqslant[\sigma_0] \tag{3.4-4}$$

式中:σ_{max}、σ_{min}——分别为最大、最小应力,以拉为正,以压为负;

$[\sigma_0]$——疲劳容许应力,见表3.1-1;

γ_d——双线系数[14];

γ_n——损伤修正系数,见式(3.4-3);

γ_{sc}——应力集中系数,板管节点 $\gamma_{sc}=1.0$;

γ_t——壁厚系数，见表3.1-1。

(2)以压为主的拉压构件，$\rho < -1$。

$$\gamma_d \gamma_n \gamma_{sc} \gamma_t \sigma_{max} \leqslant \gamma_\rho [\sigma_0] \tag{3.4-5}$$

式中：γ_ρ——应力比修正系数[14]。

(3)压构件，不计算疲劳系数。

第4章 材料与结构分析

4.1 主要材料

4.1.1 混凝土

铁路桥梁混凝土的弹性模量、剪切变形模量、设计强度、容许应力应按表 4.1-1 采用，公路、城市桥梁可按相关行业标准进行调整；温度线胀系数 a_c 取 1.2×10^{-5}，泊松比取 0.167。

混凝土的设计指标(MPa) 表 4.1-1

种类	符号	混凝土强度等级				
		C40	C45	C50	C55	C60
轴心抗压	f_c	27.0	30.0	33.5	37.0	40.0
中心受压	$[\sigma_c]$	10.8	12.0	13.40	14.8	16.0
弹性模量	E_c	3.40×10^4	3.45×10^4	3.55×10^4	3.60×10^4	3.65×10^4
剪切变形模量	G_c	1.46×10^4	1.48×10^4	1.52×10^4	1.54×10^4	1.56×10^4

混凝土原材料、配合比等指标应符合有关行业标准的要求，宜采用粗集料粒径不大于 25mm、水灰比 0.3～0.35 的泵送自密实混凝土。

4.1.2 钢材

钢材的基本容许应力应按表 4.1-2 采用。弹性模量 E 取 2.1×10^5 MPa，剪切模量 G 取 8.1×10^4 MPa，温度线胀系数 a_s 取 1.2×10^{-5}，泊松比 γ 取 0.3。

钢材的基本容许应力(MPa) 表 4.1-2

应力种类	符号	钢材牌号			
		Q235q	Q345q	Q370q	Q420q
屈服强度	f_s	235	345	370	420
轴向应力	$[\sigma_s]$	135	200	210	230
剪应力	$[\tau]$	80	120	125	140

注：屈服强度 f_s 与现行《桥梁用结构钢》(GB/T 714—2008)中板厚 $t\leqslant50$mm 的屈服强度相对应，如板厚变化，容许应力应按屈服强度 f_s 比例予以调整。

4.2 基本规定

4.2.1 一般规定

(1)钢管混凝土结构应按施工阶段、运营阶段进行结构检算。

(2)钢管的直径不小于400mm、不大于2000mm,壁厚不小于10mm,受弯构件的钢管径厚比D/t还应不大于$50f_s/235$。钢管混凝土构件截面的含钢率α、套箍系数ξ应满足:

$$0.05 \leqslant \alpha \tag{4.2-1}$$

$$0.5 \leqslant \xi \leqslant 3.0 \tag{4.2-2}$$

(3)钢管混凝土构件的容许长细比λ不大于100。

(4)钢管混凝土构件的钢管应力在各种荷载组合(不含地震力)下应不大于$1.25[\sigma_s]$,且在管内混凝土浇筑后至终凝前不宜大于$0.5[\sigma_s]$。

(5)成桥后拱肋钢管内顶部混凝土脱空值h不得大于钢管直径D的1.5%。

(6)钢管混凝土桁架结构的弦杆与腹杆宜采用节点板连接方式,节点板与弦杆焊接,腹杆与节点板采用栓接。

(7)钢管混凝土结构的线性稳定安全系数不小于5.0,极限承载力安全系数不小于2.0。

(8)钢管混凝土结构在各种荷载作用下的强度安全系数K应满足:

主力作用: $K \geqslant 2.0$

主力+附加力: $K \geqslant 1.8$

安装荷载: $K \geqslant 1.8$

4.2.2 基本设计参数

(1)钢管混凝土拱桥合龙温度可取钢管拱肋浇筑管内混凝土时的月平均气温,体系升温温差为月平均最高气温与合龙温度的差值,体系降温温差为合龙温度与月平均最低气温的差值+5℃,钢管与混凝土之间的温差按±5℃计算。

(2)混凝土收缩产生的内力可按混凝土降温10℃计算。

(3)徐变终极系数取2.0。

(4)钢管混凝土结构在抗震计算时,阻尼比在罕遇、多遇地震下分别取值0.05、0.03。

(5)冲击系数可按下式计算:

$$\mu = 0.052 + 0.085f \tag{4.2-3}$$

式中:f——钢管混凝土拱桥的一阶竖向频率,Hz。

(6)铁路桥梁钢管混凝土压杆稳定系数φ见表4.2-1,钢管混凝土截面套箍系数ξ见表4.2-2,钢管混凝土轴压强度系数C_0、C_2见表4.2-3、表4.2-4,钢管混凝土截面抗弯塑性发展系数γ_m见表4.2-5,钢管混凝土压弯强度系数ζ_0、η_0、c见表4.2-6~表4.2-8;公路、城市桥梁的以上计算参数可分别按式(2.6-1)、式(2.1-5)、式(2.1-6)、式(2.1-8)、式(2.6-2)、式(2.6-3)、式(2.6-4)、式(2.6-5)计算。

钢管混凝土压杆稳定系数 φ 表 4.2-1

λ	α	Q235q			Q345q			Q370q			Q420q		
		C40	C50	C60	C40	C50	C60	C40	C50	C60	C40	C50	C60
10	0.050	1.000	1.000	1.000	1.000	1.000	1.000	1.000	1.000	1.000	1.000	1.000	1.000
	0.100	1.000	1.000	1.000	1.000	1.000	1.000	1.000	1.000	1.000	1.000	1.000	1.000
	0.150	1.000	1.000	1.000	1.000	1.000	1.000	1.000	1.000	1.000	1.000	1.000	1.000
	0.200	1.000	1.000	1.000	1.000	1.000	1.000	1.000	1.000	1.000	1.000	1.000	1.000
20	0.050	0.959	0.947	0.937	0.965	0.951	0.939	0.965	0.951	0.939	0.967	0.953	0.940
	0.100	0.962	0.950	0.940	0.968	0.955	0.944	0.969	0.956	0.944	0.972	0.958	0.946
	0.150	0.964	0.952	0.942	0.971	0.958	0.947	0.972	0.959	0.947	0.975	0.961	0.949
	0.200	0.965	0.953	0.943	0.973	0.960	0.949	0.974	0.961	0.949	0.977	0.964	0.952
30	0.050	0.903	0.886	0.872	0.915	0.894	0.876	0.915	0.894	0.876	0.920	0.897	0.878
	0.100	0.910	0.893	0.879	0.924	0.903	0.886	0.925	0.904	0.887	0.931	0.909	0.890
	0.150	0.915	0.897	0.883	0.930	0.909	0.892	0.932	0.910	0.893	0.938	0.916	0.897
	0.200	0.918	0.900	0.886	0.934	0.914	0.896	0.936	0.915	0.897	0.943	0.921	0.901
40	0.050	0.850	0.828	0.811	0.866	0.838	0.817	0.866	0.839	0.817	0.871	0.843	0.819
	0.100	0.860	0.839	0.821	0.879	0.852	0.831	0.881	0.853	0.831	0.888	0.859	0.835
	0.150	0.867	0.845	0.827	0.888	0.861	0.839	0.890	0.862	0.839	0.898	0.869	0.844
	0.200	0.871	0.850	0.832	0.894	0.867	0.845	0.897	0.869	0.846	0.906	0.876	0.851
50	0.050	0.799	0.774	0.754	0.817	0.785	0.760	0.816	0.785	0.760	0.822	0.789	0.762
	0.100	0.812	0.787	0.766	0.833	0.802	0.777	0.835	0.803	0.777	0.843	0.808	0.781
	0.150	0.820	0.795	0.774	0.844	0.813	0.787	0.846	0.814	0.787	0.855	0.820	0.792
	0.200	0.826	0.801	0.780	0.852	0.820	0.794	0.855	0.822	0.795	0.864	0.829	0.800
60	0.050	0.750	0.722	0.700	0.769	0.733	0.706	0.767	0.733	0.705	0.772	0.736	0.707
	0.100	0.766	0.738	0.715	0.787	0.753	0.725	0.788	0.753	0.725	0.795	0.757	0.727
	0.150	0.775	0.747	0.724	0.800	0.765	0.737	0.801	0.765	0.737	0.808	0.771	0.740
	0.200	0.782	0.754	0.730	0.809	0.773	0.745	0.811	0.774	0.745	0.818	0.780	0.749
70	0.050	0.703	0.674	0.650	0.721	0.683	0.656	0.718	0.682	0.654	0.720	0.683	0.654
	0.100	0.721	0.691	0.666	0.740	0.705	0.676	0.741	0.704	0.675	0.744	0.706	0.675
	0.150	0.732	0.701	0.676	0.754	0.717	0.688	0.754	0.717	0.687	0.759	0.720	0.688
	0.200	0.739	0.708	0.683	0.763	0.726	0.697	0.764	0.726	0.696	0.769	0.729	0.698
80	0.050	0.659	0.628	0.604	0.673	0.636	0.608	0.669	0.634	0.605	0.668	0.632	0.603
	0.100	0.678	0.646	0.621	0.693	0.657	0.628	0.692	0.655	0.626	0.691	0.654	0.625
	0.150	0.689	0.657	0.632	0.707	0.670	0.640	0.705	0.668	0.639	0.705	0.668	0.637
	0.200	0.697	0.665	0.639	0.716	0.679	0.649	0.715	0.678	0.648	0.716	0.677	0.646
90	0.050	0.617	0.586	0.561	0.625	0.590	0.563	0.620	0.586	0.560	0.591	0.559	0.534
	0.100	0.636	0.605	0.579	0.645	0.610	0.583	0.642	0.607	0.579	0.612	0.579	0.552
	0.150	0.648	0.616	0.590	0.658	0.623	0.594	0.655	0.620	0.591	0.624	0.591	0.564
	0.200	0.657	0.624	0.598	0.668	0.632	0.603	0.664	0.629	0.600	0.633	0.599	0.572

续上表

λ	α	Q235q			Q345q			Q370q			Q420q		
		C40	C50	C60	C40	C50	C60	C40	C50	C60	C40	C50	C60
100	0.050	0.577	0.547	0.522	0.552	0.522	0.498	0.536	0.507	0.484	0.507	0.479	0.457
	0.100	0.597	0.565	0.540	0.571	0.540	0.516	0.555	0.525	0.501	0.525	0.496	0.474
	0.150	0.608	0.576	0.551	0.583	0.552	0.526	0.566	0.535	0.511	0.535	0.506	0.483
	0.200	0.617	0.584	0.558	0.591	0.560	0.534	0.574	0.543	0.518	0.543	0.514	0.490

钢管混凝土套箍系数 ξ　　表 4.2-2

α	Q235q			Q345q			Q370q			Q420q		
	C40	C50	C60	C40	C50	C60	C40	C50	C60	C40	C50	C60
0.050	0.435	0.351	0.294	0.639	0.515	0.431	0.685	0.552	0.463	0.778	0.627	0.525
0.075	0.653	0.526	0.441	0.958	0.772	0.647	1.028	0.828	0.694	1.167	0.940	0.788
0.100	0.870	0.701	0.588	1.278	1.030	0.863	1.370	1.104	0.925	1.556	1.254	1.050
0.125	1.088	0.877	0.734	1.597	1.287	1.078	1.713	1.381	1.156	1.944	1.567	1.313
0.150	1.306	1.052	0.881	1.917	1.545	1.294	2.056	1.657	1.388	2.333	1.881	1.575
0.175	1.523	1.228	1.028	2.236	1.802	1.509	2.398	1.933	1.619	2.722	2.194	1.838
0.200	1.741	1.403	1.175	2.556	2.060	1.725	2.741	2.209	1.850	3.111	2.507	2.100

钢管混凝土轴压强度系数 C_0　　表 4.2-3

α	Q235q			Q345q			Q370q			Q420q		
	C40	C50	C60	C40	C50	C60	C40	C50	C60	C40	C50	C60
0.050	1.584	1.498	1.440	1.792	1.665	1.580	1.839	1.703	1.612	1.933	1.779	1.676
0.075	1.806	1.677	1.589	2.118	1.928	1.800	2.188	1.985	1.848	2.330	2.099	1.943
0.100	2.028	1.856	1.739	2.443	2.190	2.020	2.538	2.267	2.084	2.727	2.419	2.211
0.125	2.250	2.034	1.889	2.769	2.453	2.240	2.887	2.548	2.319	3.123	2.739	2.479
0.150	2.472	2.213	2.039	3.095	2.716	2.460	3.237	2.830	2.555	3.520	3.058	2.747
0.175	2.694	2.392	2.189	3.421	2.978	2.680	3.586	3.111	2.791	3.917	3.378	3.014
0.200	2.916	2.571	2.339	3.747	3.241	2.900	3.936	3.393	3.027	4.313	3.698	3.282

钢管混凝土轴压强度系数 C_2　　表 4.2-4

α	Q235q			Q345q			Q370q			Q420q		
	C40	C50	C60	C40	C50	C60	C40	C50	C60	C40	C50	C60
0.050	1.228	1.222	1.218	1.242	1.234	1.228	1.246	1.236	1.230	1.252	1.242	1.234
0.075	1.288	1.276	1.268	1.318	1.300	1.288	1.325	1.305	1.292	1.338	1.316	1.301
0.100	1.360	1.340	1.326	1.410	1.380	1.359	1.421	1.389	1.367	1.444	1.407	1.382
0.125	1.443	1.412	1.391	1.518	1.472	1.442	1.535	1.486	1.453	1.569	1.514	1.476
0.150	1.537	1.493	1.463	1.643	1.578	1.535	1.667	1.598	1.551	1.715	1.636	1.583
0.175	1.642	1.583	1.544	1.783	1.697	1.639	1.816	1.723	1.661	1.880	1.775	1.704
0.200	1.758	1.682	1.631	1.940	1.829	1.754	1.982	1.863	1.782	2.065	1.930	1.838

钢管混凝土截面抗弯塑性发展系数 γ_m　　表 4.2-5

α	Q235q			Q345q			Q370q			Q420q		
	C40	C50	C60	C40	C50	C60	C40	C50	C60	C40	C50	C60
0.050	0.800	0.718	0.653	0.955	0.867	0.796	0.984	0.895	0.824	1.037	0.947	0.874
0.075	0.964	0.875	0.805	1.127	1.034	0.960	1.158	1.064	0.989	1.213	1.119	1.043
0.100	1.086	0.994	0.920	1.254	1.159	1.082	1.285	1.189	1.112	1.342	1.245	1.167
0.125	1.183	1.089	1.013	1.354	1.257	1.179	1.386	1.288	1.210	1.443	1.345	1.266
0.150	1.263	1.168	1.091	1.437	1.339	1.259	1.469	1.370	1.291	1.527	1.428	1.348
0.175	1.332	1.236	1.158	1.507	1.409	1.328	1.539	1.441	1.360	1.598	1.499	1.417
0.200	1.393	1.296	1.217	1.569	1.470	1.389	1.601	1.502	1.421	1.660	1.560	1.478

钢管混凝土压弯强度系数 ζ_0　　表 4.2-6

α	Q235q			Q345q			Q370q			Q420q		
	C40	C50	C60	C40	C50	C60	C40	C50	C60	C40	C50	C60
0.050	1.469	1.601	1.736	1.301	1.386	1.474	1.278	1.356	1.437	1.240	1.308	1.378
0.075	1.294	1.377	1.462	1.189	1.242	1.297	1.174	1.224	1.274	1.151	1.193	1.237
0.100	1.211	1.271	1.332	1.136	1.174	1.213	1.125	1.161	1.197	1.108	1.139	1.170
0.125	1.163	1.209	1.257	1.105	1.135	1.165	1.097	1.124	1.152	1.084	1.107	1.132
0.150	1.132	1.170	1.208	1.085	1.109	1.134	1.079	1.101	1.124	1.068	1.087	1.107
0.175	1.111	1.142	1.174	1.071	1.091	1.112	1.066	1.084	1.103	1.057	1.073	1.089
0.200	1.095	1.122	1.150	1.061	1.078	1.096	1.056	1.072	1.089	1.049	1.063	1.077

钢管混凝土压弯强度系数 η_0　　表 4.2-7

α	Q235q			Q345q			Q370q			Q420q		
	C40	C50	C60	C40	C50	C60	C40	C50	C60	C40	C50	C60
0.050	0.382	0.414	0.428	0.304	0.344	0.384	0.292	0.331	0.368	0.273	0.307	0.341
0.075	0.300	0.340	0.379	0.245	0.274	0.302	0.237	0.264	0.290	0.223	0.247	0.271
0.100	0.257	0.289	0.319	0.214	0.237	0.259	0.207	0.229	0.249	0.197	0.216	0.234
0.125	0.230	0.256	0.281	0.194	0.213	0.231	0.189	0.207	0.224	0.180	0.196	0.211
0.150	0.212	0.234	0.256	0.181	0.197	0.213	0.176	0.192	0.206	0.169	0.182	0.196
0.175	0.198	0.218	0.237	0.171	0.185	0.199	0.167	0.180	0.193	0.160	0.172	0.184
0.200	0.188	0.205	0.222	0.164	0.176	0.189	0.160	0.172	0.184	0.154	0.165	0.175

钢管混凝土压弯强度系数 c　　表 4.2-8

α	Q235q			Q345q			Q370q			Q420q		
	C40	C50	C60	C40	C50	C60	C40	C50	C60	C40	C50	C60
0.050	2.456	2.901	3.441	1.983	2.242	2.468	1.902	2.156	2.377	1.761	2.005	2.218
0.075	1.958	2.215	2.440	1.542	1.769	1.968	1.473	1.693	1.888	1.352	1.562	1.748
0.100	1.641	1.876	2.081	1.269	1.471	1.651	1.208	1.404	1.578	1.102	1.286	1.452

续上表

α	Q235q			Q345q			Q370q			Q420q		
	C40	C50	C60	C40	C50	C60	C40	C50	C60	C40	C50	C60
0.125	1.418	1.633	1.824	1.080	1.263	1.427	1.025	1.202	1.360	0.930	1.096	1.246
0.150	1.250	1.450	1.628	0.941	1.107	1.258	0.891	1.051	1.197	0.805	0.955	1.092
0.175	1.119	1.305	1.473	0.833	0.987	1.126	0.788	0.935	1.070	0.710	0.846	0.972
0.200	1.013	1.188	1.346	0.748	0.890	1.020	0.706	0.842	0.967	0.634	0.760	0.876

4.3 结构分析

(1)钢管混凝土结构的内力及变形计算应根据施工步骤分阶段进行：混凝土终凝前静荷载作用下的内力及变形计算，仅考虑钢管截面，按钢结构设计；混凝土强度达到设计值后静荷载及活荷载作用下的内力及变形计算，采用钢管和已结合混凝土的截面，按钢管混凝土结构设计；铁路桥梁钢管混凝土截面的刚度计算参数 η_A、η_I 见表 4.3-1，公路、城市桥梁钢管混凝土截面的刚度计算参数 η_A、η_I 可分别由式(2.5-6)、式(2.5-7)计算。

钢管混凝土结构刚度计算参数 表 4.3-1

钢材	混凝土	C40		C50		C60	
	含钢率 α	η_A	η_I	η_A	η_I	η_A	η_I
Q235q	0.200	1.240	0.260	1.410	0.520	1.590	0.760
	0.150	1.090	0.330	1.260	0.560	1.430	0.790
	0.100	0.960	0.440	1.120	0.650	1.290	0.850
	0.050	0.870	0.600	1.030	0.780	1.190	0.960
Q345q	0.200	1.220	0.230	1.340	0.420	1.470	0.620
	0.150	1.020	0.250	1.140	0.420	1.270	0.600
	0.100	0.850	0.320	0.970	0.480	1.100	0.630
	0.050	0.720	0.440	0.840	0.580	0.960	0.720
Q370q	0.200	1.230	0.240	1.340	0.430	1.470	0.610
	0.150	1.020	0.250	1.130	0.420	1.250	0.580
	0.100	0.840	0.310	0.960	0.460	1.080	0.610
	0.050	0.700	0.430	0.810	0.560	0.930	0.690
Q420q	0.200	1.270	0.290	1.370	0.460	1.480	0.630
	0.150	1.030	0.270	1.140	0.420	1.250	0.570
	0.100	0.830	0.300	0.940	0.440	1.050	0.570
	0.050	0.670	0.400	0.780	0.520	0.890	0.640

(2)计算荷载中主力包括恒载(结构自重、预加应力、混凝土收缩和支座变位的影响)、活载(列车竖向静活载、离心力、横向摇摆力、竖向动力作用、长钢轨纵向水平力及人行道活载等)，附加力包括制动力、牵引力、风力、温差效应等，特殊荷载包括列车脱轨荷载、施工荷载、地震

力、长钢轨断轨力等。

(3)混凝土徐变产生的内力重分布采用常规方法计算，也可采用将混凝土弹性模量进行折减的简化方法计算：

①采用常规方法计算钢管混凝土结构的徐变效应时，钢管和混凝土单元的轴压刚度、抗弯刚度分别取：E_sA_s、$\eta_A E_cA_c$；E_sI_s、$\eta_I E_cI_c$。

②采用简化方法计算钢管混凝土结构的徐变效应时，钢管和混凝土单元的轴压刚度、抗弯刚度分别取：E_sA_s、$0.3\eta_A E_cA_c$；E_sI_s、$0.3\eta_I E_cI_c$。

(4)计算钢管混凝土结构成桥阶段的结构稳定性时，钢管和混凝土单元的轴压刚度、抗弯刚度分别取：E_sA_s、$0.5\eta_A E_cA_c$；E_sI_s、$0.5\eta_I E_cI_c$。

(5)计算钢管混凝土结构成桥阶段的动力特性和活载效应时，钢管和混凝土单元的轴压刚度、抗弯刚度分别取：E_sA_s、$\eta_A E_cA_c$；E_sI_s、$\eta_I E_cI_c$。

第5章

构件承载力

5.1 轴心受压、纯弯构件

5.1.1 轴心受压构件的强度计算

$$KN \leqslant N_u \tag{5.1-1}$$

$$N_u = \varphi(A_s f_s + C_2 A_c f_c) \tag{5.1-2}$$

式中：N——计算轴向力，MN；

N_u——轴压承载力，MN；

K——强度安全系数；

f_s——钢材屈服强度，MPa；

f_c——混凝土轴心抗压强度，MPa；

A_c——钢管内混凝土的截面面积，m^2；

A_s——钢管的截面面积，m^2；

φ——钢管混凝土压杆稳定系数，铁路桥梁按表4.2-1采用，公路、城市桥梁按式(2.6-1)计算；

C_2——钢管混凝土强度计算系数，铁路桥梁按表4.2-4采用，公路、城市桥梁按式(2.1-8)计算。

5.1.2 纯弯构件的强度计算

$$KM \leqslant M_u \tag{5.1-3}$$

$$M_u = \gamma_m W_m C_0 f_c \tag{5.1-4}$$

式中：M——计算弯矩，MN·m；

M_u——纯弯承载力，MN·m；

γ_m——钢管混凝土截面抗弯塑性发展系数，铁路桥梁按表4.2-5采用，公路、城市桥梁按式(2.6-2)计算；

W_m——钢管混凝土构件截面的抗弯模量，$W_m = \pi D^3/32$；

C_0——钢管混凝土强度计算系数，铁路桥梁按表4.2-3采用，公路、城市桥梁按式(2.1-6)计算。

5.1.3 实腹式哑铃形截面构件(图 5.1-1)纯弯承载力计算

$$KM \leqslant M_u(h, r, t, T) \tag{5.1-5}$$

式中:M——计算弯矩,MN·m;

M_u——纯弯承载力,MN·m;

h——上下钢管间的净距,m;

r——钢管半径,m;

t——连接上下钢管的腹板板厚,m;

T——钢管的壁厚,m。

$$h_1 = \frac{A_s}{2\xi t} - (r - 0.5T)\frac{T}{t} \tag{5.1-6}$$

$$h_2 = \frac{A_s}{2\xi t} \tag{5.1-7}$$

式中:h_1、h_2——分别为判断中心轴位置的特征值。

(1)当 $h \geqslant h_2$ 时,中性轴位于腹板内(图 5.1-2),中性轴与受压钢管、受拉钢管的净距分别为 h_c、h_s。

$$h_c = 0.5h - \frac{A_s}{4\xi t} \tag{5.1-8}$$

$$h_s = 0.5h + \frac{A_s}{4\xi t} \tag{5.1-9}$$

构件的纯弯承载力为:

$$M_u = (r + h_c)A_c f_c + [t(h_c^2 + h_s^2) + (2r + h)A_s]f_s \tag{5.1-10}$$

(2)当 $h < h_2$ 时,中性轴位于钢管内(图 5.1-3),中性轴与钢管受拉边缘的距离为 f,受拉圆弧半角为 x,钢管内受拉部分混凝土的面积为 A_f。

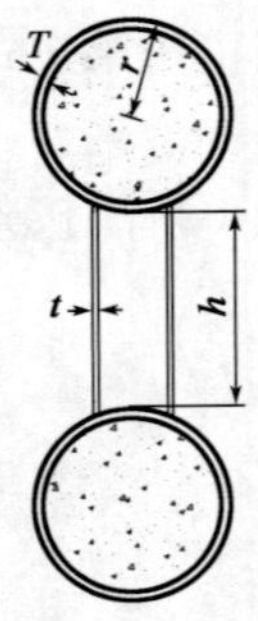

图 5.1-1 实腹式哑铃形截面

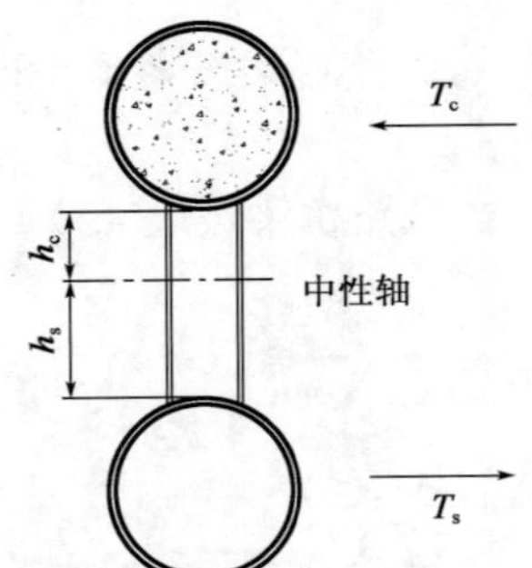

图 5.1-2 中性轴位置示意(一)

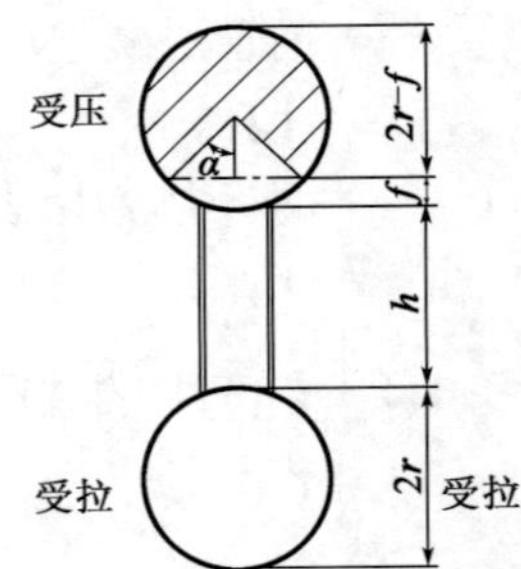

图 5.1-3 中性轴位置示意(二)

通过钢管混凝土结构纯弯承载力特征方程:

$$A + Bx = \sin(2x) \tag{5.1-11}$$

可以求解 x 值。

式中:

$$A = \frac{4htf_s - 2A_c f_c}{(r - T)^2 f_c} \tag{5.1-12}$$

$$B=\frac{8T(r-0.5T)f_s+2(r-T)^2f_c}{(r-T)^2f_c} \tag{5.1-13}$$

当 $h>h_1$ 时，可采用以下近似公式计算 x：

$$x=\frac{4htf_s-2A_cf_c}{-8T(r-0.5T)f_s} \tag{5.1-14}$$

$$A_f=0.5(r-T)^2[2x-\sin(2x)] \tag{5.1-15}$$

$$y_1=(r-T)\left(\frac{4}{3}\times\frac{\sin^3x}{2x-\sin2x}-\cos x\right) \tag{5.1-16}$$

$$y=\frac{A_c(r-T-f)+A_fy_1}{A_c-A_f} \tag{5.1-17}$$

$$y_2=\frac{A_s(r-0.5T-f)+2x(r-0.5T)Ty_1}{2(\pi-x)(r-0.5T)T} \tag{5.1-18}$$

构件的纯弯承载力为：

$$M_u=A_s(r+h+f)f_s+2ht(0.5h+f)f_s+2x(r-0.5T)y_1Tf_s+2(\pi-x)(r-0.5T)Ty_2f_s+(A_c-A_f)yf_c \tag{5.1-19}$$

根据以上公式，可计算出实腹式哑铃形钢管混凝土构件的纯弯承载力，铁路桥梁的常用实腹式哑铃形钢管混凝土构件纯弯强度见表5.1-1～表5.1-3。

D800 哑铃形截面钢管混凝土结构纯弯强度 M_u 表5.1-1

钢管净距 h(m)	钢管壁厚 T(mm)	不同钢材的纯弯承载力(MN·m)		
		Q345q	Q370q	Q420q
0.8	40	60.47	73.30	78.76
	36	55.72	68.97	73.71
	32	50.90	64.62	68.64
	28	46.01	60.27	63.57
	24	41.03	55.92	58.50
	20	35.96	51.60	53.50
1.0	40	69.07	77.79	83.49
	36	63.71	72.80	77.64
	32	58.27	67.81	71.76
	28	52.76	62.81	65.86
	24	47.17	57.85	59.96
	20	41.49	52.97	54.12
1.2	40	78.10	70.56	95.24
	36	72.11	64.78	87.75
	32	66.04	59.02	80.17
	28	59.89	53.30	72.50
	24	53.67	84.65	64.75
	20	47.36	78.04	56.91

续上表

钢管净距 h(m)	钢管壁厚 T(mm)	不同钢材的纯弯承载力(MN·m)		
		Q345q	Q370q	Q420q
1.4	40	88.69	94.62	106.37
	36	81.93	87.37	98.15
	32	75.09	80.04	89.82
	28	68.17	72.62	81.41
	24	61.17	65.12	72.90
	20	54.09	57.54	64.29
1.6	40	98.30	104.82	117.78
	36	90.94	96.93	108.82
	32	83.50	88.95	99.75
	28	75.97	80.88	90.58
	24	68.35	72.71	81.32
	20	60.65	64.46	71.94

注：管内混凝土 C50，腹板壁厚 16mm。

D1000 哑铃形截面钢管混凝土结构纯弯强度 M_u 表 5.1-2

钢管净距 h(m)	钢管壁厚 T(mm)	不同钢材的纯弯承载力(MN·m)		
		Q345q	Q370q	Q420q
1.0	48	112.93	139.94	152.09
	44	105.45	132.77	143.88
	40	97.88	125.52	135.59
	36	90.20	118.18	127.24
	32	82.40	110.74	118.81
	28	74.49	101.94	110.30
	24	66.43	93.59	100.64
1.2	48	125.35	149.22	162.18
	44	117.11	141.32	153.08
	40	108.77	133.36	143.91
	36	100.32	125.34	134.70
	32	91.77	117.27	125.44
	28	83.10	109.14	116.17
	24	74.29	99.70	111.85
1.4	48	138.18	158.46	172.23
	44	129.16	149.78	162.18
	40	120.05	141.05	152.07
	36	110.83	132.27	141.91
	32	101.51	123.48	131.72
	28	92.06	114.67	121.53
	24	82.50	105.88	111.38

续上表

钢管净距 h(m)	钢管壁厚 T(mm)	不同钢材的纯弯承载力(MN·m)		
		Q345q	Q370q	Q420q
1.6	48	151.42	167.66	182.23
	44	141.63	158.14	171.18
	40	131.73	148.57	160.06
	36	121.73	138.97	148.87
	32	111.62	129.35	137.63
	28	101.40	119.75	126.38
	24	91.06	110.21	115.16
1.8	48	165.09	176.81	201.21
	44	154.51	166.41	188.02
	40	143.83	155.95	174.71
	36	133.03	145.43	161.27
	32	122.13	134.90	147.72
	28	111.11	124.36	134.04
	24	99.98	113.89	120.23

注:管内混凝土 C50,腹板壁厚 16mm。

D1200 哑铃形截面钢管混凝土结构纯弯强度 M_u 表 5.1-3

钢管净距 h(m)	钢管壁厚 T(mm)	不同钢材的纯弯承载力(MN·m)		
		Q345q	Q370q	Q420q
1.2	52	178.23	223.69	244.50
	48	167.26	212.72	232.11
	44	156.16	201.58	219.57
	40	144.92	188.84	206.86
	36	133.52	176.78	193.94
	32	121.95	164.26	179.21
1.4	52	194.24	237.51	259.60
	48	182.35	225.72	246.21
	44	170.34	213.78	232.69
	40	158.19	201.67	219.04
	36	145.87	187.92	205.25
	32	133.39	174.82	191.28
1.6	52	210.64	251.38	274.76
	48	197.84	238.73	260.32
	44	184.90	225.95	245.77
	40	171.83	213.05	231.13
	36	158.60	199.99	216.38
	32	145.21	185.23	201.52

续上表

钢管净距 h(m)	钢管壁厚 T(mm)	不同钢材的纯弯承载力(MN·m)		
		Q345q	Q370q	Q420q
1.8	52	227.45	265.28	289.96
	48	213.72	251.73	274.43
	44	199.85	238.08	258.81
	40	185.85	224.33	243.10
	36	171.70	210.47	227.32
	32	157.38	196.49	211.47
2.0	52	244.67	279.23	305.22
	48	230.00	264.74	288.56
	44	215.20	250.16	271.80
	40	200.26	235.50	254.97
	36	185.17	220.78	238.07
	32	169.93	205.98	221.14

注：管内混凝土 C50，腹板壁厚 16mm。

5.2 压弯构件

5.2.1 压弯构件的强度计算

(1) $N/N_u \geqslant 2\varphi^3\eta_0$

$$\frac{KN}{\varphi N_u}+\frac{a}{d}\cdot\frac{KM}{M_u}\leqslant 1 \tag{5.2-1}$$

(2) $N/N_u < 2\varphi^3\eta_0$

$$\frac{-b\,(KN)^2}{N_u^2}-\frac{cKN}{N_u}+\frac{1}{d}\cdot\frac{KM}{M_u}\leqslant 1 \tag{5.2-2}$$

式中：ζ_0、η_0、c——钢管混凝土压弯强度系数，铁路桥梁按表 4.2-6～表 4.2-8 采用，公路、城市桥梁由式(2.6-3)、式(2.6-4)、式(2.6-5)计算；

a、b、d——钢管混凝土压弯强度系数。a、b、d 按下式计算：

$$a=1-2\varphi^2\eta_0 \tag{5.2-3}$$

$$b=\frac{1-\zeta_0}{\varphi^3\eta_0^{\ 2}} \tag{5.2-4}$$

$$d=1-0.4\frac{N}{N_E} \tag{5.2-5}$$

$$N_E=\pi^2\,\frac{E_S A_S+0.5\eta_A E_C A_C}{\lambda^2} \tag{5.2-6}$$

5.2.2 格构式立柱(桁架式拱肋)

(1)由双肢或多肢钢管混凝土柱组成的格构柱，其承载力计算包括单肢承载力和整体承载力两部分。

(2)格构柱的受压、受弯单肢构件按上述方法进行计算，受拉肢的承载力按《铁路桥梁钢结构设计规范》(TB 10002.2—2005)进行计算。

(3)格构柱的整体承载力采用换算截面长细比 λ，根据表 4.2-1 或式(2.6-1)计算压杆稳定系数 φ，再按上节的规定计算其轴压承载能力。

(4)格构柱计算截面的换算长细比 λ 可按下式计算：

$$\lambda=\pi\sqrt{\frac{EA}{K_{\mathrm{I}}N}} \tag{5.2-7}$$

式中：N——计算截面的轴力，MN；

EA——钢管混凝土截面轴向刚度；

K_{I}——钢管混凝土结构的线弹性稳定安全系数。

5.3 局部受压构件

5.3.1 无端板钢管混凝土局部受压构件计算

承载力应满足下列要求：

$$KN_{\mathrm{L}}\leqslant N_{\mathrm{u}L} \tag{5.3-1}$$

$$N_{\mathrm{u}L}=\Phi N_{\mathrm{u}} \tag{5.3-2}$$

式中：N_{L}——钢管混凝土的计算局部轴向压力；

$N_{\mathrm{u}L}$——钢管混凝土的局压承载力；

N_{u}——钢管混凝土的轴压承载力；

Φ——钢管混凝土局压承载力折减系数。

Φ 按下式计算：

$$\left.\begin{aligned}
\Phi &= A\beta + B\beta^{0.5} + C\\
A &= (-0.18\xi^3 + 1.95\xi^2 - 6.89\xi + 6.94)\times 10^{-2}\\
B &= (1.36\xi^3 - 13.92\xi^2 + 45.77\xi - 60.55)\times 10^{-2}\\
C &= (-\xi^3 + 10\xi^2 - 33.2\xi + 150)\times 10^{-2}\\
\beta &= \frac{A_{\mathrm{L}}}{A_{\mathrm{c}}}
\end{aligned}\right\} \tag{5.3-3}$$

式中：β——局压面积比；

A_{L}——局压荷载作用面积；

A_{c}——核心混凝土横截面面积；

ξ——铁路桥梁按表 4.2-2 取值，公路、城市桥梁按式(2.1-5)计算。

5.3.2 带端板钢管混凝土构件的局部受压计算

承载力计算公式同式(5.3-1)、式(5.3-2)，但式中 Φ 应按下式计算：

$$\left.\begin{aligned}
\Phi &= (A\beta + B\beta^{0.5} + C)(A_1 n_r^{\ 2} + B_1 n_r + 1) \\
A &= (-0.17\xi^3 + 1.9\xi^2 - 6.84\xi + 7) \times 10^{-2} \\
B &= (1.35\xi^3 - 14\xi^2 + 46\xi - 60.8) \times 10^{-2} \\
C &= (-1.08\xi^3 + 10.95\xi^2 - 35.1\xi + 150.9) \times 10^{-2} \\
A_1 &= (-0.53\beta - 54\beta^{0.5} + 46) \times 10^{-2} \\
B_1 &= (6\beta + 62\beta^{0.5} - 67) \times 10^{-2}
\end{aligned}\right\} \tag{5.3-4}$$

式中：n_r——相对刚度半径，且 $0 \leqslant n_r \leqslant 1$。

$$\left.\begin{aligned}
n_r &= \frac{\left(\dfrac{D_w}{D_k}\right)^{\frac{1}{4}}}{\dfrac{D}{2}} \\
D_w &= \frac{E_s t_s^3}{12(1-\gamma_s^2)} \\
D_k &= \frac{E_s A_s + 0.5\eta_A E_C A_C}{(A_S + A_C)D}
\end{aligned}\right\} \tag{5.3-5}$$

式中：D_w——钢管混凝土端板的抗弯刚度；

D_k——端板下钢管混凝土刚度系数；

γ_s、t_s——分别为端板的泊松比和厚度；

D——钢管截面外直径。

第6章

节点连接

6.1 一般规定

(1)桁架体系的节点连接,铁路桥梁常用的有直接管管焊接和通过节点板连接,如图 6.1-1 所示。

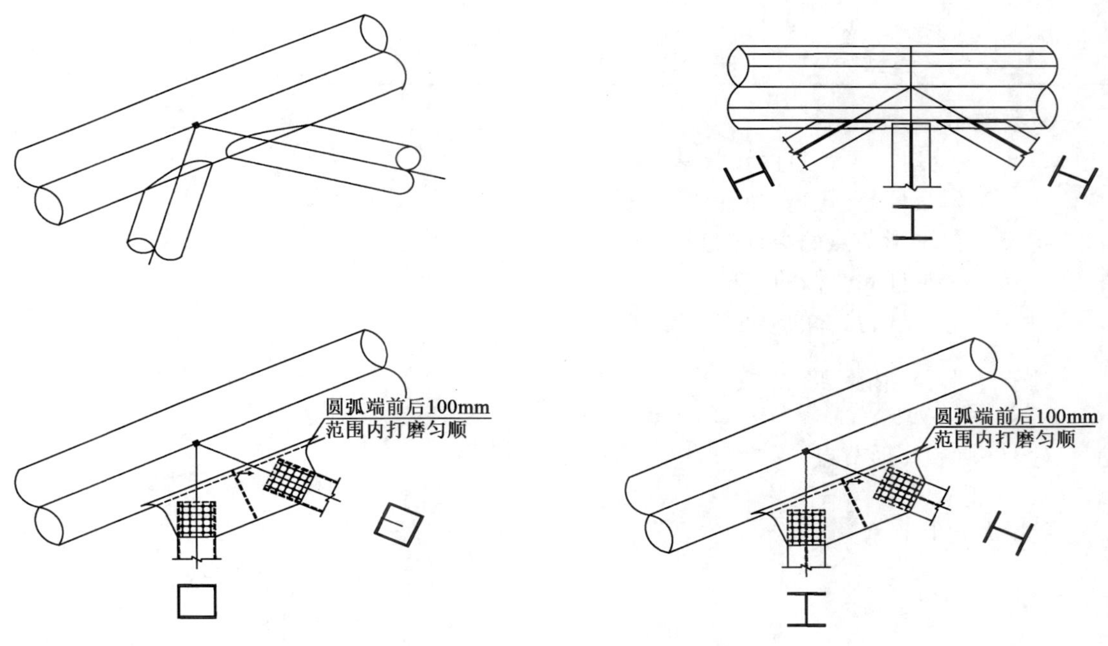

图 6.1-1 节点连接形式

(2)管节间连接焊缝的承载力应等于或大于节点承载力。

6.2 圆管截面间的焊接连接

(1)根据钢管桁架类型,可采用不同的节点类型,即 X、T、Y、N、K 形或 KT 形,如图 6.2-1 所示。

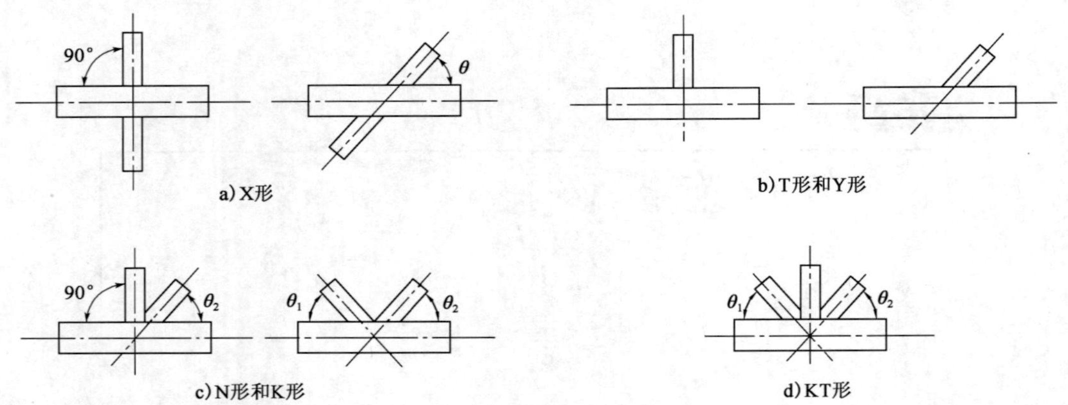

图 6.2-1　节点类型

(2)本节各项计算公式,其适用范围应符合表 6.2-1 的要求。

圆管连接的节点几何参数的适用范围　　表 6.2-1

$\beta=d_1/d_0$	$\gamma=d_0/2t_0$	d_i/t_i	θ	g	e/d_0
$0.2\leqslant\beta\leqslant1.0$	$\gamma\leqslant25$ 或 $\gamma\leqslant20$ (X 形节点)	$\leqslant43(f_s=235\text{MPa})$ $\leqslant28(f_s=345\text{MPa})$	$30°\leqslant\theta\leqslant90°$	$\geqslant t_1+t_2$	$-0.55\leqslant e/d_0\leqslant0.25$

参数说明:

d_0、t_0——弦杆(主管)直径、壁厚,m;

d_i、t_i——腹杆(支管)直径、壁厚,m;

g——K 形节点两腹杆的间隙值;

θ——腹杆同弦杆的夹角;

e——腹杆、弦管的形心交点偏心距。

对于 T 形、X 形、Y 形节点:　　$\beta=\dfrac{d_1}{d_0}$

对于 K 形、N 形节点:　　$\beta=\dfrac{(d_1+d_2)}{2d_0}$

对于 KT 形节点:　　$\beta=\dfrac{(d_1+d_2+d_3)}{3d_0}$

$$g'=\frac{g}{t_0}$$

(3)平面 X 形节点。

受压支管在管节处的截面强度应按下式计算:

$$\left.\begin{aligned}&KN_{cX}\leqslant N_{ucX}\\&N_{ucX}=\frac{5.45}{(1-0.81\beta)\sin\theta}f(n')t_0{}^2f_s\end{aligned}\right\}\tag{6.2-1}$$

式中:N_{cX}——支管的计算轴力,MN;

N_{ucX}——支管的轴向承载力,MN;

f_s——主管钢材的屈服强度,MPa;

$f(n')$——参数。

$f(n')$按下式计算:

$$f(n') = 1 + 0.3n' - 0.3n'^2 \tag{6.2-2}$$

$$n' = \frac{\sigma}{f_s}$$

式中:σ——节点处主管两侧应力的较小值,MPa。

当$n' \leqslant 0$时,主管受压;当$n' \geqslant 0$时,主管受拉,$f(n') = 1.0$。

受拉支管在管节处的截面强度应按下式计算:

$$KN_{tX} \leqslant N_{utX} \tag{6.2-3}$$

$$N_{utX} = 0.78\left(\frac{d_0}{t_0}\right)^{0.2} N_{ucX} \tag{6.2-4}$$

式中:N_{tX}——受拉支管的计算轴力,MN;

N_{utX}——受拉支管的轴向承载力,MN。

(4)平面T形节点。

受压支管在管节处的截面强度应按下式计算:

$$KN_{cT} \leqslant N_{ucT} \tag{6.2-5}$$

$$N_{ucT} = \frac{11.51}{\sin\theta}\left(\frac{d_0}{t_0}\right)^{0.2} f(\beta) f(n') t_0{}^2 f_s \tag{6.2-6}$$

式中:N_{cT}——受压支管的计算轴力,MN;

N_{ucT}——受压支管的轴向承载力,MN。

$f(\beta)$按下式计算:

当$\beta \leqslant 0.7$时: $f(\beta) = 0.069 + 0.93\beta$

当$\beta > 0.7$时: $f(\beta) = 2\beta - 0.68$

受拉支管在管节处的截面强度应按下式计算:

$$KN_{tT} \leqslant N_{utT} \tag{6.2-7}$$

式中:N_{tT}——受拉支管的计算轴力,MN;

N_{utT}——受拉支管的轴向承载力,MN。

当$\beta \leqslant 0.7$时:

$$N_{utT} = 1.4N_{ucT} \tag{6.2-8}$$

当$\beta > 0.7$时:

$$N_{utT} = (2 - \beta) N_{ucT} \tag{6.2-9}$$

(5)平面K形节点。

受压支管在管节处的截面强度应按下式计算:

$$KN_{cK} \leqslant N_{ucK} \tag{6.2-10}$$

$$N_{ucK} = \frac{11.51}{\sin\theta_c}\left(\frac{d_0}{t_0}\right)^{0.2} f(\beta) f(n') f(g) t_0{}^2 f_s \tag{6.2-11}$$

式中:N_{cK}——受压支管的计算轴力,MN;

N_{ucK}——受压支管的轴向承载力,MN;

θ_c——受压支管与主管夹角。

$f(g)$按下式计算：

$$f(g)=1+\left[\frac{2.19}{1+7.5\dfrac{g}{d_0}}\right]\left[1-\frac{20.1}{6.6+\dfrac{d_0}{t_0}}\right](1-0.77\beta)$$

受拉支管在管节处的截面强度应按下式计算：

$$KN_{tK}\leqslant N_{utK} \tag{6.2-12}$$

$$N_{utK}=\frac{\sin\theta_c}{\sin\theta_t}N_{ucK} \tag{6.2-13}$$

式中：N_{tK}——受拉支管的计算轴力，MN；

N_{utK}——受拉支管的轴向承载力，MN；

θ_t——受拉支管与主管夹角。

6.3 节点板与圆管连接节点

6.3.1 节点板

管结构采用节点板连接时，节点板沿纵向焊接在圆管上，根据节点板布置可分T形与X形，见图6.3-1；腹杆同节点板的连接及节点板的强度按《铁路桥梁钢结构设计规范》(TB 10002.2—2005)计算。

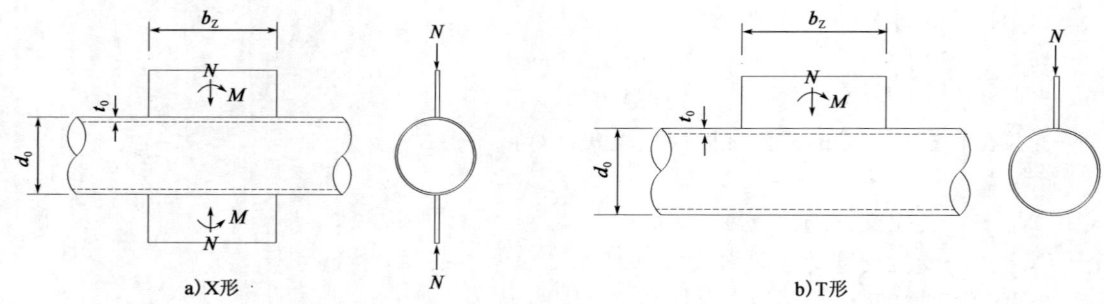

图6.3-1 节点板连接形式

6.3.2 节点板同圆管连接

(1)X形节点

①当纵向板受压时，节点轴向荷载下的截面强度按下式计算：

$$KN_{cXP}\leqslant N_{ucXP} \tag{6.3-1}$$

$$N_{ucXP}=7.3(\gamma^{-0.1}+0.55\beta_1\gamma^{-0.3})t_0^{\ 2}f_s \tag{6.3-2}$$

②当节点板受拉时，节点轴向荷载下的截面强度按下式计算：

$$KN_{tXP}\leqslant N_{utXP} \tag{6.3-3}$$

$$N_{\mathrm{utXP}} = 0.77\gamma^{0.2} N_{\mathrm{ucXP}} \tag{6.3-4}$$

③节点抗弯时的截面强度按下式计算：

$$KM_{\mathrm{XP}} \leqslant M_{\mathrm{uXP}} \tag{6.3-5}$$

$$M_{\mathrm{uXP}} = 6.8b_{\mathrm{z}}\left(\gamma^{-0.1} + 0.55\frac{\beta_1}{2}\gamma^{-0.3}\right)t_0{}^2 f_{\mathrm{s}} \tag{6.3-6}$$

$$\gamma = \frac{d_0}{2t_0}$$

$$\beta_1 = \frac{b_{\mathrm{z}}}{d_0}$$

式中：N_{cXP}、N_{tXP}——分别为节点处计算轴力，MN；

M_{XP}——弯矩，MN·m；

N_{ucXP}、N_{utXP}——分别为节点处截面轴向承载力，MN；

M_{uXP}——弯曲承载力，MN·m；

γ——主管半径同壁厚之比；

β_1——节点板板宽与主管直径的比值。

(2)T形节点

①当纵向板受压时，节点轴向荷载下的截面强度按下式计算：

$$KN_{\mathrm{cTP}} \leqslant N_{\mathrm{ucTP}} \tag{6.3-7}$$

$$N_{\mathrm{ucTP}} = 1.7(\gamma^{0.2} + 1.5\beta_1\gamma^{-0.1})t_0{}^2 f_{\mathrm{s}} \tag{6.3-8}$$

②当节点板受拉时，节点轴向荷载下的截面强度按下式计算：

$$KN_{\mathrm{tTP}} \leqslant N_{\mathrm{utTP}} \tag{6.3-9}$$

$$N_{\mathrm{utTP}} = 0.23\gamma^{0.6} N_{\mathrm{ucTP}} \tag{6.3-10}$$

③节点抗弯时的截面强度按下式计算：

$$KM_{\mathrm{TP}} \leqslant M_{\mathrm{uTP}} \tag{6.3-11}$$

$$M_{\mathrm{uTP}} = 2.49b_{\mathrm{z}}\left(\gamma^{0.2} + 1.5\frac{\beta_1}{2}\gamma^{-0.1}\right)t_0{}^2 f_{\mathrm{s}} \tag{6.3-12}$$

式中：N_{cTP}、N_{tTP}、M_{TP}——分别为节点处计算轴力(MN)及弯矩，MN·m；

N_{ucTP}、N_{utTP}、M_{uTP}——分别为节点处截面轴向承载力(MN)及弯曲承载力，MN·m。

(3)冲剪强度

节点板连接节点还应按下式进行冲剪强度计算：

$$\left(\frac{N}{A_1} + \frac{M}{W_1}\right)t_1 \leqslant 1.16t_0 f_{\mathrm{s}} \tag{6.3-13}$$

式中：N——节点板计算轴力，MN；

M——弯矩，MN·m；

t_1——节点板板厚，m；

A_1——节点板横截面面积，m^2；

W_1——节点板与管相交处的抗弯截面模量，m^3。

6.4 柱脚节点构造

(1)钢管柱脚连接可采用埋入式或外露式柱脚,如图 6.4-1、图 6.4-2 所示。

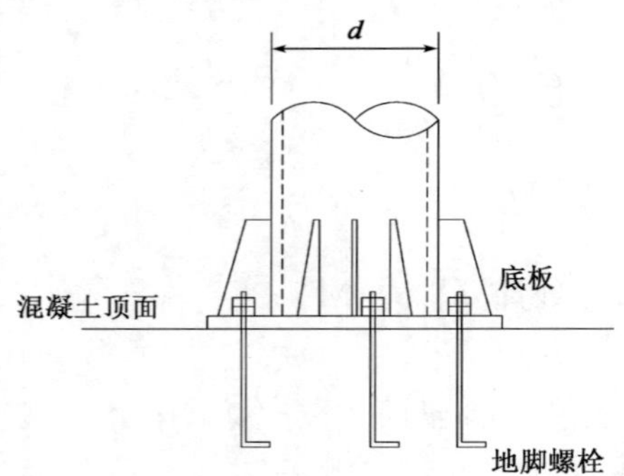

图 6.4-1 外露式柱脚

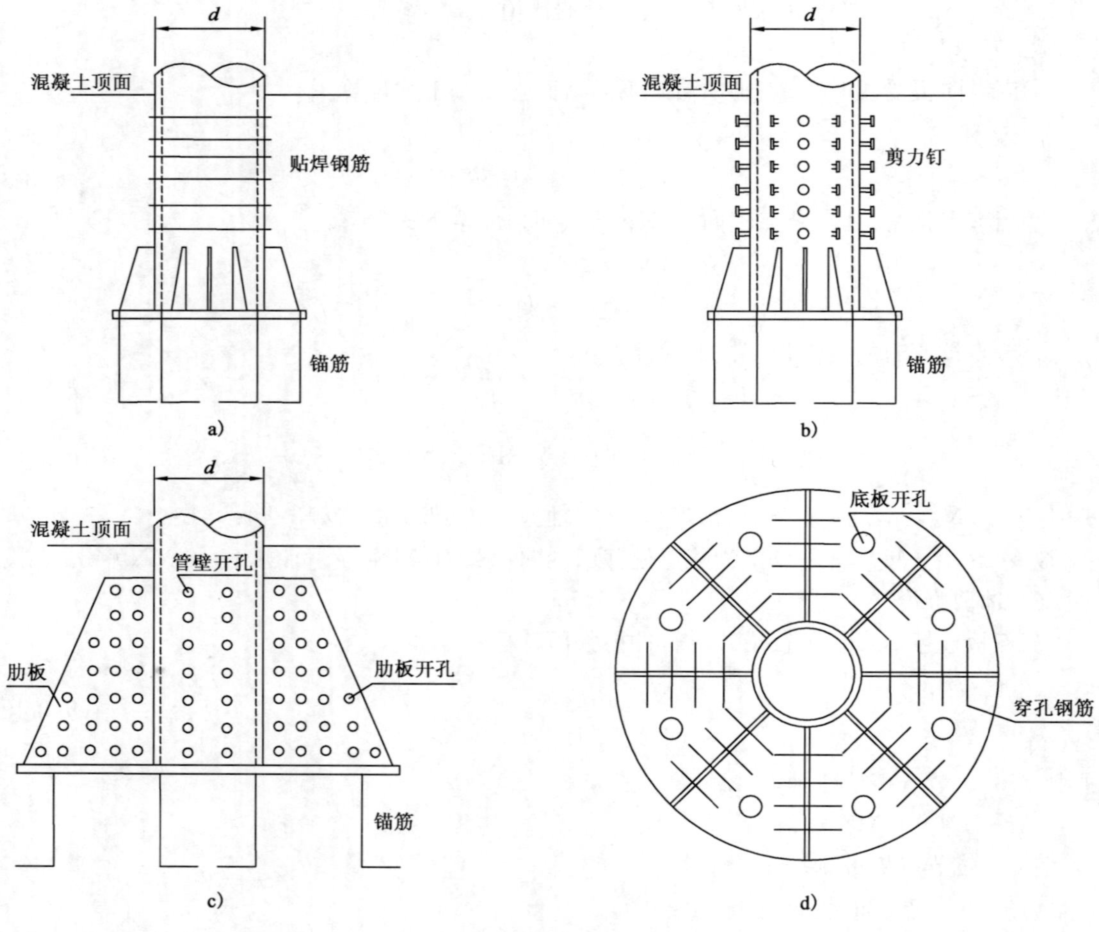

a)

b)

c)

d)

图 6.4-2 埋入式柱脚

(2)外露式柱脚的构造应符合下列要求：

①柱脚板的厚度不宜小于钢管壁厚的 1.5 倍，且不应小于 20mm。

②柱脚板的宽度不宜小于钢管壁厚的 10 倍，且不应小于 200mm。

③加肋板的厚度不应小于钢管壁厚，肋高不宜小于柱脚板的外伸宽度的 2 倍，肋距不应大于柱脚板外伸宽度的 4 倍。

④锚栓应采用双螺母拧紧或其他措施防止松动，锚栓埋入深度不应小于其直径的 25 倍，锚栓底部应有弯钩或锚板，锚板厚度宜大于 1.3 倍锚栓直径。

(3)埋入式柱脚的构造应符合下列要求：

埋入式柱脚的埋入深度不宜小于 1.5 倍或 1m 中的较小值，并应设置环向筋、剪力钉或 PBL 剪力键等锚固措施。

第7章 疲劳设计

7.1 管管节点

(1)各种管构件及管管连接的基本形式及疲劳容许应力幅值、应力集中系数 γ_{sc} 及板厚修正系数 γ_t，应按表 7.1-1 的规定确定。常规构造细节的疲劳验算参见《铁路桥梁钢结构设计规范》[14](TB 10002.2—2005)的相关条文。

(2)管状对接焊缝节点的应力集中系数 γ_{sc} 按式(7.1-1)进行计算，如图 7.1-1 所示。

$$\left.\begin{aligned}\gamma_{sc} &= 1+\frac{6(\delta_t+2-0.1t)e^{-\alpha}}{t\left[1+\left(\frac{T}{t}\right)^{\beta}\right]}\\ \alpha &= \frac{1.82L}{\sqrt{Dt}}\cdot\frac{1}{\left[1+\left(\frac{T}{t}\right)\right]^{\beta}}\\ \beta &= 1.5-\frac{1.0}{\lg\left(\frac{D}{t}\right)}+\frac{3.0}{\left[\lg\left(\frac{D}{t}\right)\right]^{2}}\end{aligned}\right\} \tag{7.1-1}$$

式中：D——管件直径，mm。

(3)锥形过渡段对接焊缝节点的应力集中系数 γ_{sc} 按式(7.1-2)、式(7.1-3)进行计算，如图 7.1-2所示。

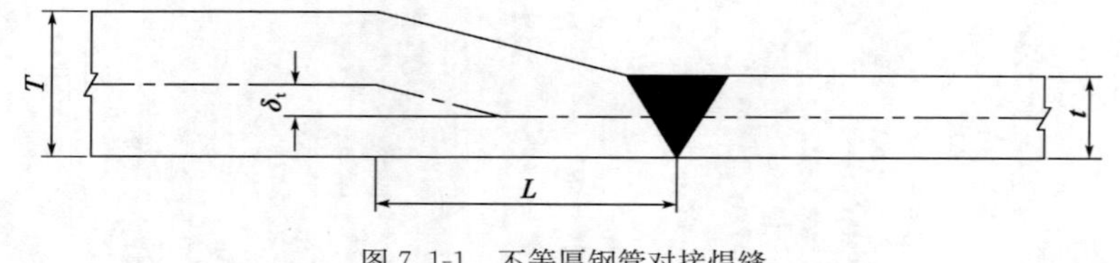

图 7.1-1　不等厚钢管对接焊缝

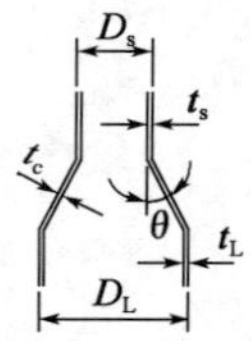

图 7.1-2　锥形钢管过渡对接焊缝

圆管侧：

$$\gamma_{sc}=1+\frac{0.6t\sqrt{D_j(t+t_c)}}{t^2}\tan\alpha \tag{7.1-2}$$

锥体侧：

$$\gamma_{sc}=1+\frac{0.6t\sqrt{D_j(t+t_c)}}{t_c^2}\tan\alpha \tag{7.1-3}$$

式中：D_j——连接处的圆管直径，D_S，D_L；

T——圆管壁厚，t_s，t_L；

t_c——锥体壁厚；

α——锥体倾斜角。

(4)钢管内采用加劲圆环的应力集中系数 γ_{sc} 按式(7.1-4)进行计算。

$$\gamma_{sc}=1+\frac{0.54}{\alpha} \tag{7.1-4}$$

$$\alpha=1+\frac{1.56t\sqrt{rt}}{A_r}$$

式中：A_r——不计圆管本身的加劲隔板面积；

r——圆管半径；

t——圆管壁厚。

(5)带加劲环的锥形过渡段连接处的应力集中系数 γ_{sc} 按式(7.1-5)、式(7.1-6)进行计算，如图 7.1-3 所示。

较小直径端：

$$\gamma_{sc}=1+\left(0.54+\frac{0.91D_jt}{A_r}\tan\alpha\right)\frac{1}{\beta} \tag{7.1-5}$$

较大直径端：

$$\left.\begin{aligned}\gamma_{sc}&=1+\left(0.54-\frac{0.91D_jt}{A_r}\tan\alpha\right)\frac{1}{\beta}\\ \beta&=1+\frac{1.10t\sqrt{D_jt}}{A_r}\end{aligned}\right\} \tag{7.1-6}$$

式中：A_r——不计圆管本身的加劲隔板面积。

如果加劲环设置在距相贯线 δ 处，还应计入由于该偏心所造成的附加应力集中系数：

$$\gamma_{sc}=1+3\frac{\delta}{t}\tan\alpha$$

(6)T/Y 形管节点的应力集中系数 γ_{sc} 按式(7.1-7)～式(7.1-10)进行计算，如图 7.1-4 所示。

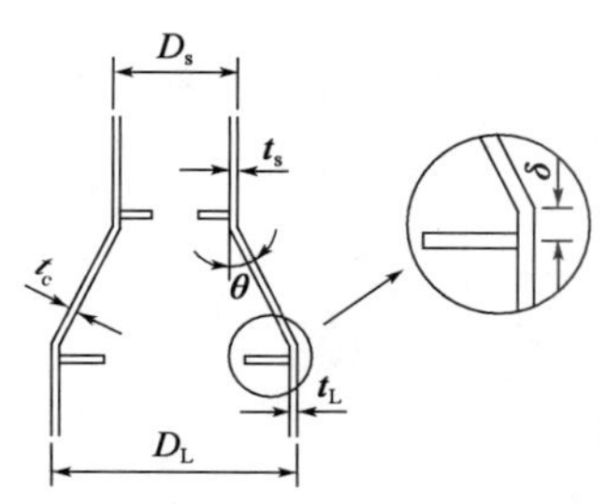

图 7.1-3 带加劲环的锥形过渡段连接

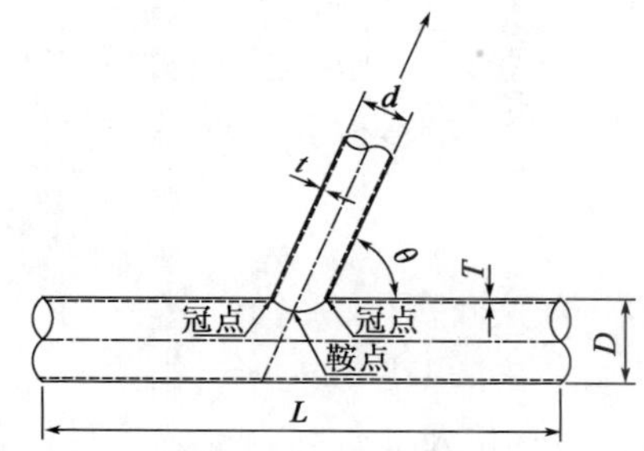

图 7.1-4 T/Y 形管节点

弦杆鞍点：$\gamma_{sc}=\gamma\tau^{1.1}[1.11-3(\beta-0.52)^2](\sin\theta)^{1.6}+C_1(0.8\alpha-6)\tau\beta^2(1-\beta^2)^{0.5}(\sin2\theta)^2$ (7.1-7)

弦杆冠点：$\gamma_{sc}=\gamma^{0.2}\tau[2.65+5(\beta-0.65)^2]+\tau\beta(C_2\alpha-3)\sin\theta$ (7.1-8)

腹杆鞍点：$\gamma_{sc}=1.3+\gamma\tau^{0.52}\alpha^{0.1}[0.187-1.25\beta^{1.1}(\beta-0.96)^2](\sin\theta)^{(2.7-0.01\alpha)}$ (7.1-9)

腹杆冠点：

$$\left.\begin{aligned}&\gamma_{sc}=3+\gamma^{1.2}\left[0.12e^{(-4\beta)}+0.011\beta^2-0.045\right]+\beta\tau(C_3\alpha-1.2)\\&\beta=\frac{d}{D},\alpha=\frac{2L}{D},\gamma=\frac{D}{2T},\tau=\frac{t}{T}\\&C_1=2(C-0.5),C_2=\frac{C}{2},C_3=\frac{C}{5}\end{aligned}\right\}\tag{7.1-10}$$

式中：L——钢管节段长度，可取左右节间长度之和的一半；

C——杆端约束参数，一般取 0.7。

(7)K 形管节点的应力集中系数 γ_{sc} 按式(7.1-11)、式(7.1-12)进行计算，如图 7.1-5 所示。

弦杆：

$$\gamma_{sc\,x}=\tau^{0.9}\gamma^{0.5}(0.67-\beta^2+1.16\beta)\sin\theta\left(\frac{\sin\theta_{max}}{\sin\theta_{min}}\right)^{0.30}\left(\frac{\beta_{max}}{\beta_{min}}\right)^{0.30}\left[1.64+0.29\beta^{-0.38}\arctan(8\zeta)\right]\tag{7.1-11}$$

腹杆：

$$\left.\begin{aligned}&\gamma_{sc}=1+(1.97-1.57\beta^{0.25})\tau^{-0.14}(\sin\theta)^{0.7}\gamma_{scx}\\&\beta_A=\frac{d_A}{D},\beta_B=\frac{d_B}{D},\tau_A=\frac{t_A}{T},\tau_B=\frac{t_B}{T},\gamma=\frac{D}{2T},\zeta=\frac{g}{D}\end{aligned}\right\}\tag{7.1-12}$$

式中，τ、β、θ 与被考虑的腹杆相关，arctan 的单位为弧度。

(8)KT 形管节点的应力集中系数 γ_{sc} 按下列规定进行计算，如图 7.1-6 所示。

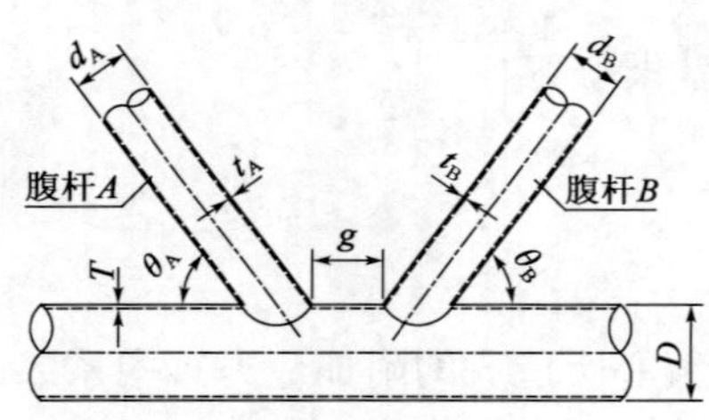

图 7.1-5　K 形管节点

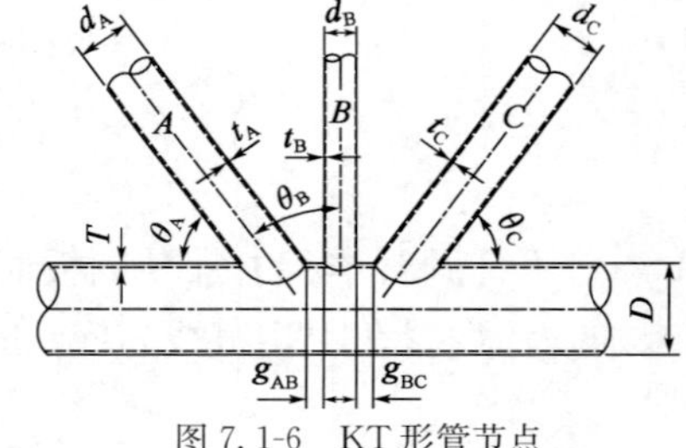

图 7.1-6　KT 形管节点

弦杆：同式(7.1-11)。

腹杆：同式(7.1-12)。

斜腹杆 A 和 C 适用 $\zeta=\zeta_{AB}+\zeta_{BC}+\beta_B$，中间直腹杆 B 适用 $\zeta=\max(\zeta_{AB},\zeta_{BC})$。

(9)对于弦杆内充填混凝土的节点构造，在计算腹杆及弦杆的鞍点应力集中系数时，弦杆厚度按下式给出的等效弦杆壁厚来代替。

$$T_e=\frac{5D+134T}{144}\tag{7.1-13}$$

式中：D——弦杆直径；

T——弦杆壁厚。

(10)对焊接及非焊接(栓接)构件及其连接均需进行疲劳强度检算。

①拉拉或以拉为主的拉压构件 $\rho=\dfrac{\sigma_{min}}{\sigma_{max}}\geqslant-1$：

$$\gamma_d\gamma_{sc}\gamma_t\gamma_n(\sigma_{max}-\sigma_{min})\leqslant[\sigma_0]\tag{7.1-14}$$

式中：σ_{max}、σ_{min}——分别为最大、最小应力，以拉为正，以压为负；

$[\sigma_0]$——疲劳容许应力，见表 7.1-1；

构件或管管节点连接基本形式及疲劳容许应力幅类别

表 7.1-1

类别	构件或连接形式简图	加工质量及其他要求	疲劳容许应力幅$[\sigma_0]$(MPa)、应力集中系数γ_{sc}及板厚修正系数γ_t	检算部位
1	母材	非焊接构件。构件边缘刨边处理，表面粗糙度不得大于25▽；精密切割表面粗糙度不得大于12.5▽	$[\sigma_0]=159.95$ $\gamma_{sc}=1.0$ $\gamma_t=1.0$	非连接部位母材
2	自动焊接的纵向对接焊缝	(1)焊缝应一次连续施焊完成，如果特殊情况而中途停焊时，焊前、焊后需处理。用原定预热温度及施焊工艺继续施焊。焊缝表面要顺受力方向磨修平整，不得有超出《铁路钢桥制造规范》(TB 10212—2009)中规定的凹凸不平现象。 (2)焊缝两侧不得有大于0.3mm的咬边或直径大于1mm的气孔，每米不多于3个，间距不小于20mm。 (3)埋弧自动焊必须在距杆件端80mm以外的引弧板上起、熄弧	$[\sigma_0]=139.96$ $\gamma_{sc}=1.0$ $\gamma_t=1.0$	管件的纵向对接焊缝
3	横向对接焊缝	打磨光滑的双面环形对接焊缝，质量要求同类别2.(1)、类别2.(2)，管件偏心不大于2mm	$[\sigma_0]=112.03$　γ_{sc}见式(7.1-2)　$\gamma_t=\left(\frac{t}{32}\right)^{0.15}$	正截面对接焊缝接头位置
4		双面环形对接焊缝，质量要求同类别2.(1)、类别2.(2)，管件偏心不大于2mm	$[\sigma_0]=90.02$　γ_{sc}见式(7.1-1)　$\gamma_t=\left(\frac{t}{32}\right)^{0.20}$	
5		现场焊接的双面环形对接焊缝，质量要求同类别2.(1)、2.(2)，管件偏心不大于2mm	$[\sigma_0]=79.98$　γ_{sc}见式(7.1-1)　$\gamma_t=\left(\frac{t}{32}\right)^{0.20}$	

续上表

类别	构件或连接形式简图	加工质量及其他要求	疲劳容许应力幅$[\sigma_0]$(MPa)、应力集中系数γ_{sc}及板厚修正系数γ_t	检算部位
6	横向对接焊缝	有垫板的单面环形对接焊缝，质量要求同类别2.(1)、类别2.(2)，管件偏心不大于2mm	$[\sigma_0]=71.01$　γ_{sc}见式(7.1-1)　$\gamma_t=\left(\frac{t}{32}\right)^{0.25}$	正截面对接焊缝接头位置
7		无垫板的单面环形对接焊缝，管件偏心不大于2mm	$[\sigma_0]=56.02$　γ_{sc}见式(7.1-1)　$\gamma_t=\left(\frac{t}{32}\right)^{0.25}$	
8		打磨光滑双面焊接的管状与圆锥形截面间的环形对接焊缝	$[\sigma_0]=112.03$　γ_{sc}见式(7.1-2)、式(7.1-3)　$\gamma_t=\left(\frac{t}{32}\right)^{0.15}$	正截面对接焊缝接头位置
9		双面焊接的管状与圆锥形截面间的环形对接焊缝	$[\sigma_0]=90.02$　γ_{sc}见式(7.1-2)、式(7.1-3)　$\gamma_t=\left(\frac{t}{32}\right)^{0.20}$	
10		现场双面焊接的管状与圆锥形截面间的环形对接焊缝	$[\sigma_0]=79.98$　γ_{sc}见式(7.1-2)、式(7.1-3)　$\gamma_t=\left(\frac{t}{32}\right)^{0.20}$	
11		有垫板的单面焊接的管状与圆锥形截面间的环形对接焊缝	$[\sigma_0]=71.01$　γ_{sc}见式(7.1-2)、式(7.1-3)　$\gamma_t=\left(\frac{t}{32}\right)^{0.25}$	
12		无垫板的单面焊接的管状与圆锥形截面间的环形对接焊缝	$[\sigma_0]=56.02$　γ_{sc}见式(7.1-2)、式(7.1-3)　$\gamma_t=\left(\frac{t}{32}\right)^{0.25}$	
13		管件外壁附属构件的焊接。焊趾不得有咬肉、裂纹，应成型良好	$[\sigma_0]=63.0$　$\gamma_{sc}=1.43$　$\gamma_t=\left(\frac{t}{32}\right)^{0.25}$	附属构件与管件之间的焊接位置

续上表

类别	构件或连接形式简图	加工质量及其他要求	疲劳容许应力幅$[\sigma_0]$(MPa)、应力集中系数γ_{sc}及板厚修正系数γ_t	检算部位
14		用完全熔透焊缝焊接的加劲肋连接。焊缝端部至管件表面应匀顺过渡；对起、熄弧处进行磨修；管件不得有咬肉；加劲肋端部100mm内焊趾处锤击	$[\sigma_0]=90.02$ $\gamma_{sc}=1.0$ $\gamma_t=\left(\frac{t}{32}\right)^{0.20}$	竖向加劲肋与管件连接焊缝的端部
15		用角焊缝焊接的加劲肋连接。质量要求同类别14	$[\sigma_0]=71.01$ $\gamma_{sc}=1.27$ $\gamma_t=\left(\frac{t}{32}\right)^{0.25}$	
16		用角焊缝焊接的管内隔板。采用成型良好的手工焊、CO_2气体保护焊施焊；焊趾处不允许有咬肉	$[\sigma_0]=79.98$(隔板厚≤25mm) $\gamma_t=\left(\frac{t}{32}\right)^{0.20}$ $[\sigma_0]=71.01$(隔板厚>25mm) $\gamma_t=\left(\frac{t}{32}\right)^{0.25}$ γ_{sc}见式(7.1-4)	管状构件与隔板连接处母材
17		用角焊缝焊接的管内加劲板。采用成形良好的手工焊、CO_2气体保护焊施焊；焊趾处不允许有咬肉	$[\sigma_0]=79.98$(隔板厚≤25mm) $\gamma_t=\left(\frac{t}{32}\right)^{0.20}$ $[\sigma_0]=71.01$(隔板厚>25mm) $\gamma_t=\left(\frac{t}{32}\right)^{0.25}$ γ_{sc}见式(7.1-5)～式(7.1-6)	角焊缝连接部位的管件母材

续上表

类别	构件或连接形式简图	加工质量及其他要求	疲劳容许应力幅$[\sigma_0]$(MPa)、应力集中系数γ_{sc}及板厚修正系数γ_t	检算部位
18		采用相贯线切割机开制相贯线坡口，全熔透焊缝连接，焊趾处需焊后修磨，超声波探伤等级B级，质量等级为Ⅰ级	$[\sigma_0]=90.02$ γ_{sc}见式(7.1-7)～式(7.1-10) $\gamma_t=\left(\frac{t}{32}\right)^{0.25}$	连接腹杆正截面名义应力
19		采用相贯线切割机开制相贯线坡口，全熔透焊缝连接，焊趾处需焊后修磨，超声波探伤等级B级，质量等级为Ⅰ级	$[\sigma_0]=90.02$ γ_{sc}见式(7.1-11)～式(7.1-12) $\gamma_t=\left(\frac{t}{32}\right)^{0.25}$	连接腹杆正截面名义应力
20		采用相贯线切割机开制相贯线坡口，全熔透焊缝连接，焊趾处需焊后修磨，超声波探伤等级B级，质量等级为Ⅰ级	$[\sigma_0]=90.02$ γ_{sc}见KT形管节点相关规定 $\gamma_t=\left(\frac{t}{32}\right)^{0.25}$	连接腹杆正截面名义应力

γ_d——双线系数(与《铁路桥梁钢结构设计规范》(TB 10002.2—2005)相同);

γ_{sc}——应力集中系数;

γ_t——壁厚系数。计算公式见表 7.1-1,$t \leqslant 32$mm,$\gamma_t = 1$;

γ_n——疲劳损伤修正系数。

当构件的应力循环次数不大于 200 万次时 γ_n 取 1.0,否则按下式计算:

$$\gamma_n = \sqrt[3]{\frac{N}{2 \times 10^6}} \tag{7.1-15}$$

式中:N——构件在设计寿命期内的应力循环次数。

②以压为主的拉压构件 $\rho < -1$:

$$\gamma_d \gamma_{sc} \gamma_t \gamma_n \sigma_{max} \leqslant \gamma_\rho [\sigma_0] \tag{7.1-16}$$

式中:γ_ρ——应力比修正系数(与《铁路桥梁钢结构设计规范》(TB 10002.2—2005)中规定相同)。

③压压构件:对于压压构件,不计算疲劳。

7.2 板管节点

(1)板管焊接节点连接的基本形式及疲劳容许应力幅,应按表 7.2-1 的规定确定。常规构造细节的疲劳验算参见《铁路桥梁钢结构设计规范》(TB 10002.2—2005)的相关条文。

板管节点连接基本形式及疲劳容许应力幅 表 7.2-1

类别	构件或连接形式简图	加工质量及其他要求	疲劳容许应力幅$[\sigma_0]$(MPa)、应力集中系数 γ_{sc}	检算部位
1	腹杆与弦管正交	板管 T 形接头采用坡口全熔透焊缝,节点板两端范围按 TB 10002.2 要求打磨匀顺	$[\sigma_0]=80.0$ $\gamma_{sc}=1.0$ $\gamma_t=\left(\frac{t}{32}\right)^{0.25}$ t≤25mm $\gamma_t=1.0$	连接腹杆正截面名义应力
2	30°~90° 腹杆与弦管斜交,$\theta \geqslant 30°$			

(2)板管节点连接的疲劳强度计算。

①拉拉或以拉为主的拉压构件 $\rho = \frac{\sigma_{min}}{\sigma_{max}} \geqslant -1$:

$$\gamma_d \gamma_{sc} \gamma_t \gamma_n (\sigma_{max} - \sigma_{min}) \leqslant [\sigma_0] \tag{7.2-1}$$

式中：σ_{max}、σ_{min}——分别为最大、最小应力，以拉为正，以压为负；

$[\sigma_0]$——疲劳容许应力，见表 7.2-1；

γ_d——双线系数（与《铁路桥梁钢结构设计规范》（TB 10002.2—2005）的规定相同）；

γ_{sc}——应力集中系数，见表 7.2-1；

γ_t——壁厚系数，见表 7.2-1；

γ_n——疲劳损伤修正系数。

当构件的应力循环次数不大于 200 万次时 γ_n 取 1.0，否则按下式计算：

$$\gamma_n = \sqrt[3.451]{\frac{N}{2\times 10^6}} \tag{7.2-2}$$

式中：N——构件在设计寿命期内的应力循环次数。

②以压为主的拉压构件 $\rho < -1$：

$$\gamma_d \gamma_{sc} \gamma_t \sigma_{max} \gamma_n \leqslant \gamma_\rho [\sigma_0] \tag{7.2-3}$$

式中：γ_ρ——应力比修正系数（与《铁路桥梁钢结构设计规范》（TB 10002.2—2005）相同）。

③压压构件：对于压压构件，不计算疲劳。

第8章

构造与工艺要求

8.1　构造要求

(1)钢管节点的构造应符合下列要求：

①弦管的直径和壁厚应大于腹杆的直径和壁厚。

②弦管和腹杆及两腹杆间的夹角不应小于 30°。

③腹杆同弦管的连接焊缝，应沿全周连续焊接并平顺过渡，可用角焊缝或部分采用对接焊缝、部分角焊缝，如图 8.1-1 所示。

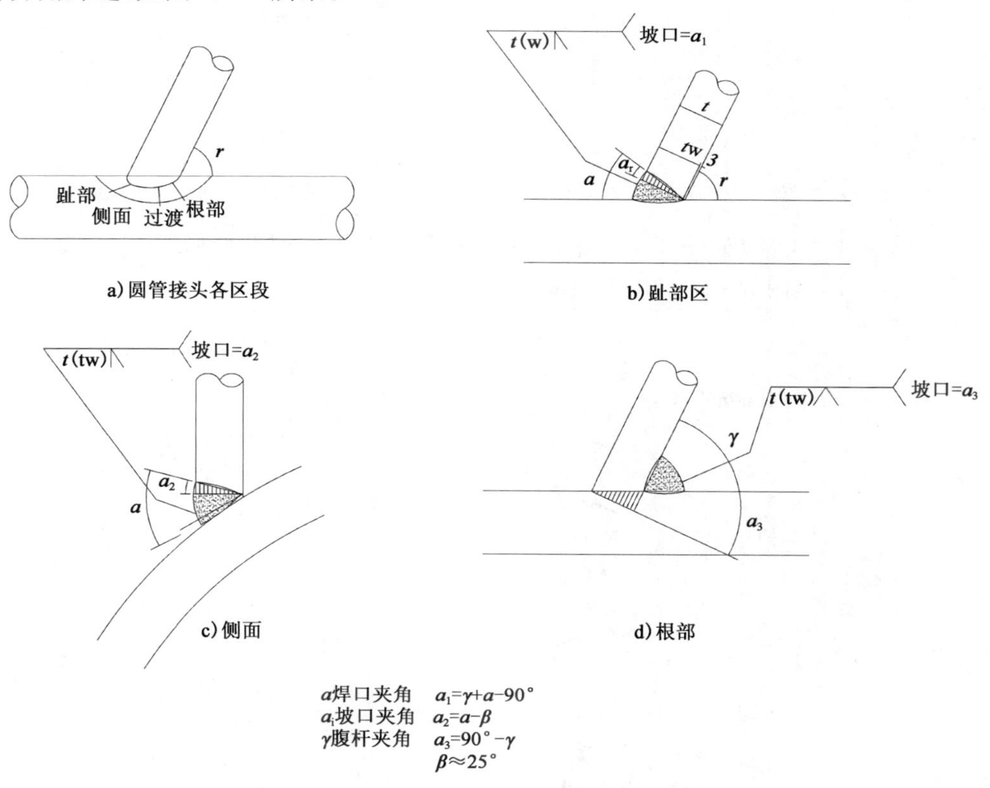

图 8.1-1　圆管接头部分焊透对接焊缝坡口加工

(2)直接承受列车活载的构件还应满足：

①焊接管宜满足 $d/D \geqslant 0.4$ 的要求，斜腹杆交角 $\theta \geqslant 40°$。

②在未采取特别制振措施的条件下，为防止细长钢管的风致疲劳，宜保证钢管直径 $d \geqslant \frac{L}{40}$(L 为杆件长度)。

③相贯焊接的节点内不得使用任何形式的肋板加强腹杆与主弦杆间的连接。

④板管节点上不宜采用插入式焊缝连接腹杆的构造形式。

⑤相贯焊接的 K 形节点要求：腹杆净距 $g \geqslant 50$mm；相贯焊缝与纵、环焊缝不得相交，焊缝间净距大于 100mm。

⑥腹杆相贯线和坡口必须采用相贯线切割机完成，焊接接头根部间隙应控制在 6mm 以内，焊缝采用全熔透或部分熔透，对承受反复应力的腹杆焊趾处必须进行修磨，并按要求进行超声波探伤。

(3)弦管管节的临时连接。拱肋接头的临时定位连接宜采用管外肋板连接，见图 8.1-2。必要时亦可采用内法兰盘连接，见图 8.1-3。临时定位后，再将管节间进行对接焊，完成最终的连接。

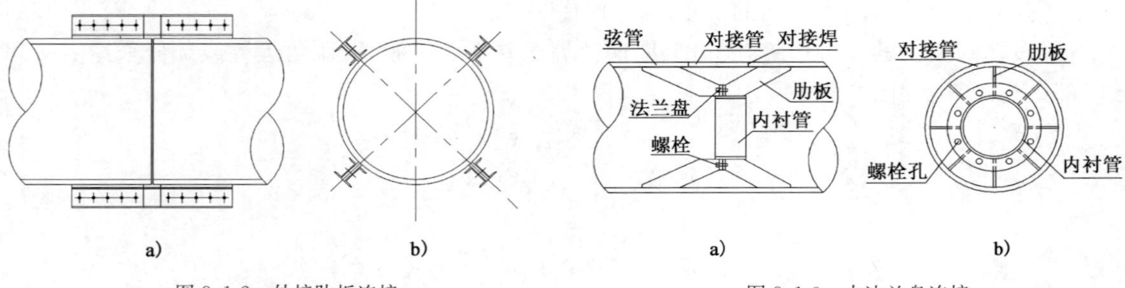

图 8.1-2 外接肋板连接　　图 8.1-3 内法兰盘连接

(4)拱上立柱柱脚连接如图 8.1-4 所示，通过焊接在拱肋上的柱脚钢箱相连。立柱为混凝土柱时，可在柱脚钢箱内焊剪力键浇筑混凝土来保证连接。

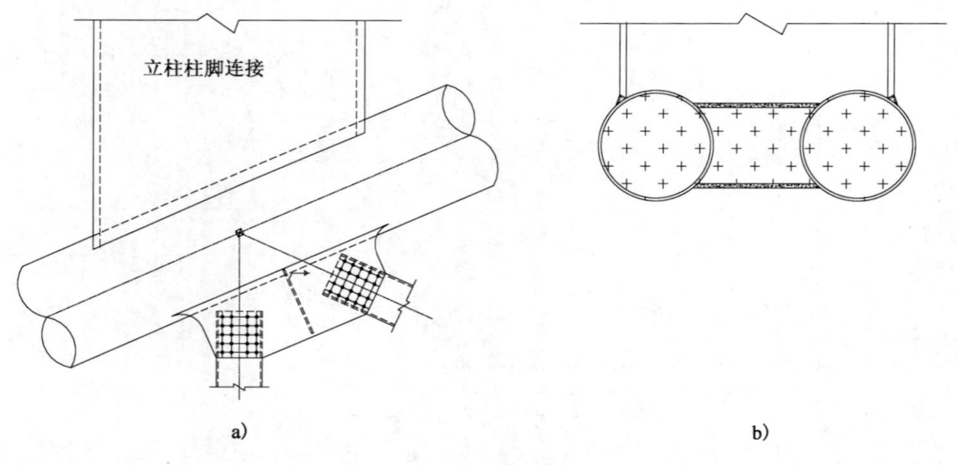

图 8.1-4 柱脚连接形式

(5)钢管的环焊缝、纵焊缝和节点焊缝宜避开焊缝交叉焊接,焊缝间距应符合图8.1-5的要求。

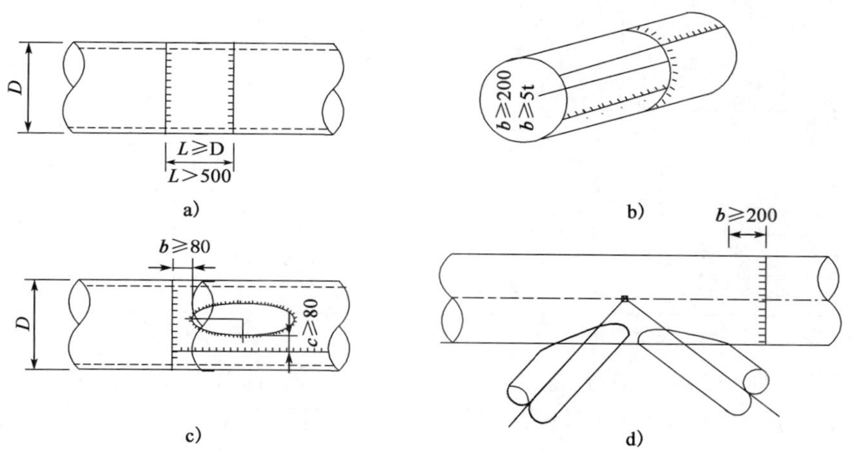

图8.1-5　钢管连接焊缝间距的要求(尺寸单位:mm)

(6)节点板末端应采用半径合理的过渡圆弧构造,以尽量避免由于该处几何应力集中与焊接影响导致疲劳性能降低的叠加后果,过渡圆弧半径不小于600mm,节点板放大系数不小于1.7。

8.2　钢管构件制作

(1)对于板厚超过30mm的应进行超声波探伤,钢板质量分级按《厚钢板超声波检验方法》(GB/T 2970—2004)中的Ⅱ级执行。

(2)钢管构件的焊接(包括施工现场焊接)应严格按照所编工艺文件规定的焊接方法、工艺参数、施焊顺序进行,焊缝应按表8.2-1、表8.2-2的规定进行无损检验。

焊缝超声波探伤内部质量等级　　表8.2-1

焊缝质量级别	适 用 范 围
Ⅰ	拱肋纵、横向对接焊缝;腹杆节点板同弦管间的熔透角焊缝
Ⅱ	工型腹杆角焊缝,其余焊缝

焊缝超声波探伤范围和检验等级　　表8.2-2

焊缝质量级别	探伤比例(%)	探 伤 部 位	检验等级
Ⅰ级对接焊缝	100	全长	B
Ⅱ级对接焊缝	100	全长	B
Ⅱ级角焊缝	100	相贯线的趾部和侧部,其他Ⅱ级角焊缝的两端和中间各1m区域	A

注:Ⅰ级对接焊缝,应按接头数量10%(不少于一个焊接接头)进行射线探伤。探伤范围为焊缝两端各250~300mm。焊缝长度大于1200mm时,中部加探250~300mm。探伤内部质量等级:工厂焊缝达到表8.2-3中Ⅰ级,工地焊缝达到Ⅱ级。

对接焊缝内部质量射线探伤质量要求　　表 8.2-3

焊缝质量等级	板厚(mm)	评定区(mm)	质量要求			
			气孔允许点数	裂纹未熔透未焊透	单个条状夹渣长(mm)	条状夹渣总长
Ⅰ	10～15	10×10	2	不允许	不允许	不允许
	>15～25	10×10	3			
	>25～50	10×20	4			
Ⅱ	10～15	10×10	6	不允许	最小可为 4，最大可为 $T/3$	在任意直线上，相邻两夹渣间距不超过 $6L$ 的任何一组夹渣，其累积长度在 $12T$ 范围内不大于 T
	>15～25	10×10	9			
	>25～50	10×20	12			

注：L 为该组夹渣中最长者的长度。

(3)钢管构件应根据施工详图进行放样。放样与号料应预留焊接收缩量和切割、端铣等加工余量以及弹性压缩量，弹性压缩量可由制作单位通过计算并据已有工程经验确定。

(4)需边缘加工的零件，宜采用精密切割；焊接坡口加工宜采用自动切割、半自动切割、坡口机、刨边机等方法进行，并应用样板控制坡口角度和尺寸。

(5)钢管制作完成后，其外形尺寸的允许偏差应符合：

①钢管椭圆度(图 8.2-1)　钢管端部 $\Delta/D \leqslant \pm 1.5/1000$，且不大于 1.5mm
　　中间部位 $\Delta/D \leqslant \pm 2/1000$，且不大于 2.0mm

②直径　$\Delta/D \leqslant \pm 2/1000$，且不大于 2.0mm

③相贯线切口　$\Delta \leqslant \pm 2.0$mm

④管端面垂直度　$\Delta/D \leqslant \pm 2/1000$，且不大于 3.0mm

⑤端部局部不平度　$f \leqslant \pm 0.5$mm

⑥弯曲矢高　$f/L \leqslant 1/1500$，且不大于 3.0mm

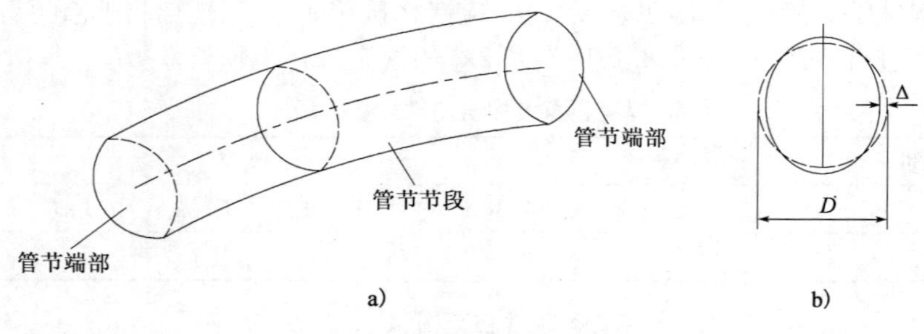

图 8.2-1　钢管椭圆度要求示意图

(6)钢管构件制作完毕后，应仔细清除钢管内的杂物，钢管内表面必须保持干净，不得有油渍等污物，应采取适当措施保持管内清洁。

(7)制作完毕后的钢管构件，应采取适当保护措施，防止钢管内表面严重锈蚀。

(8)钢管构件在吊装时，应控制吊装荷载作用下的变形，吊点的设置应根据钢管构件本身的承载力和稳定性经验算后确定，必要时应采取临时加固措施。

(9)钢管采用现场焊接拼接时，应采取可靠的施焊工艺，尽可能减少焊接残余应力和残余变形。

(10)钢管构件制作还应满足《铁路钢桥制造规范》(TB 10212—2009)中的要求。

8.3 钢管结构的验收

(1)钢结构制造完成后,应按照施工图、设计单位的制造验收规则和《铁路钢桥制造规范》(TB 10212—2009)进行验收。

(2)拱肋箱型、工型腹杆的基本尺寸允许偏差应符合《铁路钢桥制造规范》(TB 10212—2009)表4.12.1—1、2的要求。

(3)钢管(桁架)结构的相邻节段必须在工厂内进行匹配组装,钢管接头错边量应小于0.1t且不大于2.0mm方能出厂。

(4)钢管结构工厂节段组装后的尺寸允许偏差:

①桁架宽度误差 Δ≤±3.0mm

②腹杆组合误差 Δ/*L*≤±1/1000

③腹杆中心距误差 Δ≤±3.0mm

④桁架高度度偏差 +3.0mm

−1.0mm

⑤桁架节段断面扭曲偏差(图8.3-1) Δ≤1.0mm/m

节段最大不超过 5.0mm

⑥桁架断面对角线差 Δ≤4.0mm

⑦桁架节段轴线竖向偏差 Δ≤±3.0mm

⑧桁架节段轴线横向偏差 Δ≤±3.0mm

⑨桁架节段轴线弧长偏差 Δ≤±10.0mm

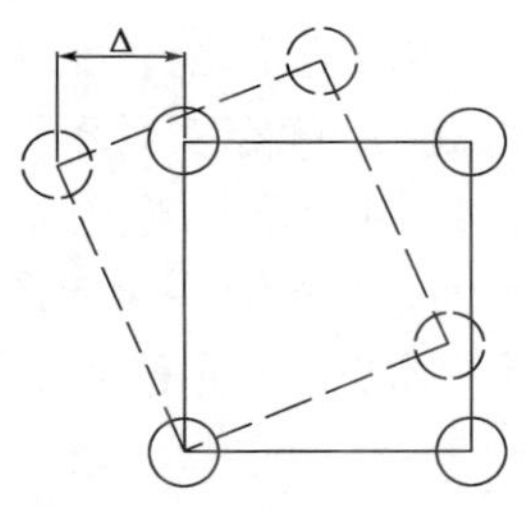

图8.3-1 桁架节段扭曲要求示意图

(5)工地安装分段拱肋时,节段间钢管接缝错边量Δ≤0.1*t*且不大于3.0mm。

8.4 涂 装

(1)钢管构件的除锈和涂装应在制作检验合格后进行。构件表面的除锈方法和除锈等级应符合设计规定,其质量要求应符合现行国家标准《涂装前钢材表面锈蚀等级和除锈等级》(GB/T 8923—2008)的规定;钢结构的涂装应符合现行行业标准的规定。

(2)抗滑移系数试验方法应符合现行行业标准《铁路钢桥栓接板面抗滑移系数试验方法》(TB/T 2137—1990)的规定。

(3)经处理的摩擦面,每批出厂和架设时各检验3组试件。设计文件对抗滑移系数试验的数量及规格有要求时,按设计文件执行。试件出厂时抗滑移系数不小于0.55,安装时不小于0.45。

8.5 钢管混凝土浇筑

(1)钢管内混凝土的浇筑方式宜采用泵送顶升压注法,也可采用立式高位抛落灌注法或人工逐段浇捣法,泵送混凝土前应用清水冲洗钢管内壁。其中泵送顶升压注法适用于拱、梁、柱的管内混凝土浇筑，立式高位抛落灌注法适用于直立墩的管内混凝土浇筑；当施工条件所限，上述两种方法无法实施时，在直立墩的管内浇筑混凝土时，可采用立式人工逐段浇捣法。

①泵送顶升压注法。在钢管柱适当的位置安装一个带有防回流装置的进料支管，直接与泵车的输送管相连，将混凝土连续不断地自下而上灌入钢管，无需振捣。钢管的尺寸宜大于或等于进料支管的两倍。对泵送顶升浇灌的柱下部入口处的管壁应进行强度验算。

②立式高位抛落灌注法。利用混凝土下落时产生的动能达到振实混凝土的目的，适用于管截面最小边长或管径大于 350mm 高度不小于 4m 的情况。对于抛落高度低于 4m 的区段，应用内部振捣器振实，一次抛落的混凝土量宜在 0.7m^3左右，用料斗装填，料斗的下口尺寸应比钢管截面最小边长或管径小 100～200mm，以便于管内空气的排出，应保证混凝土无泌水和离析现象。

③人工逐段浇捣法。混凝土自钢管上口灌入，用振捣器捣实，管截面最小边长或管径大于 350mm 时，采用内部振捣器进行振捣，每次振捣时间不少于 30s，一次浇灌高度不宜大于 1.5m。当管截面最小边长或管径小于 350mm 时，可采用附着在钢管外部的振捣器进行振捣，外部振捣的位置应随混凝土浇灌进展加以调整。手工逐段浇捣法一次浇灌的高度不应大于振捣器的有效工作范围和 2～3m 柱长。

④混凝土的配合比。除应满足第 4 章 4.1 节的要求外，尚应注意混凝土坍落度的选择，并通过试验后确定。对于泵送顶升压注法，混凝土的配合比尚应满足可泵性要求。

(2)钢管内混凝土的灌注应当在最初灌入的混凝土初凝时间内完成，在分仓或分段范围内混凝土应当连续一次灌注；如遇到特殊原因，应开孔放掉管内混凝土上方浮浆，露出新鲜混凝土面，待混凝土强度大于设计强度的 80%以上时，方可继续灌注。

(3)泵送顶升压注法钢管混凝土灌注施工。

①灌注口应设法兰接头和插板与输送泵管口连接，待混凝土灌注完成后及时用插板堵死开口，防止混凝土外溢。

②灌注前应压入清水洗管，管内不得留有油污和锈蚀物。

③灌注混凝土前，应先泵入与钢管混凝土配比相同的砂浆，然后连续泵入混凝土。

④钢管拱桥顶部或分仓处顶部开设 $\phi(15\sim20)\times150$cm 的排浆管。

⑤灌注时环境温度应大于+5.0℃。当环境气温高于 30℃，应采取施工措施来降低钢管温度，避免钢管内混凝土坍落度损失过快，造成混凝土堵管。

(4)钢管混凝土的质量检查应采用以超声波检测为主、人工敲击为辅的检测方法，条件具备时也可采用光纤监测技术。

①超声波检测法：参考《超声波检测混凝土缺陷技术规程》(CECS 21∶2000)进行。

②敲击法：通过声音来分析管内混凝土是否密实。用质检专用的 3 号钢锤进行敲击，在混凝土龄期 7d、28d 时进行 2 次检查。

③光纤监测技术：需要进行预埋件和布线设计，可以定量检测钢管内混凝土脱空值的大小。

(5)混凝土缺陷的处理。

钢管内混凝土不密实的部位应在钢管上钻孔压浆补强，压注浆液强度应高于钢管内混凝土强度，压浆补强后将钻孔塞焊补平。

第9章 可靠性设计

9.1 功能函数

结构可靠度通常被定义为:结构在规定的时间内,在规定的条件下,完成预定功能的概率。结构的可靠度分析与结构的极限状态方程相联系,通常结构的功能函数表达为:

$$Z = g(X_1, X_2, X_3 \cdots, X_n) \tag{9.1-1}$$

式中:X_n——随机变量,指影响结构抗力与荷载效应的各种因素。

当 $Z>0$ 时,表示结构处于可靠状态;当 $Z=0$ 时,处于极限状态;当 $Z<0$ 时,处于失效状态。

结构的失效概率可通过如下积分求得:

$$P_f = \int\limits_{Z<0} \cdots \int f_x(x_1, x_2, x_3, \cdots, x_n) \mathrm{d}x_1 \mathrm{d}x_2 \mathrm{d}x_3 \cdots \mathrm{d}x_n \tag{9.1-2}$$

当功能函数采用最简单的形式 $Z=R-S$ 时,假定 R 与 S 相互独立,服从正态分布,均值和方差分别为 μ_R、μ_S、σ_R、σ_S。根据概率论的相关知识,Z 同样服从正态分布,其均值 μ_Z 和方差 σ_Z 可表达为:

$$\mu_Z = \mu_R - \mu_S \tag{9.1-3}$$

$$\sigma_Z = \sqrt{\sigma_R^2 + \sigma_S^2} \tag{9.1-4}$$

结构的失效概率可等效表达为:

$$P_f = P\{Z < 0\} = P\left\{\frac{Z - \mu_Z}{\sigma_Z} < \frac{-\mu_Z}{\sigma_Z}\right\} \tag{9.1-5}$$

令 $\beta=\mu_Z/\sigma_Z$,$Y=(Z-\mu_Z)/\sigma_Z$,则:

$$P_f = P\left\{\frac{Z - \mu_Z}{\sigma_Z} < \frac{-\mu_Z}{\sigma_Z}\right\} = P\{Y < -\beta\} = \Phi(-\beta) \tag{9.1-6}$$

式中:Y——标准正态随机变量;

$\Phi(-\beta)$——标准正态分布函数。

式(9.1-6)中,β 值与结构的失效概率一一对应,称为可靠度指标,它表达的几何意义为标准正态分布函数中均值距零点的距离。

由式(9.1-2)可知,当结构功能函数较多时,结构的失效概率为一多变量函数在复杂空间区域的高维积分，求解相当困难，而由前面的简单推导可知，当功能函数中的各变量为相互独立的正态分布随机变量时，结构的失效概率与可靠度指标有一一对应关系，因此，目前通常采用计算可靠度指标，从而间接得到结构失效概率的方法。

9.2 工程可靠度求解常用近似方法

目前可靠度计算存在多种理论，主要包括一次二阶矩法[18]、蒙特卡罗法[18]、响应面法[18]等，应用最为广泛的为一次二阶矩法，包括均值一次二阶矩法(中心点法)、改进的一次二阶矩法(验算点法)。

一次二阶矩的基本思想可概括为：将功能函数 $Z=g(X_1, X_2, X_3, \cdots, X_n)$ 在某一点 Taylor 级数展开，忽略高阶项，然后利用基本变量的一阶矩及二阶矩求得 Z 的均值及方差。中心点法与验算点法的差别主要体现在展开点的不同。

9.2.1 中心点法

中心点法将功能函数在各均值点展开，形成的功能函数的近似值如下：

$$Z \approx g(\mu_{X_1}, \mu_{X_2}, \mu_{X_3}, \cdots, \mu_{X_n}) + \sum_{i=1}^{n} \frac{\partial g}{\partial X_i}\bigg|_{X_i=\mu_{X_i}} (X_i - \mu_{X_i}) \tag{9.2-1}$$

可得 Z 的均值与方差为：

$$\left.\begin{aligned} \mu_Z &= g(\mu_{X_1}, \mu_{X_2}, \mu_{X_3}, \cdots, \mu_{X_n}) \\ \sigma_Z &= \left[\sum_{i=1}^{n}\left(\frac{\partial g}{\partial X_i}\bigg|_{X_i=\mu_{X_i}} \sigma_{X_i}\right)^2\right]^{\frac{1}{2}} \end{aligned}\right\} \tag{9.2-2}$$

从而得到结构的可靠度指标为：

$$\beta = \frac{\mu_Z}{\sigma_Z} = \frac{g(\mu_{X_1}, \mu_{X_2}, \mu_{X_3}, \cdots, \mu_{X_n})}{\left[\sum_{i=1}^{n}\left(\frac{\partial g}{\partial X_i}\bigg|_{X_i=\mu_{X_i}} \sigma_{X_i}\right)^2\right]^{\frac{1}{2}}} \tag{9.2-3}$$

中心点法的最大优点是计算简便，只需知道基本变量的均值与方差，即可求得功能函数的可靠度指标。主要问题是：对于同一结构构件的同一功能需求，采用不同的功能函数，所得可靠度指标可能不同；另外，功能函数在均值点展开可能带来较大的误差。

9.2.2 验算点法

将展开点取为对结构最不利的各随机变量的取值点，设验算点的坐标为 $m=(X_1^*, X_2^*, X_3^*, \cdots, X_n^*)$，则

$$Z \approx g(X_1^*, X_2^*, X_3^*, \cdots, X_n^*) + \sum_{i=1}^{n} \frac{\partial g}{\partial X_i}\bigg|_{X_i=X_i^*} (X_i - X_i^*) \tag{9.2-4}$$

则 Z 的均值与方差为：

$$\left.\begin{aligned} \mu_Z &= g(X_1^*, X_2^*, X_3^*, \cdots, X_n^*) + \sum_{i=1}^{n} \frac{\partial g}{\partial X_i}\bigg|_{X_i=X_i^*} (\mu_{X_i} - X_i^*) \\ \sigma_Z &= \left[\sum_{i=1}^{n}\left(\frac{\partial g}{\partial X_i}\bigg|_{X_i=X_i^*} \sigma_{X_i}\right)^2\right]^{\frac{1}{2}} \end{aligned}\right\} \tag{9.2-5}$$

结构的可靠度指标表达为：

$$\beta=\frac{\mu_Z}{\sigma_Z}=\frac{g(X_1^*,X_2^*,X_3^*,\cdots,X_n^*)+\sum_{i=1}^{n}\left.\frac{\partial g}{\partial X_i}\right|_{X_i=X_i^*}(\mu_{X_i}-X_i^*)}{\left[\sum_{i=1}^{n}\left(\left.\frac{\partial g}{\partial X_i}\right|_{X_i=X_i^*}\sigma_{X_i}\right)^2\right]^{\frac{1}{2}}} \tag{9.2-6}$$

对于若干相互独立的正态分布随机变量，验算点位于极限状态曲面上，在原坐标系的坐标应为：

$$X_i^*=\mu_{X_i}-\alpha_i\beta\sigma_{X_i} \tag{9.2-7}$$

式中，α_i——灵敏度系数，第 i 个随机变量对整个标准差的影响。

可得：

$$\alpha_i=-\cos\theta_{X_i}=\frac{\left.\frac{\partial g}{\partial X_i}\right|_{X_i=X_i^*}\sigma_{X_i}}{\left[\sum_{i=1}^{n}\left(\left.\frac{\partial g}{\partial X_i}\right|_{X_i=X_i^*}\sigma_{X_i}\right)^2\right]^{\frac{1}{2}}} \tag{9.2-8}$$

通过式(9.2-5)～式(9.2-8)的不断迭代，最终使得 m 点位于极限状态曲面上，求得 β 值，验算点法将展开点取在极限状态曲面上，提高了 β 值的计算精度，并且保证了对同一结构 β 值的唯一性。

9.2.3 可靠性指标 β 值计算程序

为了方便研究人员计算桥梁结构的 β 值，编制了基于中心点法和验算点法的 β 值计算程序(图 9.2-1)，共考虑了 4 种功能函数。

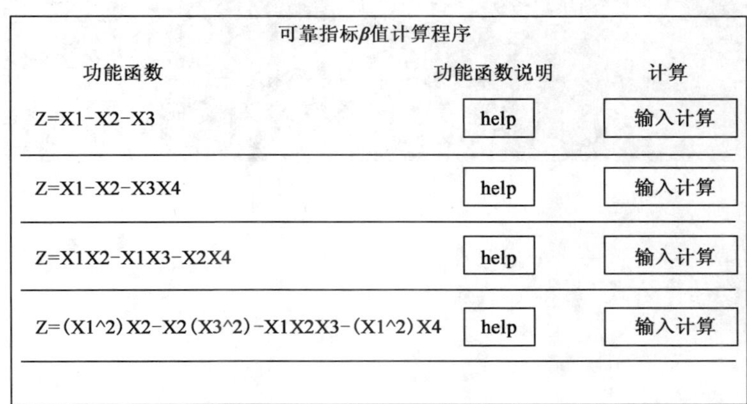

图 9.2-1 可靠性指标 β 值计算程序界面

9.3 钢管混凝土结构承载力可靠度指标

9.3.1 轴心受压、纯弯构件

轴压下的强度计算公式为：

$$KN \leqslant N_u \tag{9.3-1}$$

相应钢管混凝土构件轴压可靠度指标的功能函数可表达为：

$$Z = N_u - KN \tag{9.3-2}$$

式中：N——荷载产生的效应。

当仅考虑自重、二恒等恒载效应及列车活载效应时，式(9.3-2)可进一步改写为：

$$Z = N_u - K(N_{G1} + N_{G2}) - KN_T \tag{9.3-3}$$

式中：N_{G1}——自重效应产生的轴压效应；

N_{G2}——二恒产生的轴压效应；

N_T——列车活载产生的轴压效应。

对于纯弯构件，只需将上述公式中的轴力用弯矩代替即可。

9.3.2 工程实例

乌兰木伦河特大桥为(54+60+54)m、(60+72+60)m、(54+60+54)m三联三跨钢管混凝土空间桁架组合连续梁(图9.3-1)，曲线半径700m，详细构造见11.2节。

图9.3-1 乌兰木伦河特大桥

(1)轴压抗力

轴压构件强度计算公式为：

$$\left.\begin{aligned} KN &\leqslant N_u \\ N_u &= \varphi(A_s f_s + C_2 A_c f_c) \end{aligned}\right\} \tag{9.3-4}$$

式中：K——强度安全系数；

f_s——钢材屈服强度；

A_s——钢管截面面积；

f_c——混凝土轴心抗压强度；

A_c——混凝土截面面积；

φ——钢管混凝土压杆稳定系数；

C_2——钢管混凝土强度计算系数[2,3]。

根据前述抗力分析的影响因素，引入各随机变量，可将式(9.3-4)改写为：

$$R_p = \varphi(K_{AS}A_sK_{Ms}f_s + C_2K_{Ac}A_cK_{Mc}f_c) \tag{9.3-5}$$

则：

$$\mu_{R_p} = \varphi(\mu_{K_{AS}}\mu_{K_{Ms}}A_sf_s + C_2\mu_{K_{Ac}}\mu_{K_{Mc}}A_cf_c) \tag{9.3-6}$$

$$\sigma_{R_p}^2 = (\varphi\mu_{K_{AS}}A_sf_s)^2\sigma_{K_{Ms}}^2 + (\varphi\mu_{K_{Ms}}A_sf_s)^2\sigma_{K_{As}}^2 + (\varphi C_2\mu_{K_{Ac}}A_cf_c)^2\sigma_{K_{Mc}}^2 + (\varphi C_2\mu_{K_{Mc}}A_cf_c)^2\sigma_{K_{Ac}}^2 \tag{9.3-7}$$

$$\delta_{R_p} = \frac{\sigma_{R_p}}{\mu_{R_p}} \tag{9.3-8}$$

乌兰木伦河桥为三角桁架钢管混凝土构件，钢管混凝土外径为 1.2m，钢管厚度为 50mm 与 60mm 两种，其中钢管材质采用 Q370，混凝土强度等级为 C60，则其截面抗力的均值、方差、变异系数计算见表 9.3-1～表 9.3-5。

钢管混凝土轴压基本计算参数　　表 9.3-1

D(m)	t(m)	A_s(m²)	A_c(m²)	f_s(MPa)	f_c(MPa)	φ	C_2	λ
1.2	0.05	0.180642	0.950332	370	40	0.950	1.733	20
1.2	0.06	0.214885	0.916088	360	40	0.953	1.955	20

钢管混凝土轴压几何及材料不定性参数　　表 9.3-2

$\mu_{K_{AS}}$	$\delta_{K_{AS}}$	$\mu_{K_{Ac}}$	$\delta_{K_{Ac}}$	$\mu_{K_{Ms}}$	$\delta_{K_{Ms}}$	$\mu_{K_{Mc}}$	$\delta_{K_{Mc}}$
1	0.05	1	0.05	1.09	0.07	1.31	0.13

未考虑计算模式不定性轴压抗力参数　　表 9.3-3

管　壁　厚(mm)	μ_{R_p}(MN)	σ_{R_p}	δ_{R_p}
50	151.118	12.871	0.085
60	169.846	14.250	0.084

计算模式不定性统计参数　　表 9.3-4

管　壁　厚(mm)	μ_{K_p}	δ_{K_p}
50	1.145	0.133
60	1.145	0.133

轴压综合抗力均值与变异系数　　表 9.3-5

管　壁　厚(mm)	μ_R(MN)	δ_R	σ_R
50	173.030	0.158	27.327
60	194.474	0.157	30.582

(2)纯弯抗力

纯弯构件的强度计算公式为：

$$KM \leqslant M_u \tag{9.3-9}$$

$$M_u = \gamma_m W_m C_0 f_c \tag{9.3-10}$$

式中：K——强度安全系数；

γ_m——钢管混凝土截面抗弯塑性发展系数；

W_m——截面抗弯模量，取 $\pi D^3/32$；

C_0——钢管混凝土强度计算系数；

f_c——混凝土轴心抗压强度。

同样引入几何及材料不定性随机变量，将式(9.3-10)改写为：

$$R_p = \gamma_m K_{Ac} W_m C_0 K_{Mc} f_c \tag{9.3-11}$$

$$\mu_{R_p} = \gamma_m \mu_{K_{Ac}} W_m C_0 \mu_{K_{Mc}} f_c \tag{9.3-12}$$

$$\sigma_{R_p}^2 = (\gamma_m \mu_{K_{Ac}} W_m C_0 f_c)^2 \sigma_{K_{Mc}}^2 + (\gamma_m W_m C_0 \mu_{K_{Mc}} f_c)^2 \sigma_{K_{Ac}}^2 \tag{9.3-13}$$

$$\delta_{R_p} = \frac{\sigma_{R_p}}{\mu_{R_p}} \tag{9.3-14}$$

乌兰木伦河桥的截面弯曲抗力的均值、方差、变异系数计算见表9.3-6～表9.3-10。

表9.3-6

钢管混凝土抗弯基本计算参数

t(m)	D(m)	W_m(m^3)	f_c(MPa)	γ_m	C_0
0.05	1.2	0.1696	40	1.397	2.933
0.06	1.2	0.1696	40	1.481	3.293

表9.3-7

钢管混凝土抗弯几何及材料不定性参数

$\mu_{K_{Ac}}$	$\delta_{K_{Ac}}$	$\mu_{K_{Mc}}$	$\delta_{K_{Mc}}$
1	0.05	1.31	0.13

表9.3-8

未考虑计算模式不定性纯弯抗力参数

管 壁 厚(mm)	μ_{R_p}(MN·m)	σ_{R_p}	δ_{R_p}
50	36.440	5.076	0.139
60	43.354	6.039	0.139

表9.3-9

计算模式不定性统计参数

管 壁 厚(mm)	μ_{K_p}	δ_{K_p}
50	1.027	0.095
60	1.027	0.095

表9.3-10

纯弯综合抗力均值与变异系数

管 壁 厚(mm)	μ_R(MN·m)	δ_R	σ_R
50	37.424	0.169	6.310
60	44.525	0.169	7.507

(3)荷载效应

恒载效应综合变量为 N_g，活载综合随机变量为 N_V，则功能函数可写为：

$$Z = N_u - N_g - N_v \tag{9.3-15}$$

恒载效应表达如下：

$$N_g = KK_{G1} K_{G2} (K_{G13} N_{G1k} + K_{G23} N_{G2k}) \tag{9.3-16}$$

式中：K_{G1}——恒载计算模式不定性；

K_{G2}——恒载的作用系数；

K_{G13}——自重实际荷载与理论值的比值系数；

K_{G23}——实际二恒与理论二恒的比值。

活载效可表达为：

$$N_v = KK_vK_hN_{tk} \tag{9.3-17}$$

式中：K_v——荷载计算模式不定性系数；

K_h——实际运营活载与标准活载的比值系数；

N_{tk}——活载产生的轴力。

恒载与活载的计算参数见表 9.3-11。

恒载与活载计算参数　　表 9.3-11

项目	K_{G1}	K_{G2}	K_{G13}	K_{G23}	K_v	K_h
μ	1	1.014	1.02	1.32	1.0	0.962
σ	0.07	0.014	0.022	0.09	0.1	0.037

轴力、弯矩计算结果和荷载效应见表 9.3-12～表 9.3-15。

钢管混凝土中支点截面各工况下轴力　　表 9.3-12

跨　度(m)	N_{G1k}(MN)	N_{G2k}(MN)	N_{Tk}(MN)
72	19.080	12.106	11.036
60	15.160	8.583	8.044

钢管混凝土中支点截面荷载效应　　表 9.3-13

跨　度(m)	N_g		N_v	
	u	σ	u	σ
72	71.874	4.345	21.234	2.275
60	54.334	3.256	15.476	1.658

钢管混凝土中支点截面各工况下弯矩　　表 9.3-14

跨　度(m)	M_{G1k}(MN·m)	M_{G2k}(MN·m)	M_{Tk}(MN·m)
72	2.336	2.624	2.274
60	1.974	1.953	1.802

钢管混凝土中支点截面弯矩荷载效应　　表 9.3-15

跨　度(m)	M_g		M_v	
	u	σ	u	σ
72	11.857	0.781	4.375	0.469
60	9.313	0.599	3.467	0.371

(4)可靠度指标 β 值

利用上述自编 β 值计算程序，计算得到可靠性指标见表 9.3-16、表 9.3-17。

钢管混凝土中支点截面轴压 β 值 表 9.3-16

跨 度(m)	β
60	5.443
72	4.412

钢管混凝土中支点截面纯弯 β 值 表 9.3-17

跨 度(m)	β
60	6.045
72	5.663

9.3.3 压弯构件可靠度指标

压弯构件的强度计算公式如下：

$$\left.\begin{aligned}&\frac{N}{\varphi N_u}+\frac{a}{d}\frac{M}{M_u}\leqslant 1 &&\left(\frac{N}{N_u}\geqslant 2\varphi^3\eta_0\right)\\&\frac{-bN^2}{N_u^2}-\frac{cN}{N_u}+\frac{1}{d}\cdot\frac{M}{M_u}\leqslant 1 &&\left(\frac{N}{N_u}<2\varphi^3\eta_0\right)\end{aligned}\right\}\tag{9.3-18}$$

式中：N、N_u——分别为计算轴力与截面的轴压抗力；

M、M_u——分别为载面的计算弯矩与弯矩抗力；

φ——钢管混凝土压杆稳定系数；

a、b、c、d、η_0——分别为钢管混凝土压弯强度系数。

由式(9.3-18)可知，钢管混凝土构件压弯承载力计算公式相对较复杂，不能如轴压与纯弯承载力那般表达为简单的抗力与荷载效应的差的形式，但仍可采用验算点法计算压弯构件的可靠度指标。

为简化分析，假定式(9.3-18)中，除轴力、弯矩的荷载效应与抗力值为综合随机变量外，其他系数，无论是查表得到，还是计算得到，均在可适度指标计算中视为常量。将式(9.3-18)中各式去掉分母，写成差值的形式，表达如下：

$$\left.\begin{aligned}&\varphi dN_uM_u-dM_uN-\varphi aN_uM\geqslant 0 &&\left(\frac{N}{N_u}\geqslant 2\varphi^3\eta_0\right)\\&dN_u^2M_u+bdM_uN^2+cdN_uM_uN-N_u^2M\geqslant 0 &&\left(\frac{N}{N_u}<2\varphi^3\eta_0\right)\end{aligned}\right\}\tag{9.3-19}$$

由此，可令混凝土压弯构件的功能函数为：

$$\left.\begin{aligned}&Z=\varphi dN_uM_u-dM_uN-\varphi aN_uM &&\left(\frac{N}{N_u}\geqslant 2\varphi^3\eta_0\right)\\&Z=dN_u^2M_u+bdM_uN^2+cdN_uM_uN-N_u^2M &&\left(\frac{N}{N_u}<2\varphi^3\eta_0\right)\end{aligned}\right\}\tag{9.3-20}$$

根据验算点法计算可靠度指标的最基本公式式(9.2-5)～式(9.2-8)，有：

当$\frac{N}{N_u}\geqslant 2\varphi^3\eta_0$时，令验算点坐标为$m=(N_u^*,M_u^*,N^*,M^*)$，则有：

$$\begin{aligned}\mu_Z=&(\varphi dN_u^*M_u^*-dM_u^*N^*-\varphi aN_u^*M^*)+(\varphi dM_u^*-\varphi aM^*)(\mu_{Nu}-N_u^*)+\\&(\varphi dN_u^*-dN^*)(\mu_{Mu}-M_u^*)-dM_u^*(\mu_N-N^*)-\varphi aN_u^*(\mu_M-M^*)\end{aligned}\tag{9.3-21}$$

$$\sigma_Z=((\varphi dM_u^*-\varphi aM^*)^2\sigma_{Nu}^2+(\varphi dN_u^*-dN^*)^2\sigma_{Mu}^2+(dM_u^*)^2\sigma_N^2+(\varphi aN_u^*)^2\sigma_M^2)^{0.5}\tag{9.3-22}$$

$$\beta=\frac{\mu_Z}{\sigma_Z}\tag{9.3-23}$$

各验算点的坐标如下：

$$N_u^*=\mu_{N_u}-\alpha_{N_u}\beta\sigma_{N_u}\tag{9.3-24}$$

$$M_u^*=\mu_{M_u}-\alpha_{M_u}\beta\sigma_{M_u}\tag{9.3-25}$$

$$N^*=\mu_N-\alpha_N\beta\sigma_N\tag{9.3-26}$$

$$M^*=\mu_M-\alpha_M\beta\sigma_M\tag{9.3-27}$$

其中，α_{N_u}、α_{M_u}、α_N、α_M 表达式依次为：

$$\begin{aligned}\alpha_{N_u}=&(\varphi dM_u^*-\varphi aM^*)\sigma_{N_u}/[(\varphi dM_u^*-\varphi aM^*)^2\sigma_{N_u}^2+\\&(\varphi dN_u^*-dN^*)^2\sigma_{M_u}^2+(dM_u^*\sigma_N)^2+(\varphi aN_u^*\sigma_M)^2]^{0.5}\end{aligned}\tag{9.3-28}$$

$$\begin{aligned}\alpha_{M_u}=&(\varphi dN_u^*-dN^*)\sigma_{M_u}/[(\varphi dM_u^*-\varphi aM^*)2\sigma_{N_u}^2+\\&(\varphi dN_u^*-dN^*)^2\sigma_{M_u}^2+(dM_u^*\sigma_N)^2+(\varphi aN_u^*\sigma_M)^2]^{0.5}\end{aligned}\tag{9.3-29}$$

$$\begin{aligned}\alpha_N=&-dM_u^*\sigma_N/[(\varphi dM_u^*-\varphi aM^*)^2\sigma_{N_u}^2+\\&(\varphi dN_u^*-dN^*)^2\sigma_{M_u}^2+(dM_u^*\sigma_N)^2+(\varphi aN_u^*\sigma_M)2]^{0.5}\end{aligned}\tag{9.3-30}$$

$$\begin{aligned}\alpha_M=&-\varphi aN_u^*\sigma_M/[(\varphi dM_u^*-\varphi aM^*)^2\sigma_{N_u}^2+\\&(\varphi dN_u^*-dN^*)^2\sigma_{M_u}^2+(dM_u^*\sigma_N)^2+(\varphi aN_u^*\sigma_M)^2]^{0.5}\end{aligned}\tag{9.3-31}$$

式(9.3-21)～式(9.3-31)构成求钢管混凝土压弯构件可靠度指标的公式，按照公式进行迭代求解，即可得到压弯构件的可靠度指标。

同理，当$\dfrac{N}{N_u}<2\varphi^3\eta_0$时：令验算点坐标为：$m=(N_u^*,M_u^*,N^*,M^*)$，则有：

$$\begin{aligned}\mu_Z=&(dN_u^{*2}M_u^*+bdM_u^*N^{*2}+cdN_u^*M_u^*N^*-N_u^{*2}M^*)+\\&(2dN_u^*M_u^*+cdM_u^*N^*-2N_u^*M^*)(\mu_{N_u}-N_u^*)+\\&(dN_u^{*2}+bdN^{*2}+cdN_u^*N^*)(\mu_{M_u}-M_u^*)+\\&(2bdM_u^*N_u^*+cdN_u^*M_u^*)(\mu_N-N^*)-N_u^{*2}(\mu_M-M^*)\end{aligned}\tag{9.3-32}$$

$$\begin{aligned}\sigma_Z=&[(2dN_u^*M_u^*+cdM_u^*N^*-2N_u^*M^*)^2\sigma_{N_u}^2+\\&(dN_u^{*2}+bdN^{*2}+cdN_u^*N^*)^2\sigma_{M_u}^2+\\&(2bdM_u^*N_u^*+cdN_u^*M_u^*)^2\sigma_N^2+(N_u^{*2}\sigma_M)^2]^{0.5}\end{aligned}\tag{9.3-33}$$

$$\beta=\frac{\mu_Z}{\sigma_Z}\tag{9.3-34}$$

而各验算点的坐标如下：

$$N_u^*=\mu_{N_u}-\alpha_{N_u}\beta\sigma_{N_u}\tag{9.3-35}$$

$$M_u^*=\mu_{M_u}-\alpha_{M_u}\beta\sigma_{M_u}\tag{9.3-36}$$

$$N^* = \mu_N - \alpha_N \beta \sigma_N \tag{9.3-37}$$

$$M^* = \mu_M - \alpha_M \beta \sigma_M \tag{9.3-38}$$

其中，α_{N_u}、α_{M_u}、α_N、α_M 表达式依次为：

$$\begin{aligned}\alpha_{N_u} = &(2dN_u^* M_u^* + cdM_u^* N^* - 2N_u^* M^*)\sigma_{N_u} / [(2dN_u^* M_u^* + cdM_u^* N^* - \\ &2N_u^* M^*)^2 \sigma_{N_u}^2 + (dN_u^{*2} + bdN^{*2} + cdN_u^* N^*)^2 \sigma_{M_u}^2 + \\ &(2bdM_u^* N_u^* + cdN_u^* M_u^*)^2 \sigma_N{}^2 + (N_u^{*2} \sigma_M) 2]^{0.5}\end{aligned} \tag{9.3-39}$$

$$\begin{aligned}\alpha_{M_u} = &(dN_u^{*2} + bdN^{*2} + cdN_u^* N^*)\sigma_{M_u} / [(2dN_u^* M_u^* + cdM_u^* N^* - \\ &2N_u^* M^*)^2 \sigma_{N_u}^2 + (dN_u^{*2} + bdN^{*2} + cdN_u^* N^*)^2 \sigma_{M_u}^2 + \\ &(2bdM_u^* N_u^* + cdN_u^* M_u^*)^2 \sigma_N^2 + (N_u^{*2} \sigma_M)^2]^{0.5}\end{aligned} \tag{9.3-40}$$

$$\begin{aligned}\alpha_N = &(2bdM_u^* N_u^* + cdN_u^* M_u^*)\sigma_N / [(2dN_u^* M_u^* + cdM_u^* N^* - \\ &2N_u^* M^*)^2 \sigma_{N_u}^2 + (dN_u^{*2} + bdN^{*2} + cdN_u^* N^*)^2 \sigma_{M_u}^2 + \\ &(2bdM_u^* N_u^* + cdN_u^* M_u^*)^2 \sigma_N^2 + (N_u^{*2} \sigma_M)^2]^{0.5}\end{aligned} \tag{9.3-41}$$

$$\begin{aligned}\alpha_M = &- N_u^{*2} \sigma_M / [(2dN_u^* M_u^* + cdM_u^* N^* - 2N_u^* M^*)^2 \sigma_{N_u}^2 + \\ &(dN_u^{*2} + bdN^{*2} + cdN_u^* N^*)^2 \sigma_{M_u}^2 + \\ &(2bdM_u^* N_u^* + cdN_u^* M_u^*)^2 \sigma_N^2 + (N_u^{*2} \sigma_M)^2]^{0.5}\end{aligned} \tag{9.3-42}$$

第10章 简支组合拱桥设计

10.1　设 计 简 介

10.1.1　工程概况

本桥为简支组合拱，桥长122m，计算跨度118m，见图10.1-1。主桥结构类型为钢管混凝土系杆拱，系梁为单箱三室的混凝土主梁。主拱拱肋为等直径的钢管混凝土平行拱，共两片拱肋，主拱轴线为二次抛物线，计算跨度118m，矢高23.6m，矢跨比为1/5。每片拱肋采用哑铃形截面的钢管混凝土，截面由2根钢管及连接腹板组成，截面全高3.2m，单个钢管直径1.2m，钢管内灌注C50自密实混凝土，腹板采用厚度为16mm的钢板。两片主拱之间设置3道米字形钢管桁架横撑，横撑钢管内不灌注混凝土，横撑主管为直径0.7m壁厚16mm的钢管，斜管为直径0.5m壁厚14mm的钢管，腹管采用直径0.36m壁厚14mm的钢管。

主梁采用C50混凝土，梁高3.0m，标准梁宽15.5m，拱脚附近加宽至16.5m，箱梁顶板厚35cm，底板厚30cm，腹板厚30cm。主梁每6m设一道横梁，主梁及横梁均设有ϕ15.2的高强度低松弛预应力钢绞线。主梁、主拱间由吊索连接，每6m设置一道，下端与主梁的横梁对应，全桥共18对吊索，每根吊索均采用127－ϕ7的高强度低松弛镀锌钢丝。

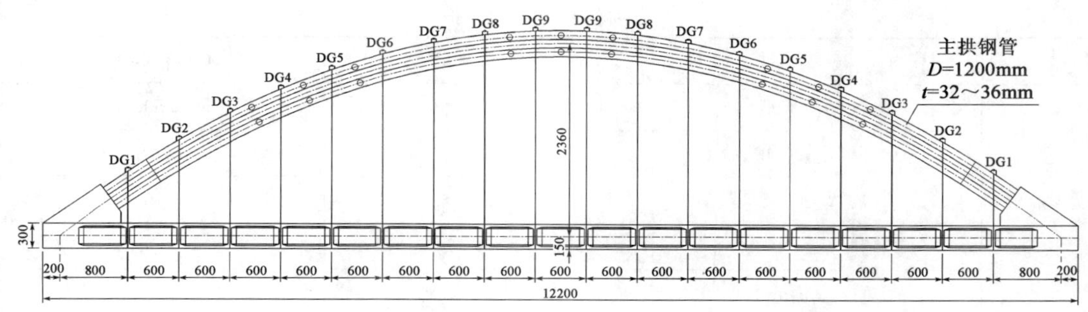

图10.1-1　组合拱桥立面布置(尺寸单位:cm)

10.1.2　设计规范

(1)《高速铁路设计规范(试行)》(TB 10621—2009)。

(2)《铁路桥涵设计基本规范》(TB 10002.1—2005)及其局部修订条文[关于发布《铁路桥涵设计基本规范》局部修订条文的通知(铁建设〔2010〕5 号)]。

(3)《铁路桥梁钢结构设计规范》(TB 10002.2—2005)。

(4)《铁路桥涵钢筋混凝土和预应力混凝土结构设计规范》(TB 10002.3—2005)及局部修订文[《关于发布铁路桥涵钢筋混凝土和预应力混凝土结构设计规范等三项标准局部修订条文的通知》(铁建设〔2009〕22 号)]。

(5)《铁路混凝土结构耐久性设计规范》(TB 10005—2010)。

(6)《铁路工程抗震设计规范》(GB 50111—2006)(2009 年版)。

10.1.3 主要技术标准

(1)设计速度:适用于旅客列车设计行车速度小于或等于 250km/h、货物列车设计速度小于或等于 120km/h(C62、C64 货车设计速度小于或等于 80km/h)。

(2)线路情况:双线,线间距 4.6m。

(3)建筑限界:采用“铁路双层集装箱运输基本建筑限界(电力牵引区段)”、“铁路双层集装箱运输桥隧限界(电力牵引区段)”。

(4)环境类别及作用等级:一般大气条件下,无防护措施的地面结构,环境类别为碳化环境,作用等级为 T1、T2。

(5)设计使用年限:正常使用条件下主体结构设计使用年限为 100 年。

(6)施工方法:支架法施工。

(7)养护维修方式:桥上不设人行道检查车。

10.2 计 算 参 数

10.2.1 材料性能参数

钢材与混凝土的性能按表 10.2-1 取用。

材 料 参 数 表 10.2-1

材 料 类 型		钢材 Q345qE	C50 混凝土
力学特性	弹性模量 E(MPa)	210000	35500
	剪切模量 G(MPa)	81000	15200
	泊松比 γ	0.3	0.167
	热膨胀系数(1/℃)	0.000012	0.000012
	重度(kN/m³)	78.5	26.5

钢管内混凝土收缩徐变采用常规方法计算,徐变系数取 2.0。

预应力钢绞线采用 ϕ15.2 高强度低松弛钢绞线,符合《预应力混凝土用钢绞线》(GB/T 5224—2003),抗拉强度标准值 $f_{pk}=1860$MPa,弹性模量 $E_p=1.95\times10^5$MPa。系梁内预应力采用有黏结形式,锚下控制应力为 $\sigma_{con}=1220$MPa。锚口及喇叭口损失按锚外控制应力的 6%

计算;按圆形镀锌金属波纹管成孔计算,管道摩阻系数取0.26,管道偏差系数取0.003;松弛损失、收缩徐变及其他各项损失均按《铁路桥涵钢筋混凝土和预应力混凝土结构设计规范》(TB 10002.3—2005)计算。

吊索采用127—$\phi 7$镀锌高强钢丝,$f_{pk}=1670\text{MPa}$,弹性模量$E_p=2.05\times10^5\text{MPa}$,材质符合《预应力混凝土用钢绞线》(GB/T 5224—2003)标准及《斜拉桥热挤聚乙烯高强钢丝拉索技术条件》(GB/T 18365—2001)。

10.2.2　计算荷载

(1)恒载

①结构自重。主拱、主拱内灌注混凝土、主梁、吊索的自重,由程序根据对应的截面自动计算,横梁重量作为集中力加载至主梁对应的位置。

②二期恒载。包括钢轨、轨枕、道砟等线路设备重,以及防水层、保护层、人行道栏杆和步板、挡砟墙、接触网支柱、声屏障等附属设施重量,二恒计算值218kN/m。

(2)活载

①列车活载。主桥纵向计算采用双线"中—活载"、双线ZK活载。

列车活载动力系数如下:

$$1+\mu=1+(0.052+0.085f) \tag{10.2-1}$$

式中:f——钢管混凝土拱桥的一阶竖向频率。

②横向摇摆力。横向摇摆力取100kN,作为集中荷载取最不利位置,以水平方向垂直线路中心线作用于轨顶。

(3)附加力

①风力。按照《铁路桥涵设计基本规范》(TB 10002.1—2005)第4.4.1条办理。标准设计的风压强度有车时不大于1250Pa,无车时不大于2250Pa。

②温度力。体系温度:结构体系整体升温20℃,降温25℃。

温差效应:主拱相对系梁温差15℃,吊杆与系梁温差10℃,系梁顶板升温5℃,钢管与管内混凝土的温差按±5℃计算。

(4)特殊荷载

①列车脱轨荷载。按《高速铁路设计规范(试行)》(TB 10621—2009)第7.2.12条规定办理。

②施工荷载。按支架施工模拟计算。

10.2.3　荷载组合

分别以主力、主力+附加力进行组合,取最不利组合进行设计。并对特殊荷载进行检算。

10.2.4　主要设计标准

(1)主梁设计安全系数及各阶段应力见表10.2-2。

(2)拱肋、横撑应力限值。

弯曲应力$[\sigma_w]\leqslant 210\text{MPa}$,剪应力$[\tau]\leqslant 120\text{MPa}$。

设计安全系数及各阶段应力指标 表 10.2-2

序号	项 目	检 算 条 件	控 制 条 件
1	设计安全系数(含施工、成桥运营阶段)	强度安全系数	$K_{主}\geqslant 2.2$
			$K_{主+附}\geqslant 1.98$
			$K_{安装}\geqslant 1.8$
2		抗裂安全系数	$K_{f主}\geqslant 1.2$
			$K_{f主+附}\geqslant 1.2$
			$K_{f安装}\geqslant 1.1$
3	预应力钢绞线应力(MPa)	预加应力时的锚下钢绞线控制应力	$\sigma_{con}\leqslant 0.75f_{pk}$
4		传力锚固时的钢绞线控制应力	$\sigma_{p}\leqslant 0.65f_{pk}$
5		运营荷载下钢绞线应力	$\sigma_{p}\leqslant 0.60f_{pk}$
6		疲劳荷载作用下钢束应力幅	$\Delta\sigma_{p}\leqslant 140$
7	钢筋应力幅(MPa)	疲劳荷载作用下带肋钢筋应力幅	$\Delta\sigma_{s}\leqslant 150$
8	混凝土应力(MPa)	传力锚固时混凝土压应力	$\sigma_{c}\leqslant 0.75f_{c}'$
9		传力锚固时混凝土拉应力	$\sigma_{ct}\leqslant 0.70f_{ct}'$
10		运营荷载下混凝土压应力	$\sigma_{c}\leqslant 0.50f_{c}$
11		运营荷载下混凝土拉应力	不出现拉应力
12		运营荷载下混凝土最大剪应力	$\tau_{c}\leqslant 0.17f_{c}$
13		抗裂荷载下混凝土主压应力	$\sigma_{cp}\leqslant 0.60f_{c}$
14		抗裂荷载下混凝土主拉应力	$\sigma_{tp}\leqslant f_{ct}$

注:f_{pk}为钢绞线抗拉强度标准值;$f_{c'}$、$f_{ct'}$分别为预加应力时混凝土轴心抗压、抗拉极限强度;f_{c}、f_{ct}分别为混凝土轴心抗压、抗拉极限强度。

强度安全系数 K,主力作用 $K\geqslant 2.0$

主力+附加力 $K\geqslant 1.8$

疲劳强度按照本书第 7 章的有关方法进行计算。

(3)吊索强度安全系数限值。

运营状态下,吊索强度安全系数≥3.0;

施工状态下,吊索强度安全系数≥2.5。

(4)梁体变形限值。

①在双线静活载作用下,不大于 $L/1000$。

②在双线中—静活载作用下,梁端竖向转角不大于 2‰;在双线 ZK 静活载作用下,有砟轨道梁端竖向转角不大于 2‰。

③在列车横向摇摆力、离心力、风力和温度作用下,梁体的水平挠度应小于或等于梁体计算跨度的 1/4000,在列车活载、横向摇摆力、风力和温度作用下,桥跨结构横向水平变形引起的梁端水平折角应不大于 1‰。

④拱肋线性稳定安全系数不得小于 5.0。

10.3 计 算 模 型

采用土木结构通用有限元分析程序 MIDAS/Civil 2006 建立空间模型进行分析计算。计算时,系梁、拱肋、横撑均采用梁单元模拟,吊杆采用只受拉桁架单元。拱肋单元为哑铃形截面,采用施工阶段联合截面来模拟钢管和管内混凝土的相互作用。计算模型共包括 291 个节点和 339 个单元。

采用铁路桥梁平面程序 PRBP 进行计算验证,钢管混凝土拱肋采用位置相同的双材料单元,钢管单元和混凝土单元共节点。节点总数 88 个,梁单元总数 120 个,计算模型如图 10.3-1 所示。

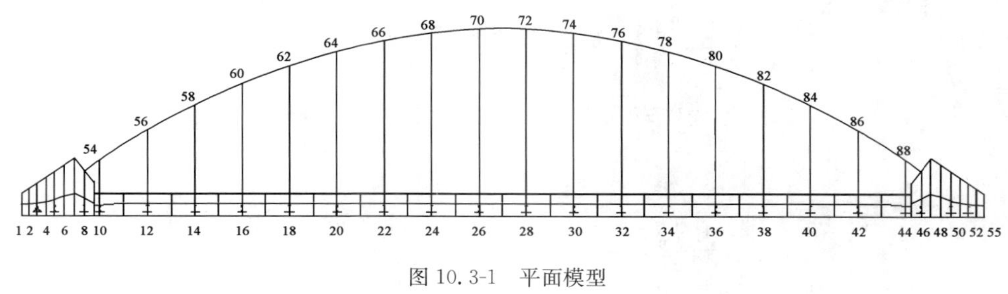

图 10.3-1 平面模型

10.4 总体计算结果

10.4.1 反力

单端反力见表 10.4-1。

单 端 反 力　　表 10.4-1

项　目		支　座 F_z(kN)
恒载		59738
中—活载(静)	max	11357
	min	0

10.4.2 位移

(1)梁端转角

双线中—活载作用下,梁端转角 1.15‰<2‰,满足相关规范要求。

双线 ZK 活载作用下,梁端转角 0.92‰<2‰,满足相关规范要求。

(2)竖向位移(图 10.4-1)

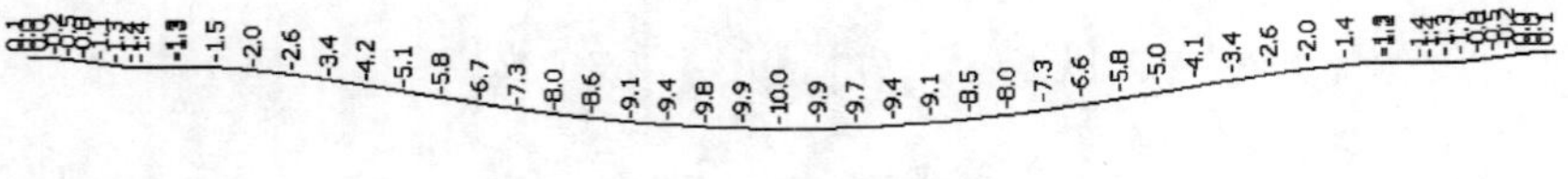

a)恒载作用线系梁挠度(mm)

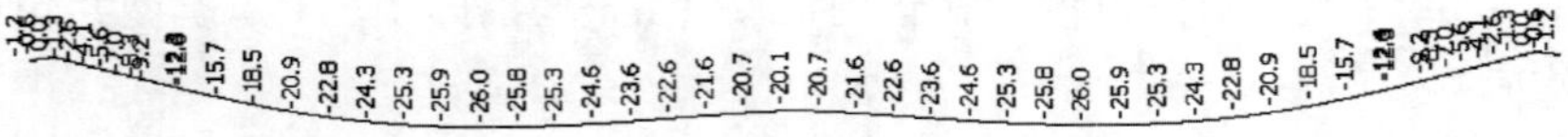

b)双线静活载作用下系梁挠度(mm)

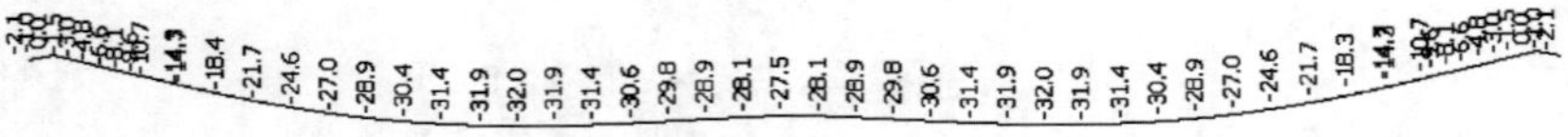

c)双线列车静活载+0.5倍温度作用下梁挠度(mm)

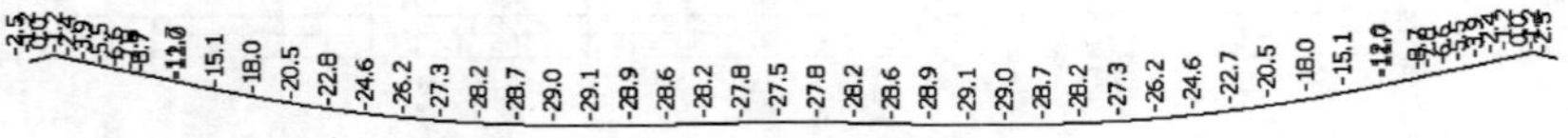

d)0.63倍双线列车活载+温度作用下系梁挠度(mm)

图 10.4-1　主梁位移

(3)横向水平刚度

①系梁梁体水平挠度。在列车横向摇摆力、离心力、风力以及温度力的作用下,系梁梁体的最大水平挠度为 1.5mm<29.5mm(118000÷4000=29.5mm),满足相关规范要求。

②梁体水平转角。在列车活载、横向摇摆力、离心力、风力和温度作用下,桥跨结构横向水平变形引起的梁端水平折角为 0.059‰<1‰,满足相关规范要求。

10.4.3　内力及应力

(1)主梁

运营阶段,主梁正应力见表 10.4-2。

运营阶段系梁应力及强度安全系数(单位:MPa)　　表 10.4-2

内力组合	上缘最大	上缘最小	下缘最大	下缘最小	最大主压应力	最大主拉应力	抗裂安全系数	强度安全系数
主力	10.2	0.9	9.9	1.3	9.0	−1.0	1.43	2.23
主+附	11.0	0.9	10.1	0.1	9.3	−1.2	1.26	2.15

从表 10.4-2 中可知,主梁正应力及强度安全系数均满足相关规范要求。

(2)拱肋

①拱肋截面内力(图 10.4-2~图 10.4-16)。

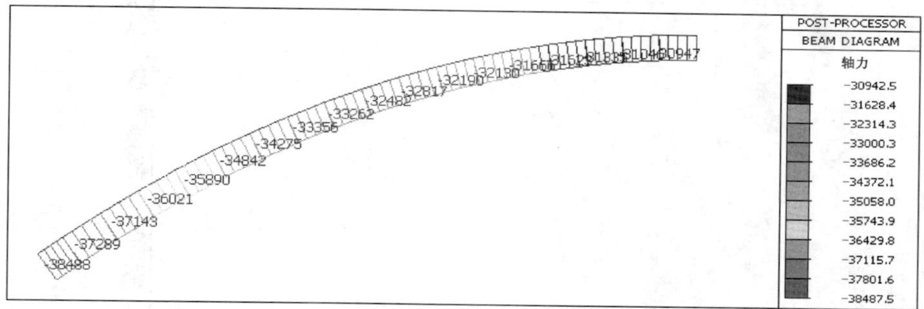

图 10.4-2 拱肋恒载轴力(kN)

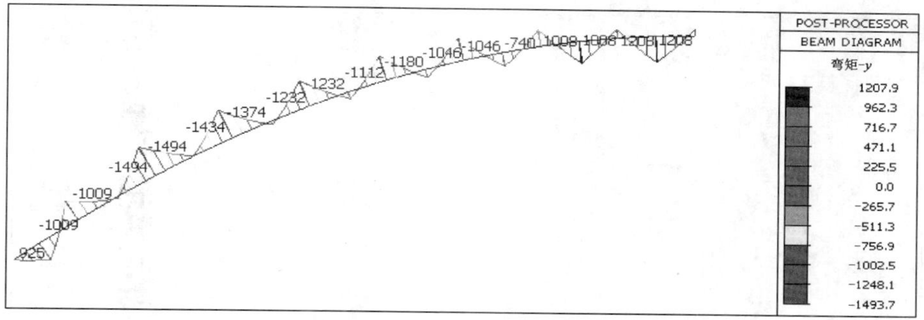

图 10.4-3 拱肋恒载弯矩(kN)

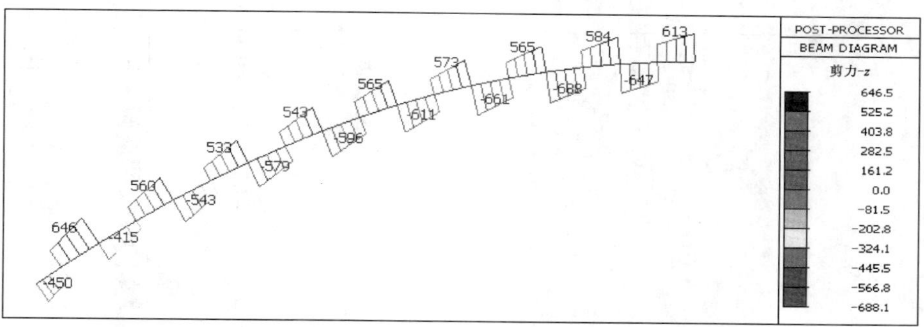

图 10.4-4 拱肋恒载剪力(kN)

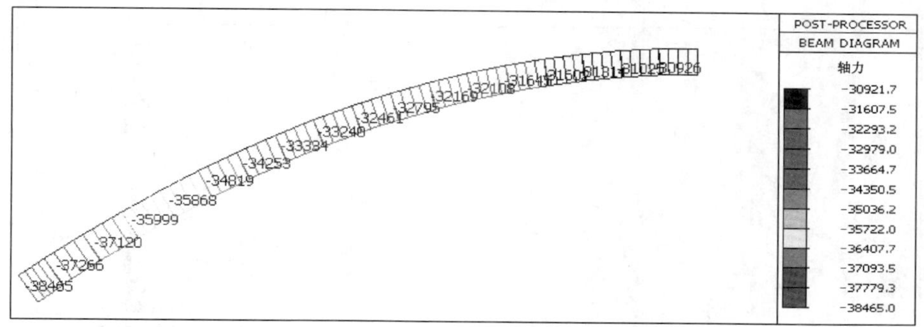

图 10.4-5 拱肋主力组合最大轴力(kN)

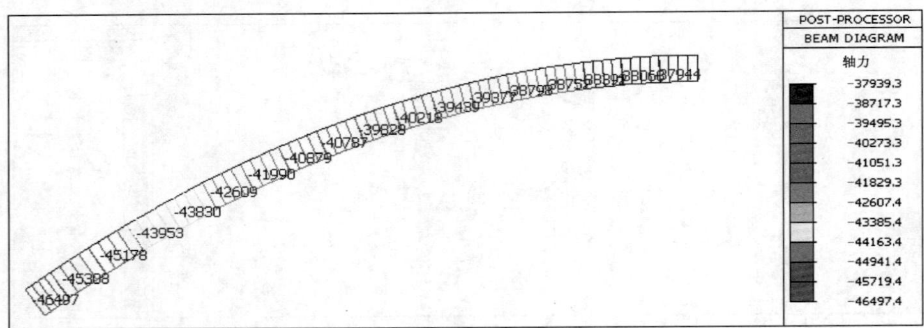

图 10.4-6　拱肋主力组合最小轴力(kN)

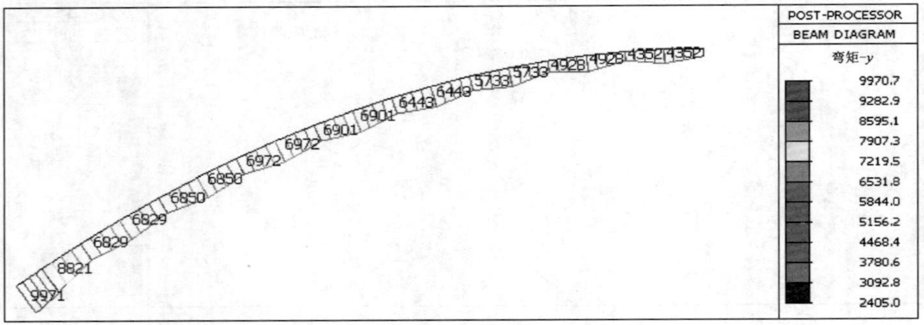

图 10.4-7　拱肋主力组合最大弯矩(kN)

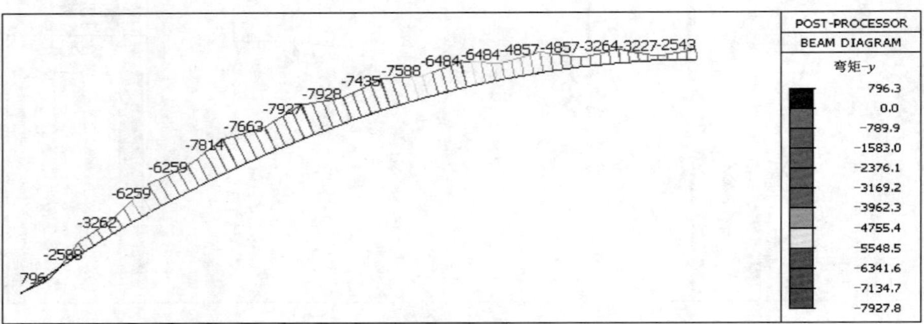

图 10.4-8　拱肋主力组合最小弯矩(kN)

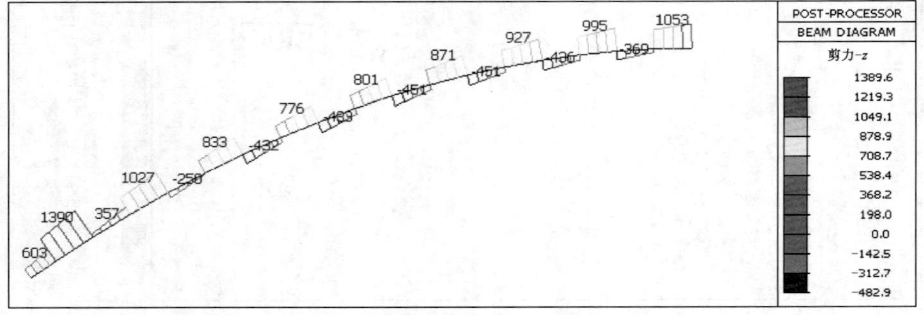

图 10.4-9　拱肋主力组合最大剪力(kN)

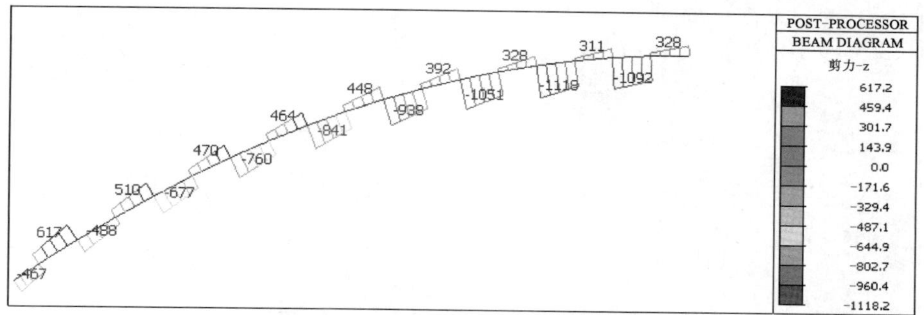

图 10.4-10 拱肋主力组合最小剪力(kN)

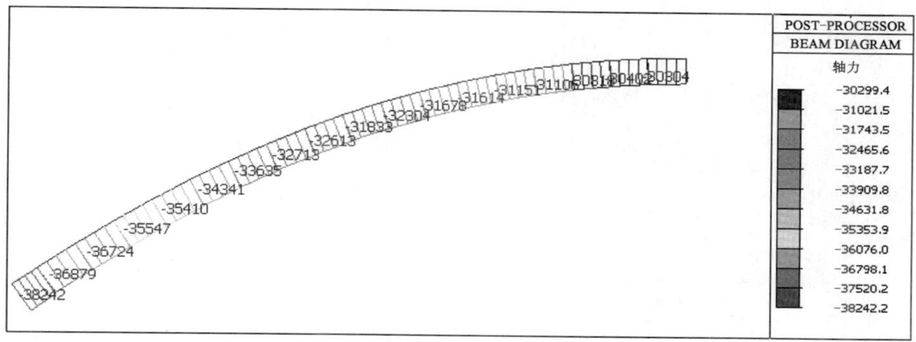

图 10.4-11 拱肋主+附组合最大轴力(kN)

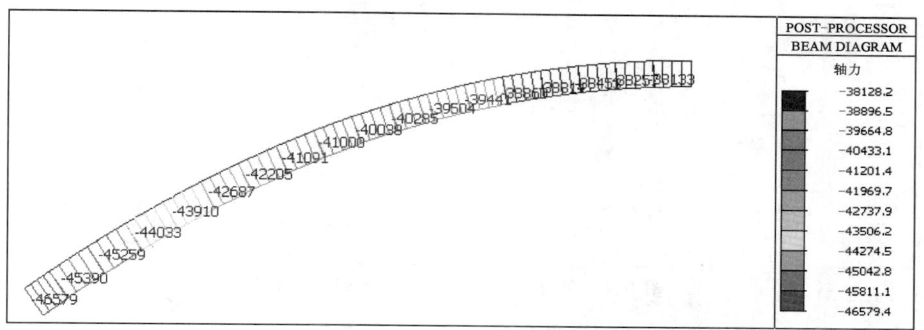

图 10.4-12 拱肋主+附组合最小轴力(kN)

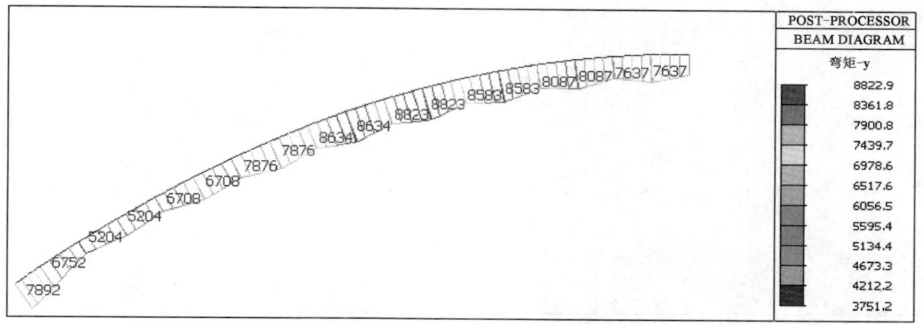

图 10.4-13 拱肋主+附组合最大弯矩(kN)

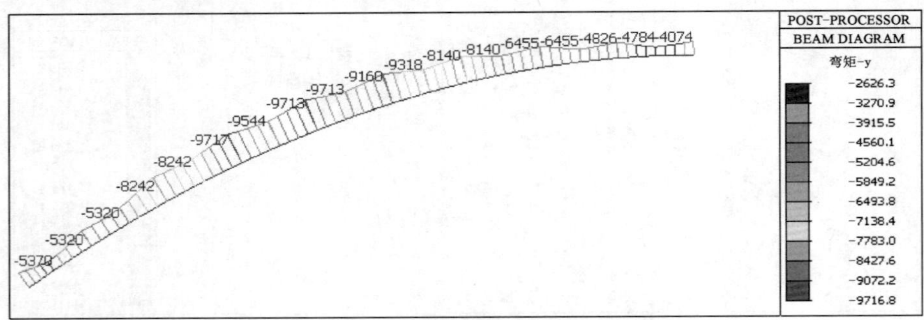

图 10.4-14　拱肋主+附组合最小弯矩(kN)

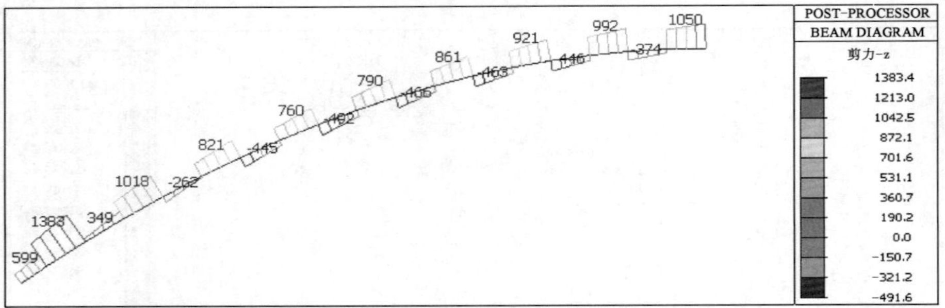

图 10.4-15　拱肋主+附组合最大剪力(kN)

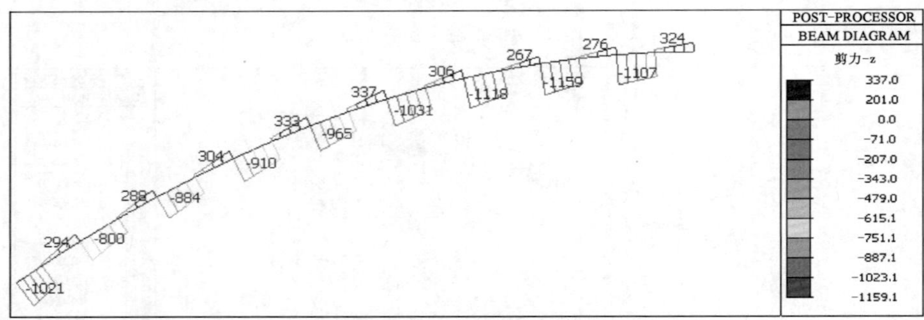

图 10.4-16　拱肋主+附组合最小剪力(kN)

②拱肋截面应力(图 10.4-17～图 10.4-26)。

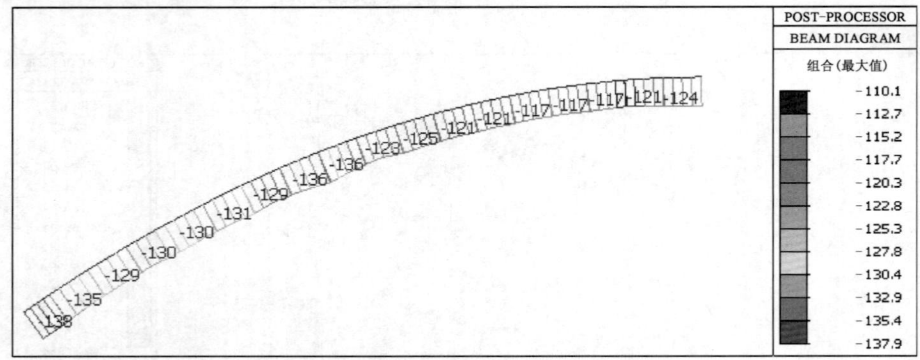

图 10.4-17　拱肋钢管恒载应力(MPa)

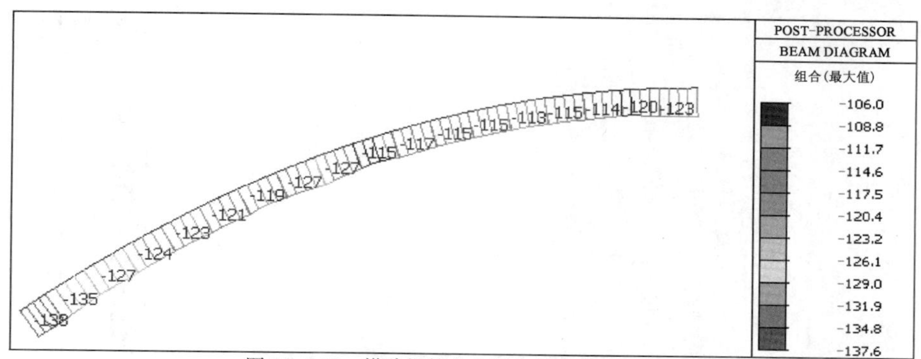

图 10.4-18　拱肋钢管主力组合最大应力(MPa)

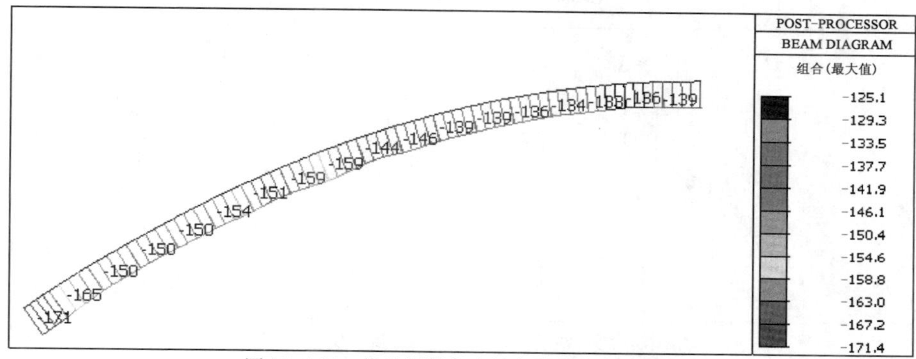

图 10.4-19　拱肋钢管主力组合最小应力(MPa)

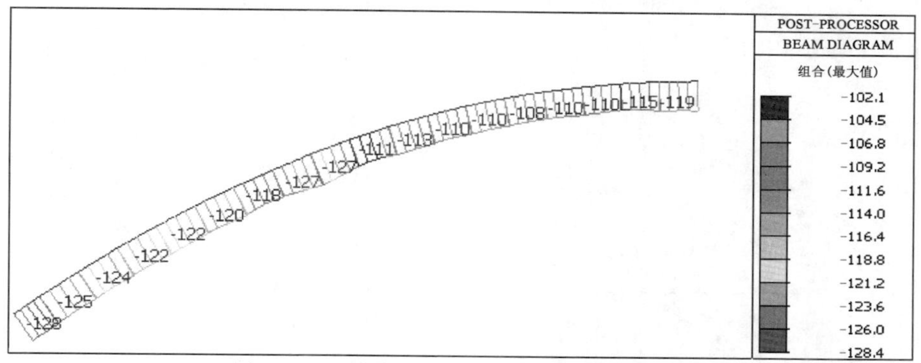

图 10.4-20　拱肋钢管主＋附组合最大应力(MPa)

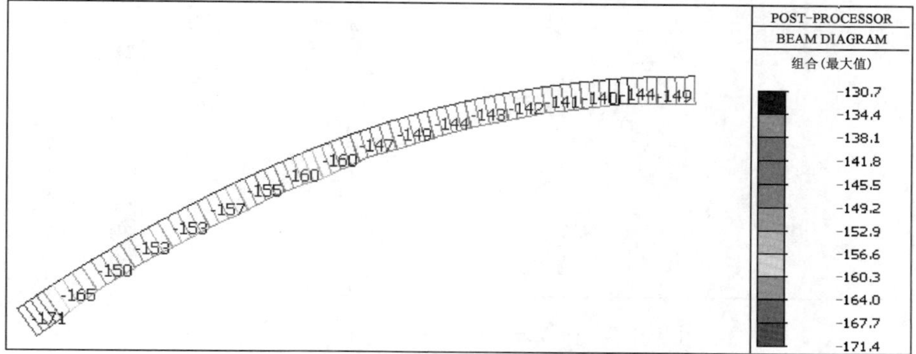

图 10.4-21　拱肋钢管主＋附组合最小应力(MPa)

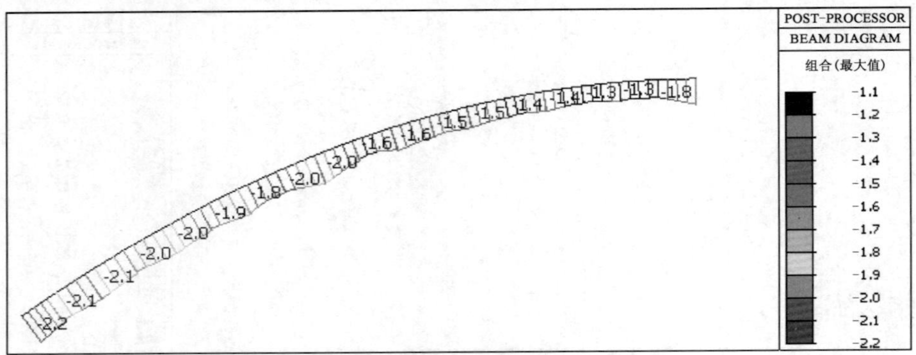

图 10.4-22　拱肋混凝土恒载应力(MPa)

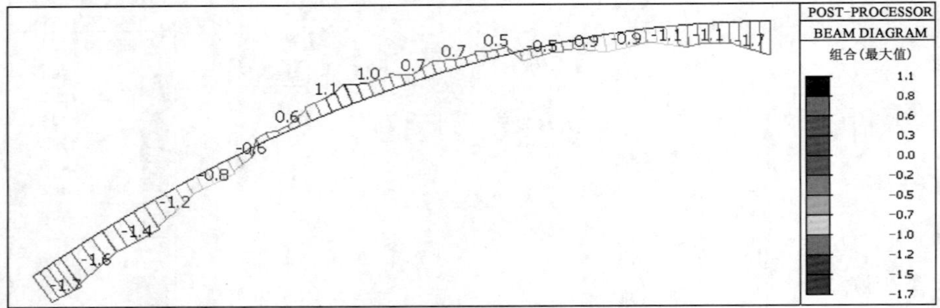

图 10.4-23　拱肋混凝土主力组合最大应力(MPa)

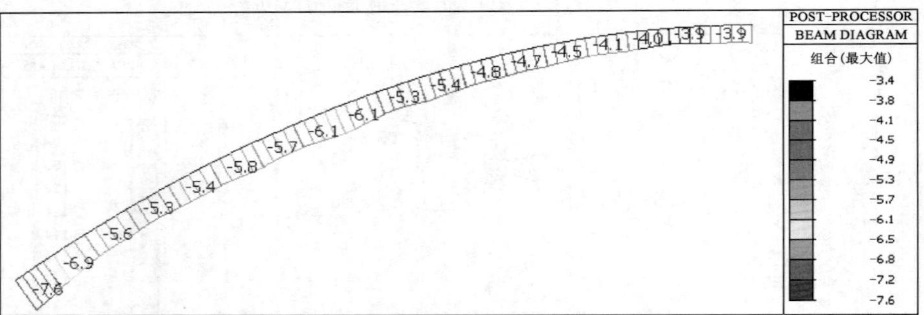

图 10.4-24　拱肋混凝土主力组合最小应力(MPa)

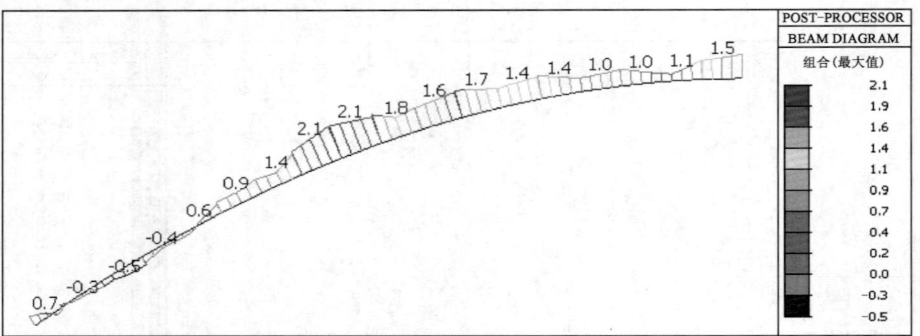

图 10.4-25　拱肋混凝土主+附组合最大应力(MPa)

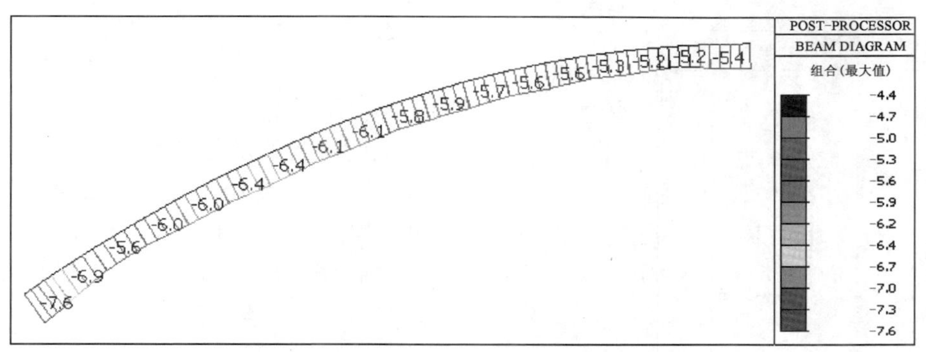

图 10.4-26 拱肋混凝土主+附组合最小应力(MPa)

a. 拱肋钢管应力:

主力组合作用下,截面最大应力−171.4MPa,最小应力−137.6MPa。

主+附组合作用下,截面最大应力−171.4MPa,最小应力−128.4MPa,满足相关规范要求。

b. 拱肋混凝土应力:

主力组合作用下,截面最大压应力−7.6MPa。

主+附组合作用下,截面最大压应力−7.6MPa,满足相关规范要求。

③拱肋强度。

拱肋采用 Q345q,钢管直径 1.2m,壁厚 32mm(拱脚局部增大到 36mm),管内灌注 C50 自密实混凝土,腹板采用厚度为 16mm 的钢板,腹腔内不灌混凝土。为防止腹板失稳,采用角钢进行加劲。拱肋截面见图 2.2-1,钢管混凝土拱肋强度按本书第 5 章的有关公式进行计算,纯弯承载力 M_u的计算按本书第 5 章 5.1 节的有关公式进行计算。

拱肋标准段截面:含钢率 $\alpha=A_s/A_c=0.116$,套箍系数 $\xi=A_s f_y/(A_c f_{ck})=1.19$。

利用整体模型计算结果的拱肋截面内力验算截面强度,按式(5.2-1)、式(5.2-2)进行压弯强度计算,将公式左边的计算数值称为压弯强度系数,其检算结果见图 10.4-27、图10.4-28。

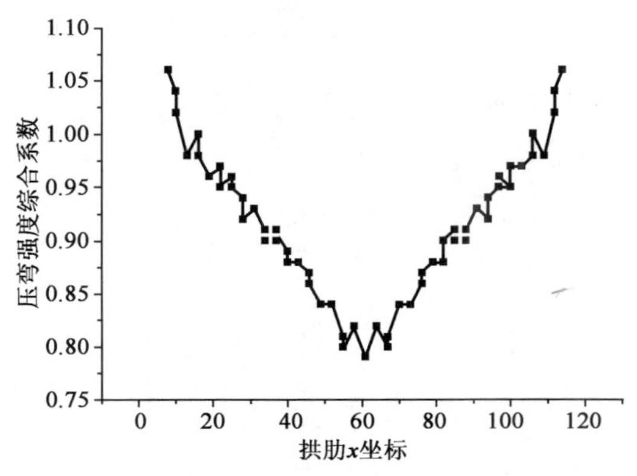

图 10.4-27 主力工况拱肋压弯强度系数

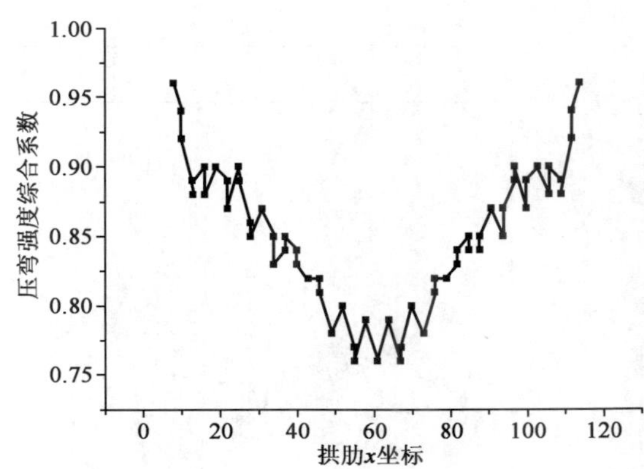

图 10.4-28 主+附工况拱肋压弯强度系数

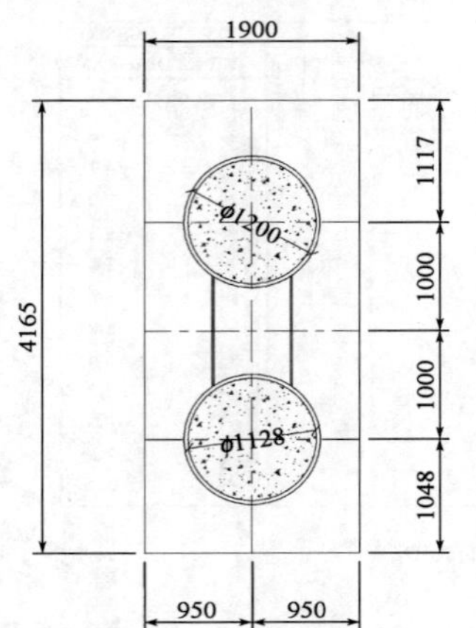

图 10.4-29　拱座承压面示意图(尺寸单位:mm)

计算结果表明,主力、主＋附工况拱肋强度均满足相关规范要求。

④拱脚局部受压强度。

拱座顶与拱肋拱脚段的结合面设置厚度 16mm 的承压板,拱肋拱脚处局部受压验算按本书第 5 章 5.2 节的有关公式进行验算(图 10.4-29)。

带端板钢管混凝土构件的局部受压承载力按下式验算:

$$\left.\begin{aligned} KN_{\mathrm{L}} &\leqslant N_{\mathrm{u}L} \\ N_{\mathrm{u}L} &= \Phi N_{\mathrm{u}} \end{aligned}\right\} \tag{10.4-1}$$

式中:Φ——钢管混凝土局压承载力折减系数。

计算结果表明,主力、主＋附工况局部承压强度安全系数均大于 2.0,满足相关规范要求,见表 10.4-3。

拱脚局部受压强度安全系数　　　表 10.4-3

工　况	N_{L} (kN)	N_{u} (kN)	A	B	C	A_1	B_1	Φ	N_{uL}(kN)	K
主力	46497	144052	0.008	−0.208	1.207	−0.635	0.801	0.866	124711	2.68
主＋附	46579	144052	0.008	−0.208	1.207	−0.635	0.801	0.866	124711	2.68

⑤横撑截面内力(图 10.4-30～图 10.4-34)。

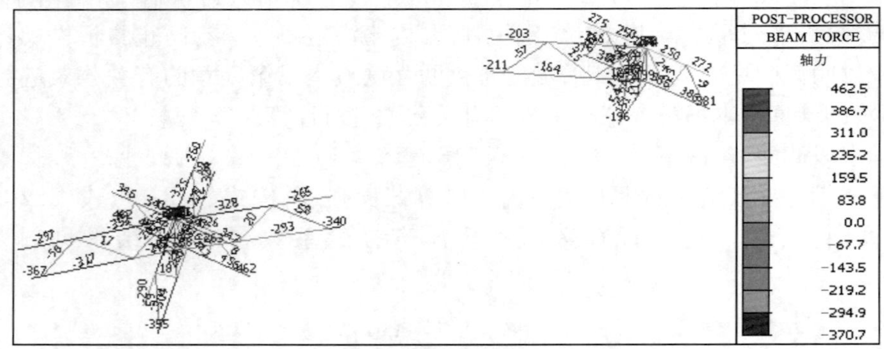

图 10.4-30　恒载轴力

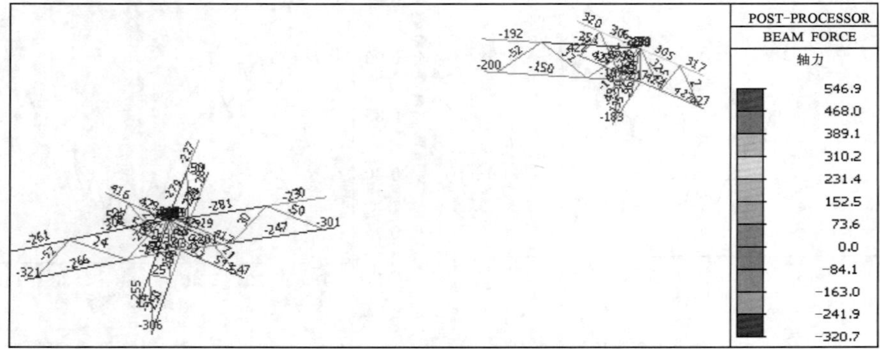

图 10.4-31　主力组合最大轴力

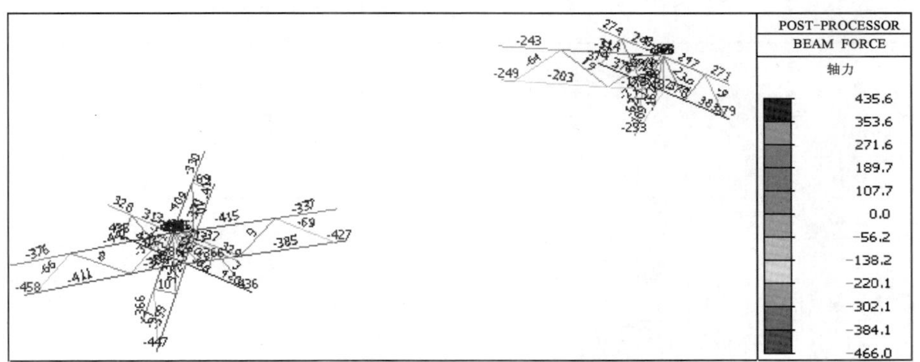

图 10.4-32　主力组合最小轴力

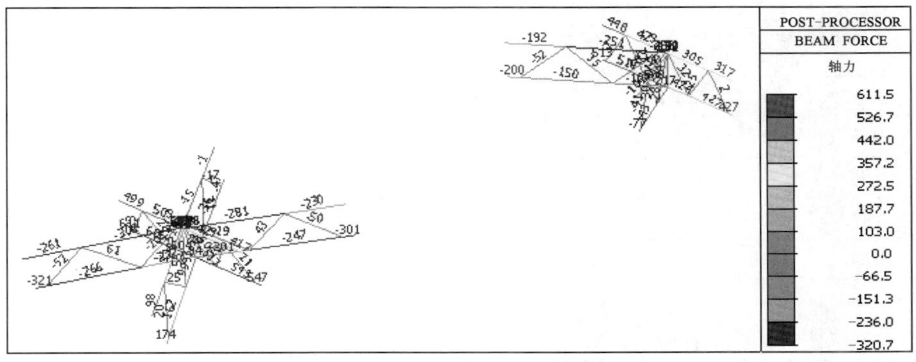

图 10.4-33　疲劳组合最大轴力

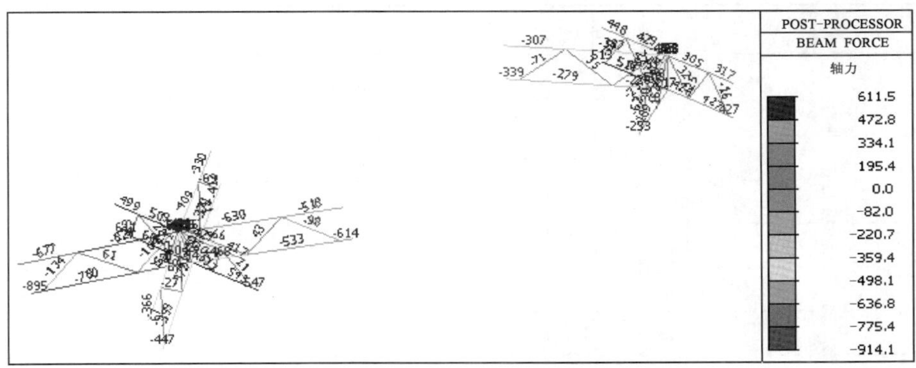

图 10.4-34　疲劳组合最小轴力

疲劳组合包括恒载、活载和风荷载。

横撑截面强度按本书第 6 章的有关公式进行计算，见表 10.4-4、表 10.4-5。

横撑主管截面强度安全系数(主力)　　表 10.4-4

单元编号	N (kN)	d_0 (m)	t_0 (m)	d_1 (m)	t_1 (m)	θ (°)	f_0 (MPa)	β	$f(\beta)$	N_{CT} (kN)	K
163	320.0	1.2	0.032	0.7	0.016	90	210	0.583	0.612	4374	13.7
164	422.3	1.2	0.032	0.7	0.016	90	210	0.583	0.612	4374	10.4
168	317.2	1.2	0.032	0.7	0.016	90	210	0.583	0.612	4374	13.8

续上表

单元编号	N (kN)	d_0 (m)	t_0 (m)	d_1 (m)	t_1 (m)	θ (°)	f_0 (MPa)	β	$f(\beta)$	N_{CT} (kN)	K
173	427.4	1.2	0.032	0.7	0.016	90	210	0.583	0.612	4374	10.2
186	−243.1	1.2	0.032	0.5	0.014	49	210	0.417	0.457	3091	12.7
187	−249.0	1.2	0.032	0.5	0.014	49	210	0.417	0.457	3091	12.4
188	−237.0	1.2	0.032	0.5	0.014	49	210	0.417	0.457	3091	13.0
189	−233.0	1.2	0.032	0.5	0.014	49	210	0.417	0.457	3091	13.3
222	415.8	1.2	0.032	0.7	0.016	90	210	0.583	0.612	4374	10.5
223	546.7	1.2	0.032	0.7	0.016	90	210	0.583	0.612	4374	8.0
228	416.9	1.2	0.032	0.7	0.016	90	210	0.583	0.612	4374	10.5
233	546.9	1.2	0.032	0.7	0.016	90	210	0.583	0.612	4374	8.0
243	−376.0	1.2	0.032	0.5	0.014	49	210	0.417	0.457	3091	8.2
246	−458.1	1.2	0.032	0.5	0.014	49	210	0.417	0.457	3091	6.7
254	−366.1	1.2	0.032	0.5	0.014	49	210	0.417	0.457	3091	8.4
255	−446.7	1.2	0.032	0.5	0.014	49	210	0.417	0.457	3091	6.9
263	−335.9	1.2	0.032	0.5	0.014	49	210	0.417	0.457	3091	9.2
264	−426.4	1.2	0.032	0.5	0.014	49	210	0.417	0.457	3091	7.2
272	−328.5	1.2	0.032	0.5	0.014	49	210	0.417	0.457	3091	9.4
273	−411.6	1.2	0.032	0.5	0.014	49	210	0.417	0.457	3091	7.5

横撑主管截面强度安全系数(主+附) 表 10.4-5

单元编号	N (kN)	d_0 (m)	t_0 (m)	d_1 (m)	t_1 (m)	θ (°)	f_0 (MPa)	β	$f(\beta)$	N_{CT} (kN)	K
163	446.9	1.2	0.032	0.7	0.016	90	210	0.583	0.612	4374	9.8
164	585.6	1.2	0.032	0.7	0.016	90	210	0.583	0.612	4374	7.5
168	443.8	1.2	0.032	0.7	0.016	90	210	0.583	0.612	4374	9.9
173	591.0	1.2	0.032	0.7	0.016	90	210	0.583	0.612	4374	7.4
186	−362.3	1.2	0.032	0.5	0.014	49	210	0.417	0.457	3091	8.5
187	−327.1	1.2	0.032	0.5	0.014	49	210	0.417	0.457	3091	9.4
188	−353.0	1.2	0.032	0.5	0.014	49	210	0.417	0.457	3091	8.8
189	−306.3	1.2	0.032	0.5	0.014	49	210	0.417	0.457	3091	10.1
222	523.9	1.2	0.032	0.7	0.016	90	210	0.583	0.612	4374	8.4
223	721.3	1.2	0.032	0.7	0.016	90	210	0.583	0.612	4374	6.1
228	525.2	1.2	0.032	0.7	0.016	90	210	0.583	0.612	4374	8.3
233	721.6	1.2	0.032	0.7	0.016	90	210	0.583	0.612	4374	6.1
243	−484.6	1.2	0.032	0.5	0.014	49	210	0.417	0.457	3091	6.4

续上表

单元编号	N (kN)	d_0 (m)	t_0 (m)	d_1 (m)	t_1 (m)	θ (°)	f_0 (MPa)	β	$f(\beta)$	N_{CT} (kN)	K
246	−549.7	1.2	0.032	0.5	0.014	49	210	0.417	0.457	3091	5.6
254	−471.6	1.2	0.032	0.5	0.014	49	210	0.417	0.457	3091	6.6
255	−533.9	1.2	0.032	0.5	0.014	49	210	0.417	0.457	3091	5.8
263	−445.8	1.2	0.032	0.5	0.014	49	210	0.417	0.457	3091	6.9
264	−521.4	1.2	0.032	0.5	0.014	49	210	0.417	0.457	3091	5.9
272	−435.2	1.2	0.032	0.5	0.014	49	210	0.417	0.457	3091	7.1
273	−501.9	1.2	0.032	0.5	0.014	49	210	0.417	0.457	3091	6.2

横撑主管截面，主力工况最小强度安全系数 6.7，主＋附工况最小强度安全系数 5.8，均满足规范要求。

⑥横撑截面应力（图 10.4-35～图 10.4-37）。

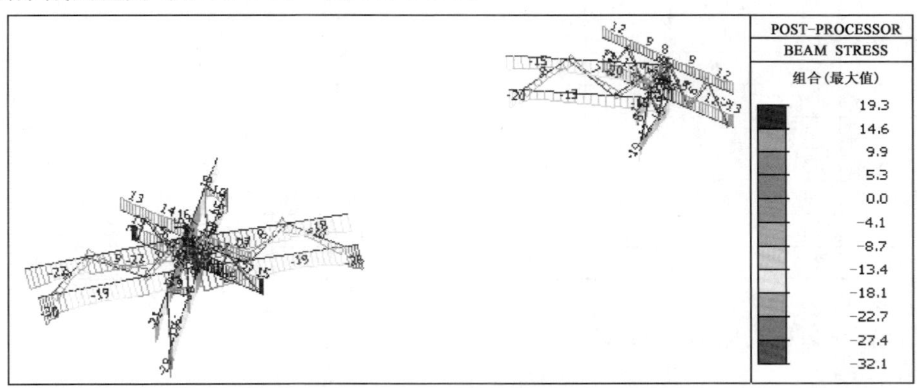

图 10.4-35　恒载应力

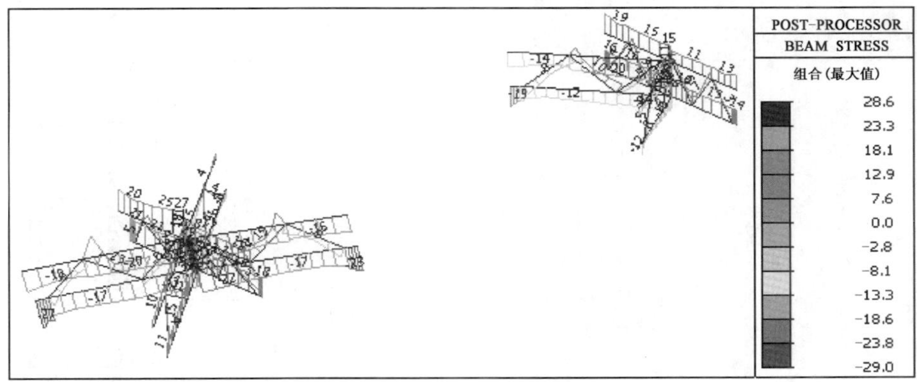

图 10.4-36　疲劳组合最大应力

横撑截面最大应力 67.1MPa。横撑钢管与拱肋弦管采用管管焊接，检算疲劳强度考虑列车活载、风荷载。横撑截面疲劳强度按第 7 章的有关公式进行检算：

$$\gamma_d \gamma_{sc} \gamma_t (\sigma_{max} - \sigma_{min}) \leqslant [\sigma_0] \qquad (10.4\text{-}2)$$

横撑主管、斜撑主管与拱肋弦管采用管管焊接，按 T 形节点计算，见表 10.4-6。

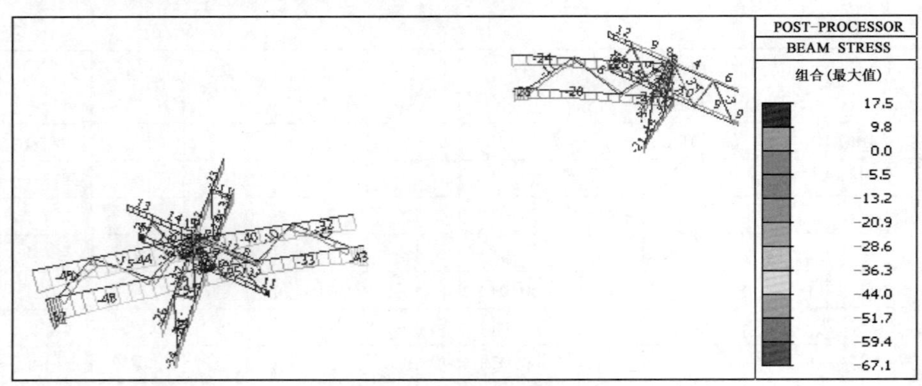

图 10.4-37　疲劳组合最小应力

横撑疲劳应力　　表 10.4-6

单元编号	N_{max} (kN)	N_{min} (kN)	L (m)	D (m)	T (m)	d (m)	t (m)	θ (°)	γ_t	γ_{sc}	$\Delta\sigma$	$[\sigma_0]$
163	444.5	270.0	31.2	1.2	0.032	0.7	0.016	90	0.841	9.98	42.6	90.02
164	518.9	380.1	31.2	1.2	0.032	0.7	0.016	90	0.841	9.98	33.9	90.02
168	315.8	110.9	31.2	1.2	0.032	0.7	0.016	90	0.841	9.98	50.0	90.02
173	429.6	246.7	31.2	1.2	0.032	0.7	0.016	90	0.841	9.98	44.7	90.02
222	504.0	333.0	29.0	1.2	0.032	0.7	0.016	90	0.841	9.92	41.5	90.02
223	608.2	432.0	29.0	1.2	0.032	0.7	0.016	90	0.841	9.92	42.7	90.02
228	421.4	197.9	29.0	1.2	0.032	0.7	0.016	90	0.841	9.92	54.2	90.02
233	543.5	341.2	29.0	1.2	0.032	0.7	0.016	90	0.841	9.92	49.1	90.02

注:杆件内力拉力为正,压力为负。

横撑杆件疲劳应力幅满足相关规范要求。

(3)吊索

吊索可承受的最大拉力为$[p]=\pi\times(7\div2)^2\times1670\times127\div10^3=8162.2$kN,如图 10.4-38、图 10.4-39 所示。

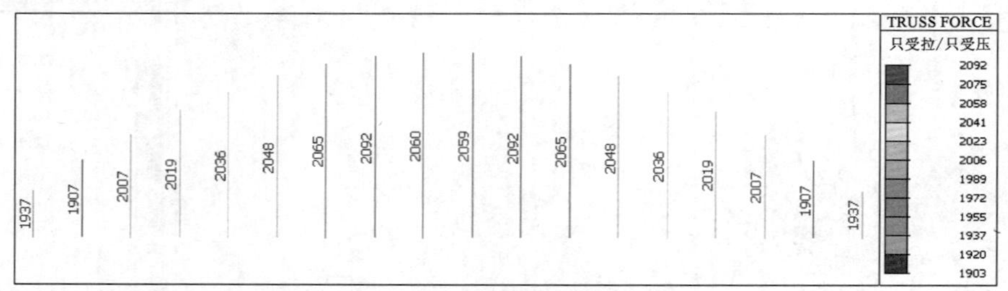

图 10.4-38　恒载作用吊索内力

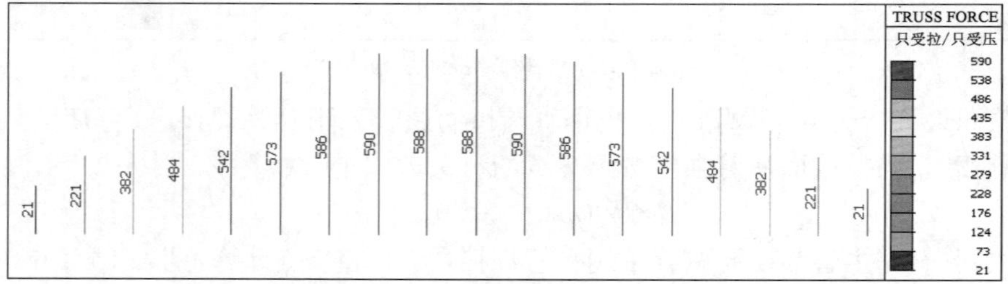

图 10.4-39　活载作用吊索最大内力

施工阶段时，吊索强度安全系数如表10.4-7所示。

施工阶段吊索强度安全系数　　表10.4-7

吊索编号	吊索内力(kN)	吊索容许拉力(kN)	安全系数
1	1986	8162	4.11
2	1957	8162	4.17
3	2038	8162	4.01
4	2030	8162	4.02
5	2033	8162	4.02
6	2240	8162	3.64
7	2047	8162	3.99
8	2262	8162	3.61
9	2036	8162	4.01

运营阶段时，吊索强度安全系数如表10.4-8所示。

运营阶段吊索强度安全系数　　表10.4-8

吊索编号	吊索内力(kN)	吊索容许拉力(kN)	安全系数
1	1958	8162	4.17
2	2128	8162	3.84
3	2389	8162	3.42
4	2502	8162	3.26
5	2579	8162	3.16
6	2621	8162	3.11
7	2651	8162	3.08
8	2682	8162	3.04
9	2647	8162	3.08

10.5　结构动力特性

成桥状态的前5阶振型的自激振动频率及振型主要特点见表10.5-1。

结构动力特性　　表10.5-1

序号	振型特点	频率(Hz)	周期(s)
1	拱肋正对称横弯	0.850	1.176
2	梁拱反对称竖弯	1.281	0.781
3	拱肋反对称横弯	1.654	0.605
4	系梁正对称竖弯	1.795	0.557
5	拱肋正对称横弯	2.373	0.421

主桥一阶竖向振动频率为1.281Hz，下面列出前三阶的振型模态(图10.5-1～图10.5-3)。

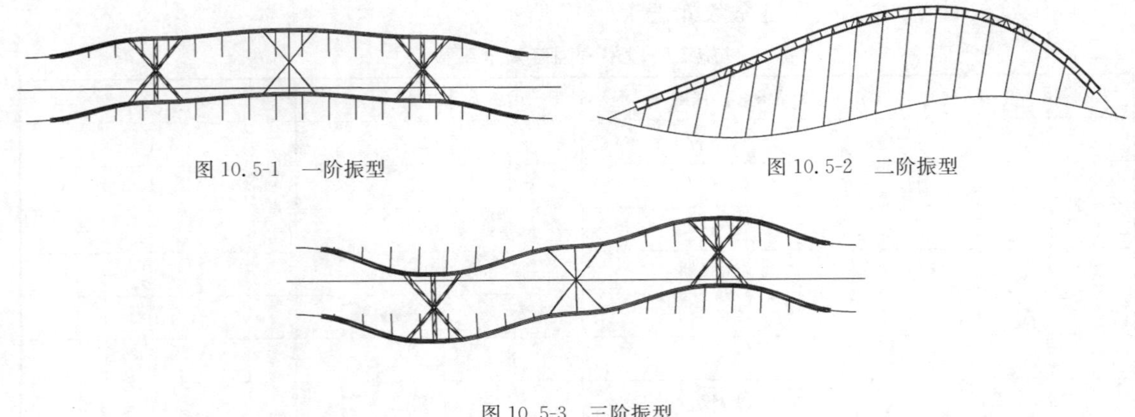

图 10.5-1 一阶振型

图 10.5-2 二阶振型

图 10.5-3 三阶振型

10.6 屈曲稳定分析

弹性稳定安全系数见表 10.6-1。

屈曲稳定系数 表 10.6-1

屈曲模态	屈曲特点	弹性稳定系数	考虑活载作用弹性稳定系数
1	拱肋一阶对称屈曲	7.73	6.59
2	拱肋一阶反对称屈曲	8.06	6.96
3	拱肋侧向屈曲	8.20	7.06
4	拱肋正对称侧向屈曲	12.13	10.21
5	拱肋正对称侧向屈曲	12.48	10.87

拱肋第一阶屈曲模态稳定系数 $k=6.59>5$，表明拱肋稳定性满足要求。

10.7 计算参数的对比分析

目前，铁路钢管混凝土拱桥设计主要执行《铁路桥涵设计基本规范》(TB 10002.1—2005)、《铁路桥梁钢结构设计规范》(TB 10002.2—2005)、《铁路桥涵钢筋混凝土和预应力混凝土结构设计规范》(TB 10002.3—2005)，参考《钢管混凝土结构技术规程》(CECS 28:2012)。本书第 4 章～第 8 章，对材料、构造、结构计算、疲劳设计、工艺等方面进行了新的规定。

铁路钢管混凝土拱桥设计，除了验算拱肋部分各施工、运营阶段的钢管应力，还包括构件抗压强度、抗弯强度、局部承压、疲劳强度验算内容。本节对以下设计参数进行了对比分析：

①钢管混凝土结构的冲击系数。

②钢管与混凝土之间的温差。

③管内混凝土收缩的计算方法。

④管内混凝土徐变系数的取值。

⑤管内混凝土徐变的计算方法。

⑥钢管混凝土截面的刚度计算参数。

10.7.1 钢管混凝土结构的冲击系数

第 4 章规定的冲击系数计算公式为：

$$\mu = 0.052 + 0.085f \tag{10.7-1}$$

式中：f——钢管混凝土拱桥的一阶竖向频率。

本桥的动力系数：

$$1 + \mu = 1 + (0.052 + 0.085f) = 1 + (0.052 + 0.085 \times 1.281) = 1.161$$

《铁路桥涵设计基本规范》(TB 10002.1—2005)中第 4.3.5 条规定，“中—活载”作用下钢混结合梁的动力系数按下式计算：

$$1 + \mu = 1 + \frac{22}{40 + L} \tag{10.7-2}$$

式中：L——桥梁跨度。

本桥的动力系数：

$$1 + \mu = 1 + \frac{22}{40 + L} = 1 + 22 \div (40 + 118) = 1.139$$

《高速铁路设计规范》(TB 10621—2009)(试行)中第 7.2.7 条规定，ZK 活载作用下桥跨结构的动力系数按下式计算：

$$1 + \mu = 1 + \left[\frac{1.44}{L_{\varphi}^{0.5} - 0.2} - 0.18\right] \tag{10.7-3}$$

计算 $1+\mu<1.0$，取 $1+\mu=1.0$。其中 L_{φ}为加载长度，对于简支梁，为梁的跨度。

本桥动力系数：

$$\begin{aligned} 1 + \mu &= 1 + \left[\frac{1.44}{L_{\varphi}^{0.5} - 0.2} - 0.18\right] \\ &= 1 + \left[\frac{1.44}{118^{0.5} - 0.2} - 0.18\right] \\ &= 0.955 < 1.0 \end{aligned}$$

取 $1+\mu=1.0$。可见，按式(4.2-3)计算的动力系数，与按《铁路桥涵设计基本规范》(TB 10002.1—2005)中结合梁公式计算的动力系数较接近。式(4.2-3)根据实桥的测试数据与结构的一阶竖向自激振动频率的关系归纳而得，考虑了组合结构本身的自激振动特性，更为合理。

10.7.2 钢管与混凝土之间的温差

钢管混凝土结构在施工过程中先架设空钢管，然后灌注管内混凝土，混凝土在灌注过程中会产生水化热，在施工过程及成桥运营中，在日照、气温变化等环境影响下，钢管混凝土截面温度呈非线形分布，将使组合截面产生温度自应力。

《铁路桥涵设计基本规范》(TB 10002.1—2005)对钢结构、混凝土结构的整体升降温分别进行了规定，《铁路桥涵钢筋混凝土和预应力混凝土结构设计规范》(TB 10002.3—2005)对混凝土箱形截面的不均匀温差进行了规定。对于钢管混凝土组合截面的不均匀温差，现行规范没有具体规定。

在参考国内外研究资料的基础上，第 4 章对钢管混凝土组合截面的温差进行了明确规定：

钢管与混凝土之间的温差按±5℃计算。

钢管与混凝土温差为+5℃，钢管分担的内力增加，管内混凝土分担的内力减小；钢管与混凝土温差为−5℃，钢管分担的内力减小，管内混凝土分担的内力增加。

表10.7-1为钢管与混凝土温差+5℃的计算结果。

截面温差+5℃计算结果 表10.7-1

项目	恒载内力		温差内力	
	轴力(kN)		轴力(kN)	
	钢管	混凝土	钢管	混凝土
拱顶	54196	8540	3739	−3836
1/4跨度	58083	9653	3737	−3838
拱脚	65671	11796	3722	−3857

考虑组合截面的温差，钢管轴力增加，为恒载轴力的5.6%～6.9%。

10.7.3 管内混凝土收缩的计算方法

钢管混凝土作为组合结构，钢管与混凝土的联合作用历来受到关注。管内混凝土的纵向收缩，将在截面上产生收缩自应力，对于钢管是压应力，对于混凝土则是拉应力。目前的设计计算，管内混凝土的纵向收缩多采用混凝土桥梁的计算方法。第4章规定：混凝土收缩产生的内力可按混凝土降温10℃计算。

按以下3种计算条件，进行比较计算：

①不计管内混凝土收缩。

②管内混凝土收缩参照混凝土桥的计算方法，收缩应变终极值取0.00011。

③管内混凝土收缩按混凝土降温10℃计算。

计算结果见表10.7-2。

拱肋恒载轴力 表10.7-2

项目	不计混凝土收缩		混凝土收缩按常规计算		管内混凝土降温10℃	
	轴力(kN)		轴力(kN)		轴力(kN)	
	钢管	混凝土	钢管	混凝土	钢管	混凝土
拱顶	34389	28701	40997	21369	40620	22309
1/4跨度	37111	30988	43708	23639	43308	24591
拱脚	42534	35443	49133	28092	48738	29015

按管内混凝土降温10℃计算与按常规方法计算管内混凝土收缩，计算结果较为接近。考虑管内混凝土收缩，钢管轴力增加14.6%～18.1%，混凝土轴力减小18.1%～22.2%。

10.7.4 管内混凝土徐变系数的取值

混凝土徐变使组合截面中钢管分担的内力增加，管内混凝土分担的内力减小。目前的铁路钢管混凝土拱桥设计，徐变计算多参照混凝土桥梁的计算方法，徐变终极系数取值参照《铁路桥涵钢筋混凝土和预应力混凝土结构设计规范》(TB 10002.3—2005)的相关规定。第4章规定：管内混凝土徐变终极系数取 2.0。

按以下 3 种计算条件，进行比较计算：

①不计管内混凝土的徐变。

②灌注管内混凝土 10d 后张拉吊杆，参照《铁路桥涵钢筋混凝土和预应力混凝土结构设计规范》(TB 10002.3—2005)，管内混凝土徐变终极系数取 1.7。

③管内混凝土徐变终极系数取 2.0。

计算结果见表 10.7-3。

考虑管内混凝土徐变，钢管内力增加，混凝土内力减小。徐变系数取 1.7，钢管轴力增加约 41.8%，混凝土轴力减小约 51.5%；徐变系数取 2.0，钢管轴力增加约 47.7%，混凝土轴力减小约 58.3%。

拱肋恒载轴力　　表 10.7-3

项　　目	徐变系数 0.0		徐变系数 1.7		徐变系数 2.0	
	轴力(kN)		轴力(kN)		轴力(kN)	
	钢管	混凝土	钢管	混凝土	钢管	混凝土
拱顶	34389	28701	48763	13928	50783	11964
1/4 跨度	37111	30988	52652	15041	54833	12921
拱脚	42534	35443	60257	17201	62737	14759

10.7.5　管内混凝土徐变的计算方法

第 4 章规定：管内混凝土徐变产生的内力重分布采用常规方法计算，也可采用将混凝土弹性模量进行折减的简化方法计算。两种方法的计算结果对比见表 10.7-4、表 10.7-5。

徐变计算方法对比(一)　　表 10.7-4

项　　目	常规算法，徐变系数 2.0		简化算法，混凝土刚度折减 0.25	
	轴力(kN)		轴力(kN)	
	钢管	混凝土	钢管	混凝土
拱顶	50783	11964	50525	12356
1/4 跨度	54833	12921	54564	13349
拱脚	62737	14759	62552	15286

徐变计算方法对比(二)　　表 10.7-5

项　　目	常规算法，徐变系数 1.8		简化算法，混凝土刚度折减 0.3	
	轴力(kN)		轴力(kN)	
	钢管	混凝土	钢管	混凝土
拱顶	49453	13256	48751	14143
1/4 跨度	53398	14316	52644	15281
拱脚	61105	16366	60347	17495

常规算法徐变系数取 2.0，简化算法混凝土单元刚度折减系数取 0.25，计算结果基本吻合；常规算法徐变系数取 1.8，简化算法混凝土单元刚度折减系数取 0.3，计算结果基本吻合。

10.7.6 钢管混凝土截面的刚度计算参数

钢管混凝土拱肋刚度的取值，既对结构的静力计算有一定影响，又对拱桥动力特性的计算产生影响。目前的铁路桥梁设计规范，暂时没有对钢管混凝土组合截面的刚度取值进行规定。

采用常规方法计算钢管混凝土结构的徐变效应时，钢管单元、混凝土单元的轴压刚度、抗弯刚度分别取：E_sA_s、$\eta_A E_c A_c$；$E_s I_s$、$\eta_I E_c I_c$。

计算钢管混凝土结构成桥阶段的结构稳定性时，钢管单元、混凝土单元的轴压刚度、抗弯刚度分别取：E_sA_s、$0.5\eta_A E_c A_c$；$E_s I_s$、$0.5\eta_I E_c I_c$。

计算钢管混凝土结构成桥阶段的动力特性和活载效应时，钢管单元、混凝土单元的轴压刚度、抗弯刚度分别取：E_sA_s、$\eta_A E_c A_c$；$E_s I_s$、$\eta_I E_c I_c$。

本桥拱肋钢管采用 Q345q，管内灌注 C50 自密实混凝土，拱肋标准段含钢率 α 为 0.116，查表 4.3-1 内插，$\eta_A=1.02$，$\eta_I=0.46$。

(1)静力计算

考虑刚度计算参数，恒载作用下，钢管与混凝土分担的内力变化不大，本桥钢管轴力略有减小，混凝土轴力略有增加，见表 10.7-6。

拱 肋 恒 载 内 力 表 10.7-6

项目	不考虑刚度计算参数				考虑刚度计算参数			
	轴力(kN)		弯矩(kN·m)		轴力(kN)		弯矩(kN·m)	
	钢管	混凝土	钢管	混凝土	钢管	混凝土	钢管	混凝土
拱顶	54196	8540	−611	−265	53727	9011	−645	−275
1/4 跨度	58083	9653	269	−441	57564	10174	268	−459
拱脚	65671	11796	948	805	65054	12413	984	849

考虑刚度计算参数，活载作用下，钢管与混凝土分担的内力变化不大，本桥钢管轴力略有减小，混凝土轴力略有增加，见表 10.7-7。

拱 肋 活 载 内 力 表 10.7-7

项目	不考虑刚度计算参数				考虑刚度计算参数			
	最大轴力(kN)		最大弯矩(kN·m)		最大轴力(kN)		最大弯矩(kN·m)	
	钢管	混凝土	钢管	混凝土	钢管	混凝土	钢管	混凝土
拱顶	6155	7904	2286	3049	5988	8074	2250	3152
1/4 跨度	6637	8523	5534	7382	6456	8705	5480	7676
拱脚	6995	8983	8794	11732	6802	9173	8664	12136

(2)屈曲稳定计算

本桥混凝土单元 $0.5\eta_A=0.51$，$0.5\eta_I=0.23$，计算结果见表 10.7-8。

屈曲稳定系数 表 10.7-8

屈曲模态	屈曲特点	混凝土刚度不折减	混凝土刚度折减
		考虑活载作用	考虑活载作用
1	拱肋一阶侧向屈曲	6.59	5.55
2	拱肋一阶对称侧屈	6.96	5.85
3	拱肋反对称侧向屈曲	7.06	5.93
4	拱肋正对称侧向屈曲	10.21	8.55
5	拱肋正对称侧向屈曲	10.87	9.05

计算结果表明，考虑管内混凝土刚度折减，一阶屈曲稳定系数降低16%左右。

(3)动力计算结果

$\eta_A=1.02$，$\eta_I=0.46$，计算结果见表10.7-9。

结构动力特性 表 10.7-9

序号	振型特点	混凝土刚度不折减		混凝土刚度折减	
		频率(Hz)	周期(s)	频率(Hz)	周期(s)
1	拱肋正对称横弯	0.850	1.176	0.790	1.266
2	梁拱反对称竖弯	1.281	0.781	1.223	0.818
3	拱肋反对称横弯	1.654	0.605	1.528	0.655
4	系梁正对称竖弯	1.795	0.557	1.693	0.591
5	拱肋正对称横弯	2.373	0.421	2.247	0.445

计算结果表明，考虑管内混凝土刚度折减，结构刚度变弱。全桥横向一阶自激振动频率降低7%左右，竖向一阶自激振动频率降低5%左右。

第11章 连续组合梁桥设计

11.1 工程简介

11.1.1 概况

西乌兰木伦河特大桥平行沿着乌兰木伦水库的副坝向南走行，跨越西乌兰木伦河后，沿着乌兰木伦街与西乌兰木伦河南岸的景观工程相邻，沿途主要跨越了萨拉乌素路、乌兰木伦水库泵房、西乌兰木伦河、通格朗北路、景观广场、鄂尔多斯大街、阳光瀑布、西乌兰木伦河规划公路三号桥等，除西乌兰木伦河和阳光瀑布桥址外，地势都比较平缓。经综合比选，西乌兰木伦河大桥采用三联三角形钢管混凝土桁架与混凝土桥面板的连续组合梁结构，跨径分别布置为(54+60+54)m+(60+72+60)m+(54+60+54)m。

11.1.2 主要规范、规程

(1)《铁路桥涵设计基本规范》(TB 10002.1—2005)。

(2)《铁路桥梁钢结构设计规范》(TB 10002.2—2005)。

(3)《铁路桥涵钢筋混凝土和预应力混凝土结构设计规范》(TB 10002.3—2005)。

(4)《铁路桥涵混凝土和砌体结构设计规范》(TB 10002.4—2005)。

(5)《铁路桥涵地基与基础设计规范》(TB 10002.5—2005)。

(6)《铁路混凝土结构耐久性设计规范》(TB 10005—2010)。

(7)《铁路工程抗震设计规范》(GB 50111—2006)(2009版)。

11.1.3 主要技术标准

(1)铁路等级:城际铁路。

(2)正线数目:双线。

(3)最小线间距:4.0m。

(4)设计行车速度:120km/h,局部限速。

(5)最小曲线半径:一般1200m,困难800m。特殊困难区段,结合运行速度,可采用相应较小曲线半径。

(6)轨道类型:采用有砟轨道结构,地下线及地下车站地段采用CRTSI型双块式无砟轨道,全线按一次性铺设跨区间无缝线路设计。

(7)最大坡度:30‰。

(8)牵引种类:电力。

(9)列车类型:小交路采用动力分散式动车组4辆编组;大交路采用动力分散式动车组8辆编组。

11.2 主要构造尺寸及细节

11.2.1 结构形式

横截面采用三角桁架,主梁为单根钢管混凝土与混凝土桥面板通过腹杆连接形成空间受力体系,结构轻盈,受力简洁,增强了结构的经济性和美观性。主桥为(60+72+60)m三跨钢管混凝土空间桁架组合连续曲梁,平面曲线半径为700m,如图9.3-1所示。

11.2.2 主梁构造

桥面至钢管混凝土中心高5.2m,一个节间为6m,桥面板宽12.4m。下弦杆为单根钢管混凝土,管外径1.2m,管壁厚中间支点左右一个节间范围内60mm,其他区域壁厚为50mm;腹杆采用工字钢,工字钢的断面根据受力需要分为3种形式。桥面板通过施加纵向及横向预应力保证受力安全。腹杆与下弦钢管混凝土之间采用节点板栓接,腹杆与桥面板之间采用剪力钉连接。

(1)主梁截面

主梁采用三角形断面,下弦杆为单根钢管混凝土结构,钢管直径为1.2m,支点处壁厚60mm,其他位置壁厚50mm,钢管内混凝土为C55自密实混凝土,桥面板混凝土强度等级C55,下弦杆与上翼缘钢板之间采用工型腹杆连接(图11.2-1)。

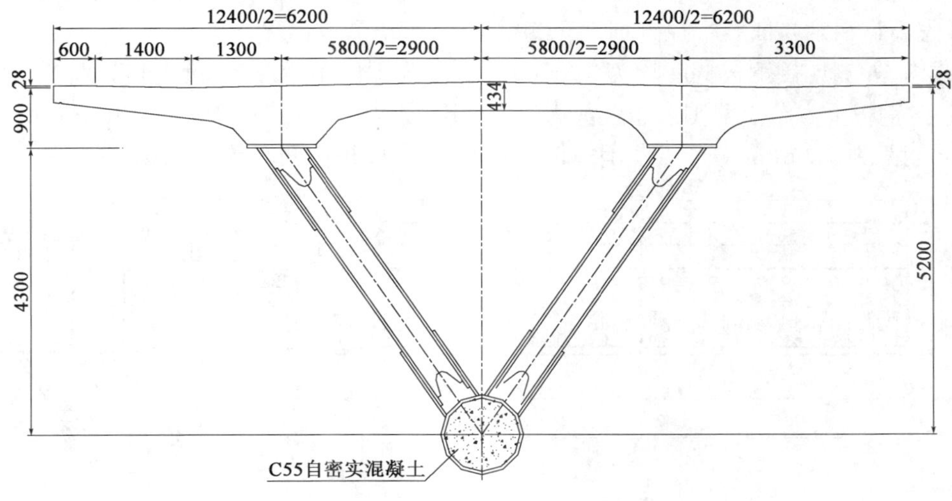

图11.2-1 主梁断面(尺寸单位:mm)

(2)混凝土桥面板

混凝土桥面板宽 12.4m,横向两端板厚 0.248m,横向跨中板厚 0.434m(支座附近板厚变为 0.952m),桥面板与腹杆相交处板厚为 0.894m,如图 11.2-2 所示。

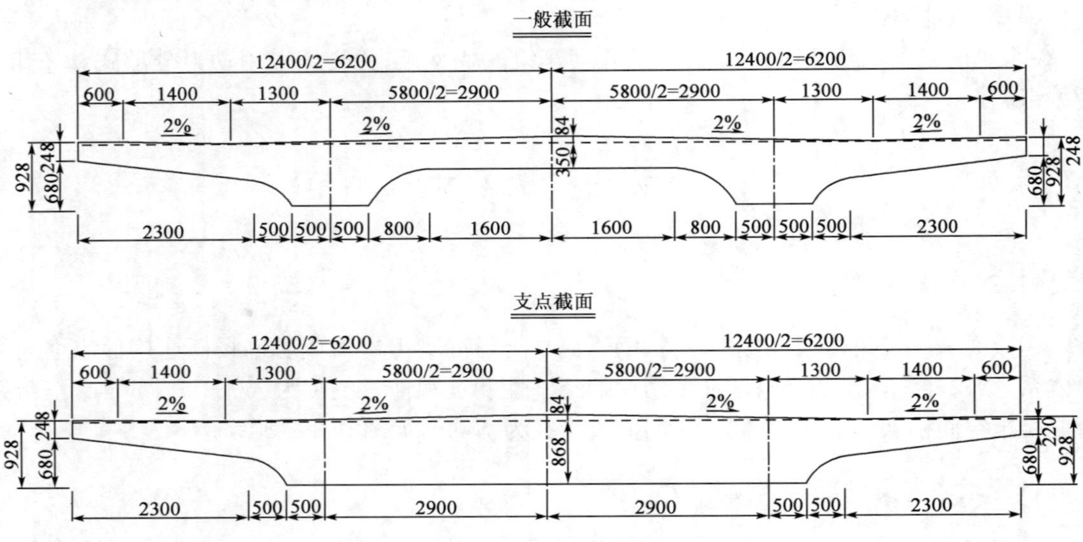

图 11.2-2　桥面板断面(尺寸单位:mm)

(3)钢管混凝土

下弦钢管外径为 1200mm,壁厚采用 50mm、60mm 两种,两中支点两侧沿曲线方向各 9.8m范围内壁厚采用 60mm,其余区段壁厚采用 50mm。钢管内填 C55 自密实混凝土。

下弦钢管按圆曲线布置,钢管中心线与线路左线曲线为同心圆(不考虑高程因素),曲线半径为 702.257m。

(4)上翼缘钢板及与混凝土桥面板连接构造

上翼缘钢板均按圆曲线布置,曲线内、外侧连接钢板下平面中心线与线路左线曲线为同心圆(不考虑高程因素),曲线半径分别为 699.357m、705.157m。

曲线内、外侧连接钢板宽度均为 1000mm,节点范围内钢板厚 50mm,非节点范围内钢板厚 32mm。钢板上方节点范围内布置剪力钉和 PBL 剪力键,具体布置如图 11.2-3 所示,剪力钉顺桥向间距为 150mm;非节点范围内仅布置剪力钉,顺桥向间距约为 300mm。

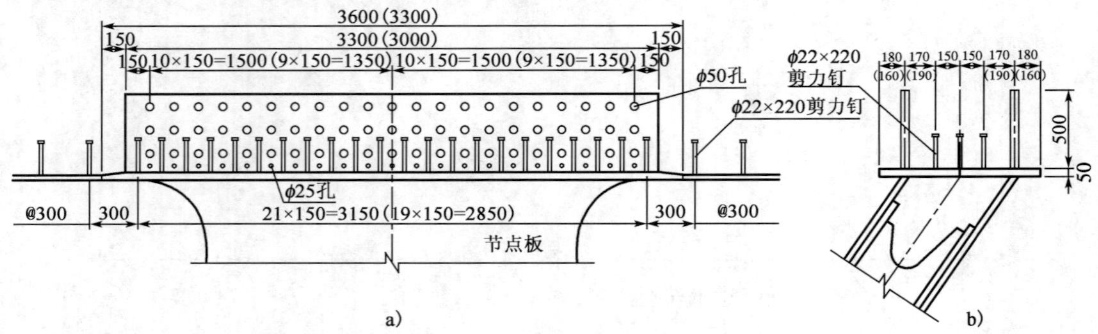

图 11.2-3　上翼缘钢板与混凝土桥面板连接(尺寸单位:mm)

为保证线路在运营状态下的平顺性，主梁应设置预拱度。主梁预拱度的设置是通过伸长或缩短上翼缘钢板节间纵向长度来实现。

(5)腹杆及节点板

本桥腹杆采用焊接工字形截面(图 11.2-4)，根据结构受力及构造需要，分为 3 种类型。截面高度 480mm 或 520mm，腹板厚 24～32mm，翼板宽 680mm 或 840mm，翼板厚 32～50mm。

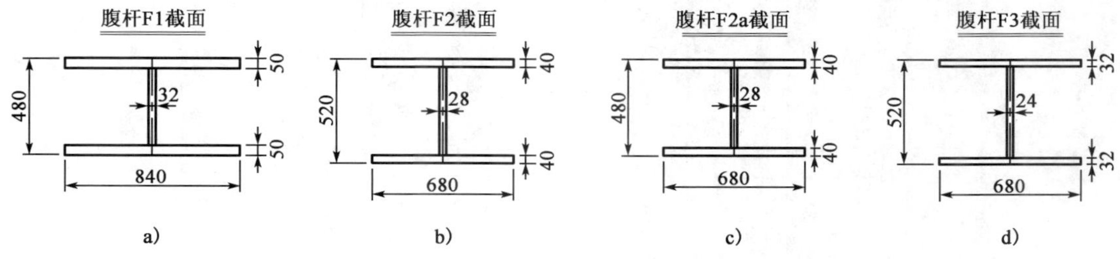

图 11.2-4　腹杆截面(尺寸单位:mm)

腹杆与下弦钢管及上翼缘钢板均采用节点板连接，腹杆下节点中心设置在下弦圆钢管中心线上，上节点中心设置在桥面连接钢板下平面中心线上，按沿曲线长度方向等分布置原则设置。首先根据线路左线曲线确定下弦圆钢管中心线，按实际节间数量等分后确定下节点位置，同样按等分原则分别在上弦内、外侧连接钢板下平面中心线上确定上节点中心位置，分别将上、下节点中心点连接，得到各腹杆位置。下节点板按垂直于曲线径向焊接于圆钢管上，上节点板设置弯折角，以保证各腹杆与上、下节点板的顺接，典型节点构造如图 11.2-5～图 11.2-10 所示。

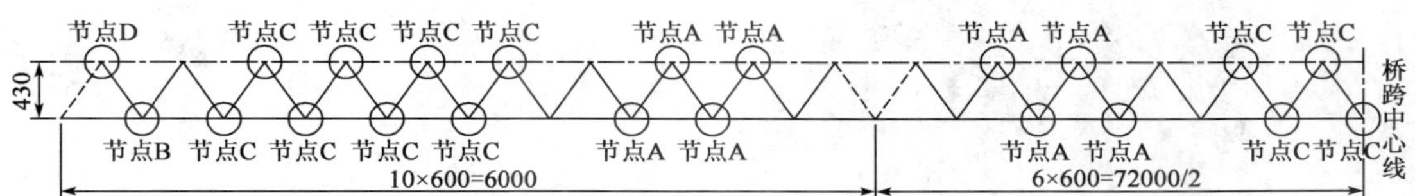

图 11.2-5　典型节点位置(尺寸单位:mm)

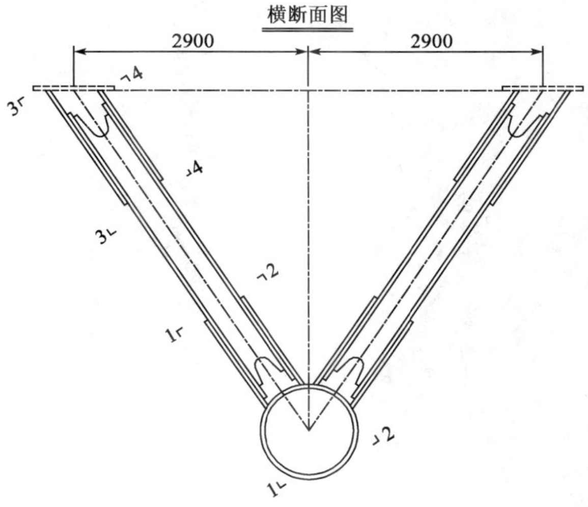

图 11.2-6　横断面(尺寸单位:mm)

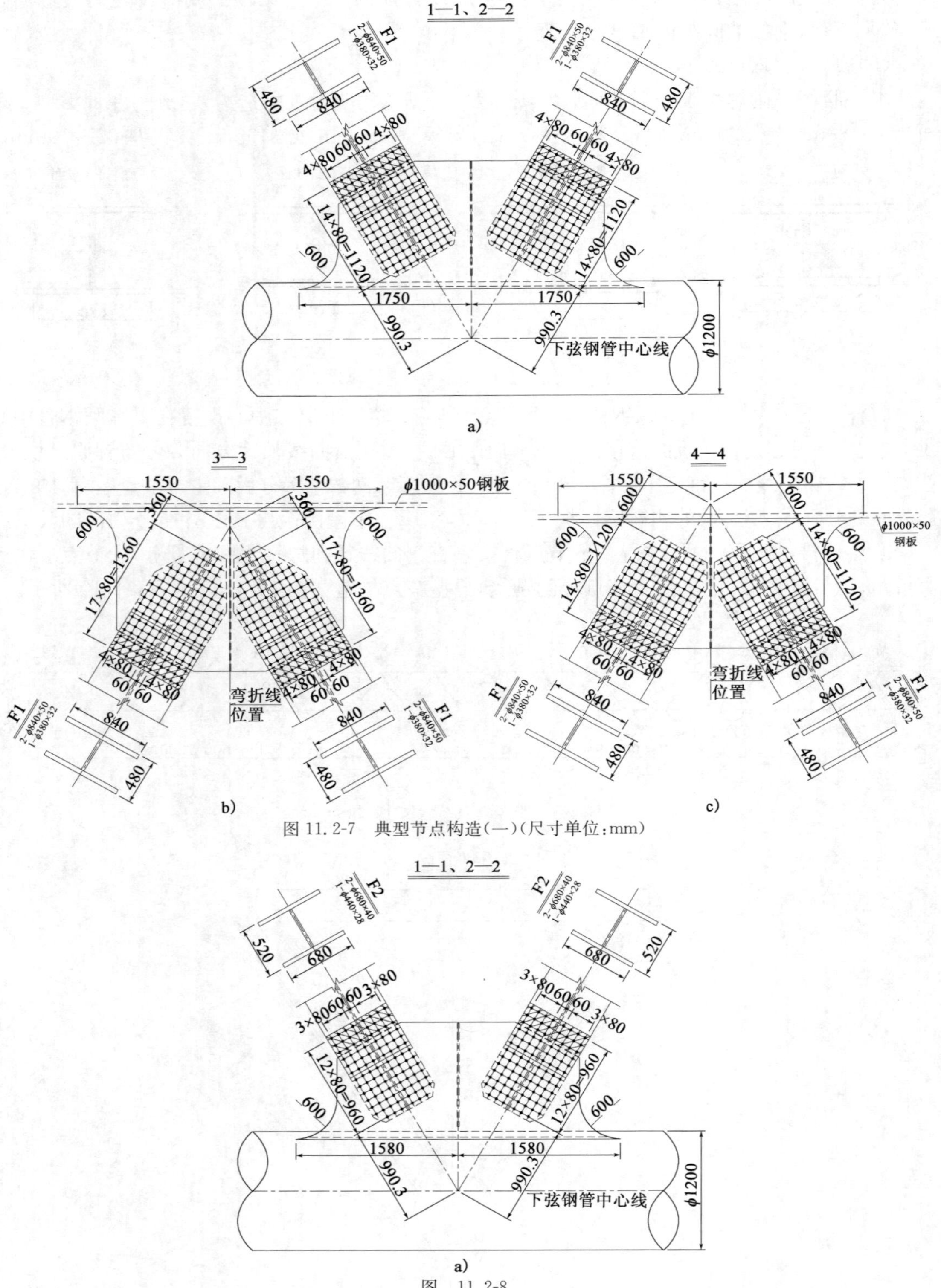

图 11.2-7　典型节点构造(一)(尺寸单位：mm)

图　11.2-8

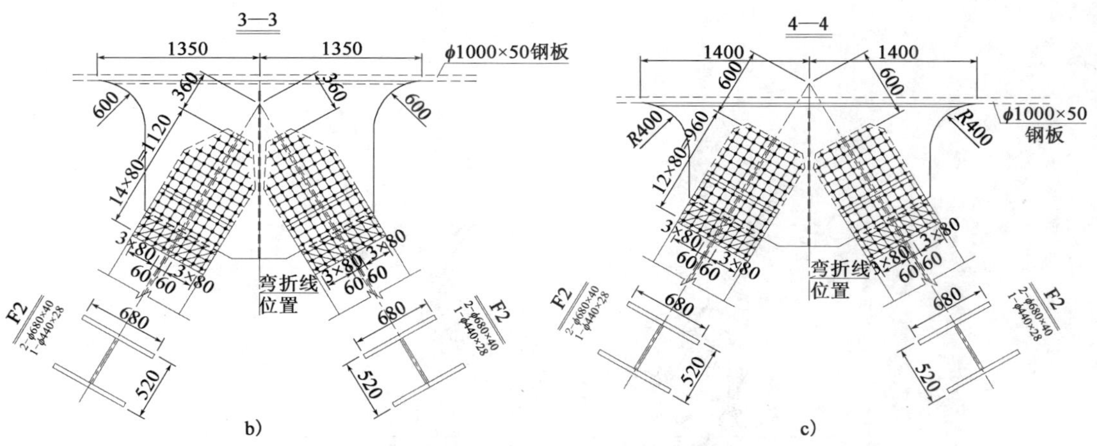

图 11.2-8　典型节点构造(二)(尺寸单位:mm)

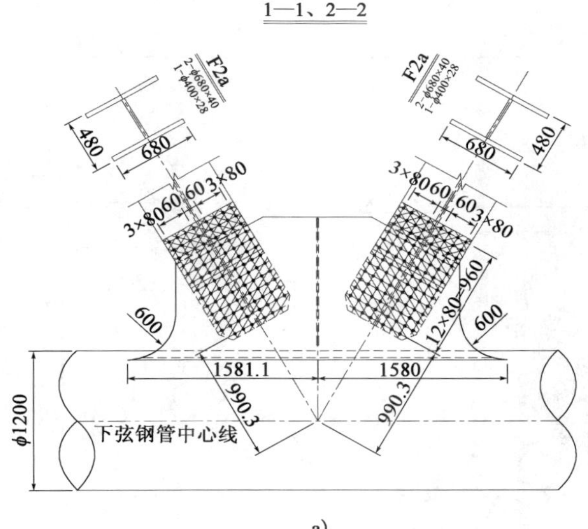

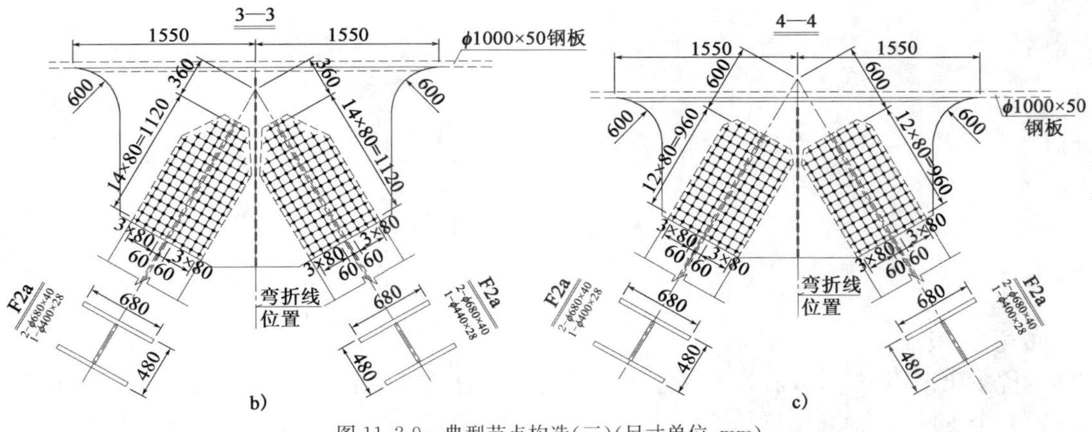

图 11.2-9　典型节点构造(三)(尺寸单位:mm)

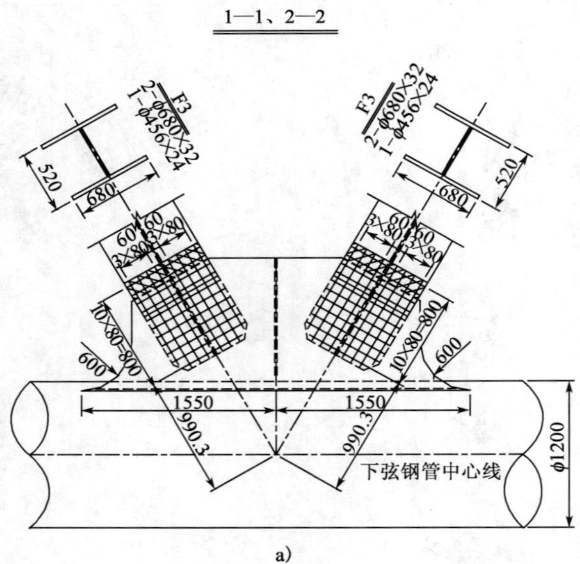

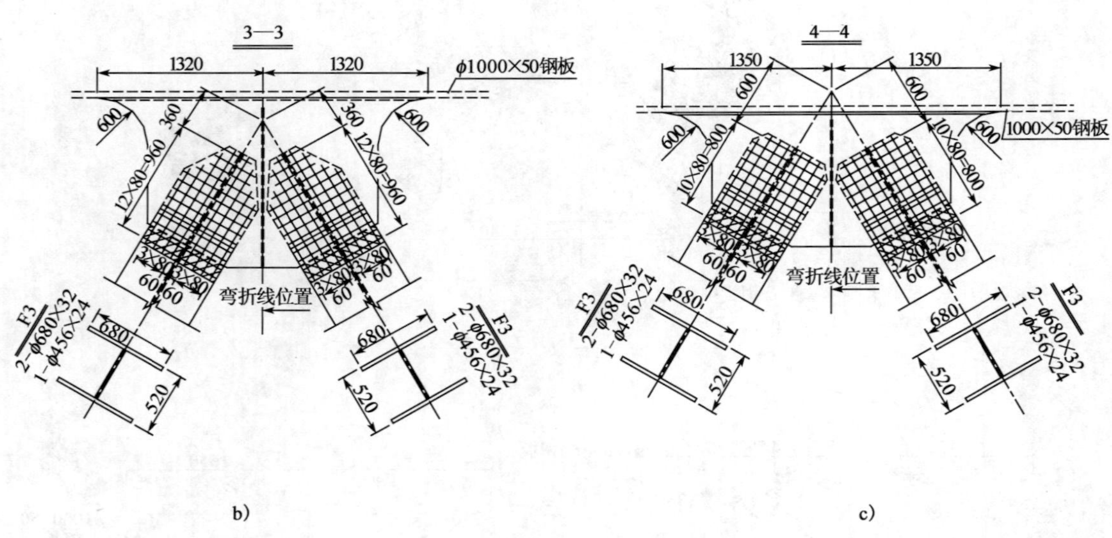

图 11.2-10　典型节点构造(四)(尺寸单位:mm)

(6)横隔板

本桥主梁采用三角形断面,在桥墩对应位置,主梁设置横隔板(图 11.2-11),并在隔板底部设置 2 个支座,以提高主梁结构整体抗扭性能,边隔板底部厚 1.3m,中隔板底部厚 2.6m。

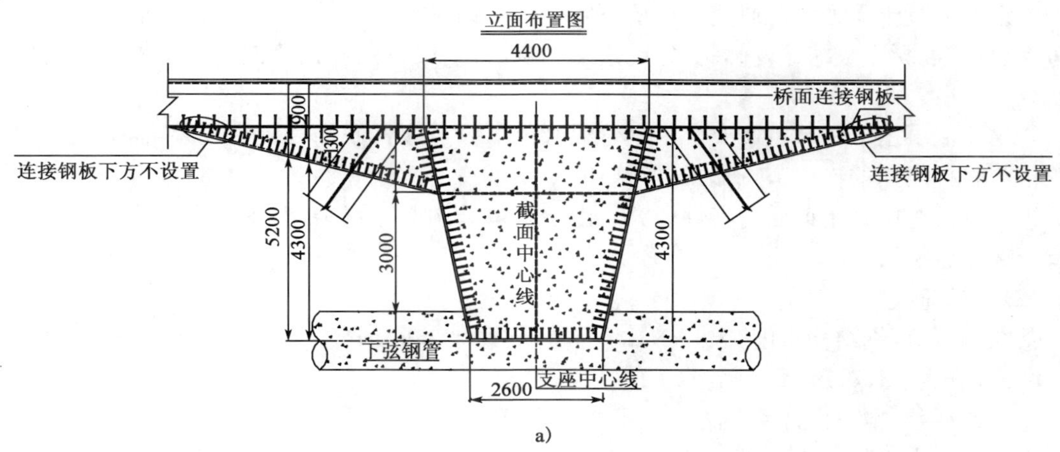

a)

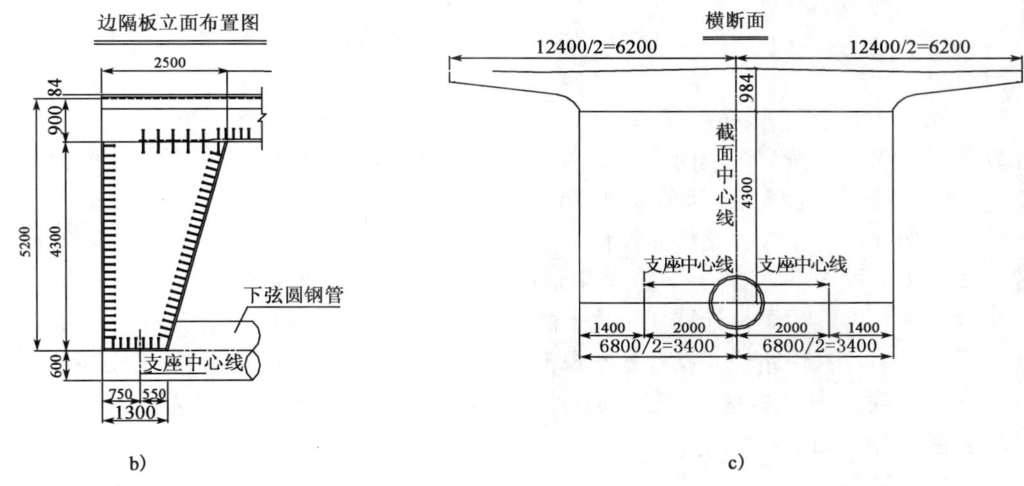

b)　　c)

图 11.2-11　隔板断面(尺寸单位:mm)

11.3　总体计算分析

11.3.1　概述

(1)计算内容

①主梁整体受力研究。整体受力研究包括:三角桁架钢管混凝土桥面板组合梁全桥静力、动力、抗扭、稳定等分析计算,优化结构设计。其中,整个梁位于小半径曲线上,且各腹杆均空间支撑,整体结构表现出极强的空间受力特性,因此对桥面板的正确模拟是整体计算研究中的一个难点。

②钢管混凝土受力性能研究。本桥下弦杆采用钢管混凝土结构，由于钢管混凝土结构受力考虑温度、混凝土收缩徐变、疲劳等因素的影响，对主梁下弦杆钢管混凝土结构进行受力性能研究。

③钢管混凝土下弦节点研究。因钢管混凝土下弦与腹杆联结处受力复杂，需对钢管混凝土弦杆与腹杆之间的连接节点形式进行研究。

④支点及跨中处主梁受力特性研究。由于本桥结构受力复杂，对支点处主梁及跨中结构进行分离体分析研究。

(2)计算荷载

①结构自重：钢结构重度 78.5kN/m^3，混凝土重度 26kN/m^3。

②二期恒载：190kN/m。

③设计活载：本桥设计活载为 ZC 活载(0.6UIC)。

④活载动力系数：按《铁路桥涵设计基本规范》(TB 10002.1—2005)第 4.3.5 条计算，$1+\mu=1+22/(40+L)$，式中，L 为桥梁跨度，承受局部活载杆件为影响线加载长度，以 m 计。

⑤疲劳动力系数：按《铁路桥梁钢结构设计规范》(TB 10002.2—2005)第 4.3.1 条计算，即 $1+\mu_f=1+18/(40+L)$，式中，L 为桥梁跨度，承受局部活载杆件为影响线加载长度，以 m 计。

⑥制动力或牵引力：按《铁路桥涵设计基本规范》(TB 10002.1—2005)第 4.3.7 条计算。制动力和牵引力应按列车竖向静活载的 10%计算，但当与离心力或列车竖向动力作用同时计算时，制动力或牵引力应按列车竖向静活载的 7%计算。双线桥采用一线的制动力或牵引力。

⑦横向摇摆力：按《铁路桥涵设计基本规范》(TB 10002.1—2005)第 4.3.8 条计算。列车横向摇摆力应取 100kN，作为一个集中荷载取最不利位置，以水平方向垂直线路中心线作用于钢轨顶面。多线桥梁只计算任一线上的横向摇摆力。空车时应考虑横向摇摆力。

⑧离心力：按《铁路桥涵设计基本规范》(TB 10002.1—2005)第 4.3.6 条计算。

⑨风荷载：成桥风速按 100 年一遇计，施工风速按 10 年一遇计，分别为 33.7m/s、23.8m/s。

⑩温度荷载如下：

整体升降温：30℃；

混凝土桥面板与钢结构之间的温差：±15℃；

钢管与混凝土之间的温差：±5℃。

⑪支点沉降：按《新建时速 200 公里客货共线铁路设计暂行规定》(铁建设函〔2005〕285 号)第 5.3.3 条办理，支点不均匀沉降按 20mm 考虑。

⑫地震力：本桥抗震设防烈度为Ⅶ度，水平地震基本加速度为 0.10g，地震反应谱特征周期 0.45s；地震力按《铁路工程抗震设计规范》(GB 50111—2006)(2009 年版)计算。

11.3.2 主梁整体静力计算

(1)计算模型

①总体结构静力分析采用桥梁有限元计算程序 midas civil 7.90 计算，计算模型见图11.3-1。

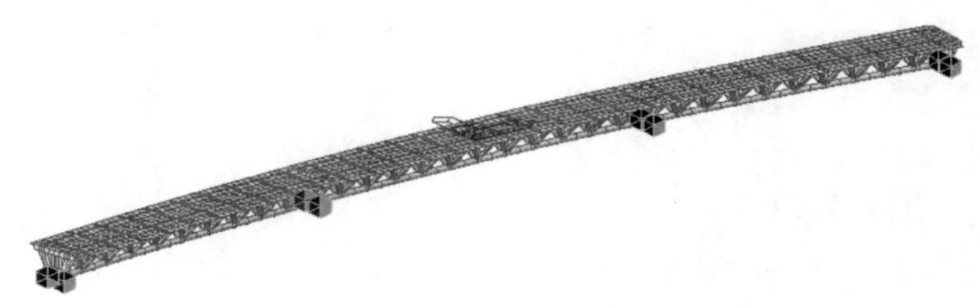

图 11.3-1　midas 计算模型

②计算模型中各关键点的模拟分述如下：

a. 钢管混凝土模拟。钢管混凝土采用相同两节点间分别建立钢管单元及管内混凝土单元的方式模拟。其中，在主力组合及主＋附组合时，钢管混凝土不出现拉应力的部分模拟为钢管混凝土截面，分别建立钢管单元和混凝土单元，计入两者刚度；对于出现拉应力钢管混凝土截面，偏保守的不考虑管内混凝土的抗拉作用，截面为钢管截面，计入钢管刚度，混凝土只计入重量。

b. 桥面板模拟。考虑到桥面板的实际支承形式为腹杆处的点支承，与箱梁截面有较大区别，采用梁单元模拟时，考虑剪力滞效应时的有效宽度也难以确定，因此，桥面板分别按照梁单元（承托处）＋板单元、板单元、梁单元 3 种方式进行计算。

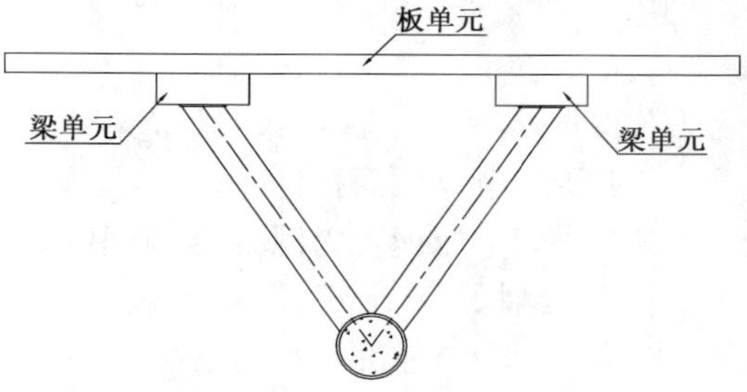

板单元
梁单元
梁单元

图 11.3-2　桥面板计算模型（一）

Ⅰ. 梁单元（承托处）＋板单元模拟（图 11.3-2）。

桥面板采用板单元模拟，板厚 35cm，承托采用梁单元模拟。

Ⅱ. 板单元模拟（图 11.3-3）。

桥面板采用不同厚度的板单元进行模拟。

Ⅲ. 梁单元模拟（图 11.3-4）。

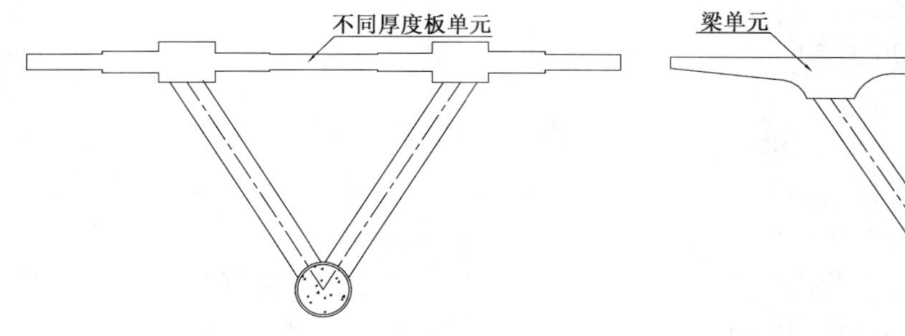

图 11.3-3　桥面板计算模型（二）

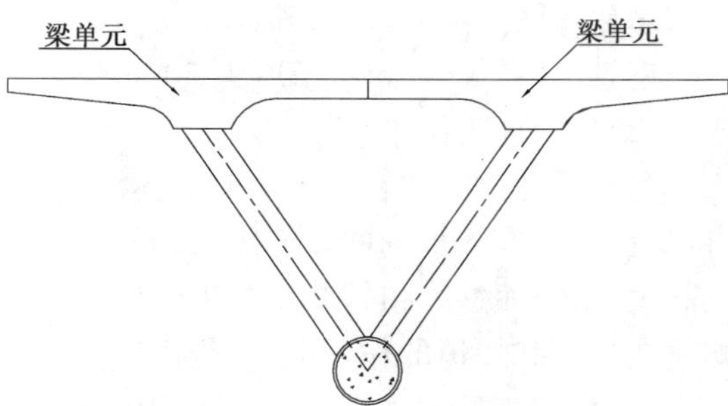

图 11.3-4　桥面板计算模型（三）

桥面板采用两个梁单元进行模拟。

c. 混凝土收缩徐变。

Ⅰ. 桥面板混凝土收缩：按《公路钢筋混凝土及预应力混凝土桥涵设计规范》（JTG D62—2004）计算。

Ⅱ. 钢管内混凝土收缩 1：材料和截面特性按第 4 章所述的常规方法进行取值，收缩徐变按《公路钢筋混凝土及预应力混凝土桥涵设计规范》（JTG D62—2004）计算。

Ⅲ. 钢管内混凝土收缩 2：材料和截面特性按第 4 章所述简化方法进行取值，混凝土单元的刚度折减系数分别按 0.3 和 0.25 取值;钢管内混凝土降温 10℃模拟收缩。

d.施工过程模拟。

Ⅰ.满堂支架施工钢结构。

Ⅱ.施工中支点附近桥面板。

Ⅲ.张拉中支点附近桥面板预应力。

Ⅳ.施工剩余桥面板。

Ⅴ.张拉桥面板通长预应力。

Ⅵ.拆除施工支架。

Ⅶ.中支点竖向强制位移 35cm。

Ⅷ.施加二恒荷载。

Ⅸ.徐变至 1500d。

e.边界条件。

梁部分析:采用支座约束,满堂支架按只受压杆模拟。

③主要材料及截面指标。

梁部混凝土板钢管内混凝土:采用 C55 混凝土。

梁部钢结构:Q370qE。

收缩徐变中材料部分:

相对湿度:0.50。

混凝土龄期:7d。

钢管内混凝土截面:

常规算法:E_sA_s、$\eta_AE_cA_c$、E_sI_s、$\eta_IE_cI_c$。

简化算法 1:E_sA_s、$0.3\eta_AE_cA_c$、E_sI_s、$0.3\eta_IE_cI_c$。

简化算法 2:E_sA_s、$0.25\eta_AE_cA_c$、E_sI_s、$0.25\eta_IE_cI_c$。

钢管:外径 1200mm,壁厚为 50mm。

(2)静力计算结果

①支反力。结构在 3 种不同整体模型下结构的支反力如表 11.3-1～表 11.3-3 所示,从中可以看出,本次计算的曲线连续梁结构,由于受曲率的影响,曲线梁截面在发生竖向弯曲时,必然产生扭转,而这种扭转又反过来导致梁的挠曲变形,称为弯扭耦合作用。弯扭耦合作用导致即便在自重和二恒的作用下,结构内外侧支座支反力并不均匀。对于边支座,在绝大部分工况下,基本规律为外侧支座反力大于内侧,这与简支曲线梁的支座反力规律类似;对于中支座,外侧支座反力小于内侧,与边支座变化规律相反。

a.桥面板采用梁+板单元进行模拟时各工况支反力(表 11.3-1)。

b.桥面板采用板单元进行模拟时各工况支反力(表 11.3-2)。

c.桥面板采用梁单元进行模拟时各工况支反力(表 11.3-3)。

支反力的分布与下弦杆的扭矩密切相关,除上部荷载的影响外,扭矩的作用导致了支反力的分布不均。3 种模型下弦杆扭矩图如图 11.3-5～图 11.3-7 所示,从中可以看到,边支点和中支点处下弦杆扭矩方向相反,这也是中支座和边支座内外侧支座反力大小相反的主要原因。

梁＋板单元模拟时(60＋72＋60)m梁支反力(单位:kN)　　表11.3-1

荷载工况	梁＋板单元模拟			
	边支座(外侧)	边支座(内侧)	中支座(外侧)	中支座(内侧)
自重	2370	2160	8820	12690
二恒	2260	1760	6800	7380
自重＋二恒＋收缩徐变	4380	3790	15340	20740
支座强制位移	1090	840	1610	－3540
离心力	760	－770	2320	－2300
活载 max	2230	1980	5060	5220
活载 min	－500	－530	－500	－380
支座沉降 max	130	70	90	660
支座沉降 min	－190	－120	－170	－460
整体升温 30°	－160	－20	－100	290
桥面板升温 5°	140	70	150	－360
钢管内混凝土升温 5°	－40	－20	－40	110
恒载	5470	4630	16950	17210
恒＋活 max	7700	6610	22010	22430
恒＋活 min	4970	4100	16450	16830
主力 max	8590	6680	24420	23090
主力 min	4780	3210	16280	14070
主＋附 max	8930	6790	24710	23850
主＋附 min	4440	3100	15990	13310
恒载(简化算法0.3)	5300	4550	16830	17680
恒载(简化算法0.25)	5300	4560	16830	17660

注:表中向上为"＋",向下为"－"。

板单元模拟时(60＋72＋60)m梁支反力(单位:kN)　　表11.3-2

荷载工况	板单元模拟			
	边支座(外侧)	边支座(内侧)	中支座(外侧)	中支座(内侧)
自重	2420	2180	8910	12640
二恒	2260	1760	6810	7370
自重＋二恒＋收缩徐变	4430	3820	15440	20670
支座强制位移	1090	840	1610	－3540
离心力	760	－770	2320	－2310
活载 max	2240	1980	5060	5220
活载 min	－500	－530	－500	－380
支座沉降 max	130	70	90	660
支座沉降 min	－190	－120	－170	－450
整体升温 30°	－160	－20	－100	280
桥面板升温 5°	140	70	150	－360

续上表

荷载工况	板单元模拟			
	边支座(外侧)	边支座(内侧)	中支座(外侧)	中支座(内侧)
钢管内混凝土升温 5°	−40	−20	−40	100
恒载	5520	4660	17050	17140
恒＋活 max	7760	6640	22110	22360
恒＋活 min	5020	4130	16550	16760
主力 max	8650	6710	24520	23020
主力 min	4830	3240	16380	14000
主＋附 max	8990	6820	24810	23760
主＋附 min	4490	3130	16090	13260
恒载(简化算法 0.3)	5340	4590	16880	17520
恒载(简化算法 0.25)	5340	4590	16880	17510

注:表中向上为“＋”,向下为“－”。

双梁单元模拟时(60＋72＋60)m 梁支反力(单位:kN)　　表 11.3-3

荷载工况	双梁单元模拟			
	边支座(外侧)	边支座(内侧)	中支座(外侧)	中支座(内侧)
自重	2340	2190	8830	12700
二恒	2250	1770	6810	7410
自重＋二恒＋收缩徐变	4310	3810	15320	20850
支座强制位移	910	1050	1820	−3780
离心力	770	−780	2310	−2300
活载 max	2250	1990	5040	5210
活载 min	−530	−540	−480	−380
支座沉降 max	140	70	100	680
支座沉降 min	−190	−130	−170	−470
整体升温 30°	−150	−30	−110	290
桥面板升温 5°	140	70	150	−360
钢管内混凝土升温 5°	−40	−20	−40	110
恒载	5220	4860	17140	17070
恒＋活 max	7470	6850	22180	22280
恒＋活 min	4690	4320	16660	16690
主力 max	8380	6920	24590	22960
主力 min	4500	3410	16490	13920
主＋附 max	8710	7040	24890	23720
主＋附 min	4170	3290	16190	13160
恒载(简化算法 0.3)	5010	4770	16940	17580
恒载(简化算法 0.25)	5020	4780	16950	17560

注:表中向上为“＋”,向下为“－”。

a) 自重工况下下弦杆扭矩(梁+板单元模型)

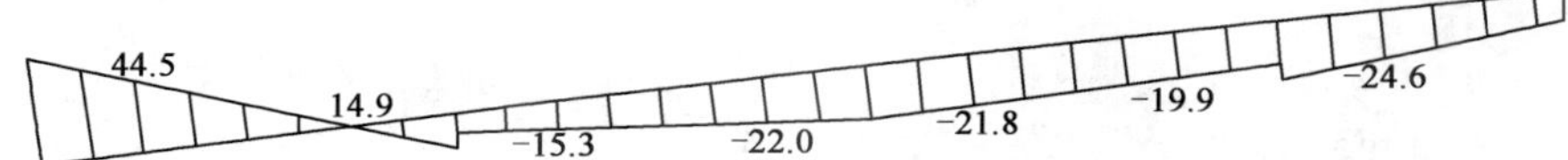

b) 自重工况下下弦杆边支座附近扭矩(梁+板单元模型)

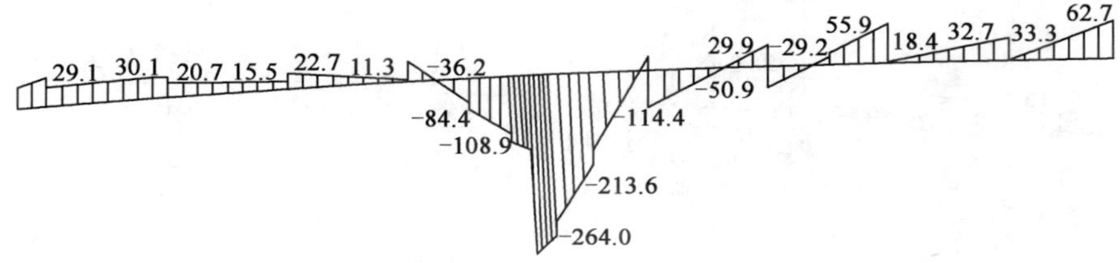

c) 自重工况下下弦杆中支座附近扭矩(梁+板单元模型)

图 11.3-5　板＋梁单元模型扭矩

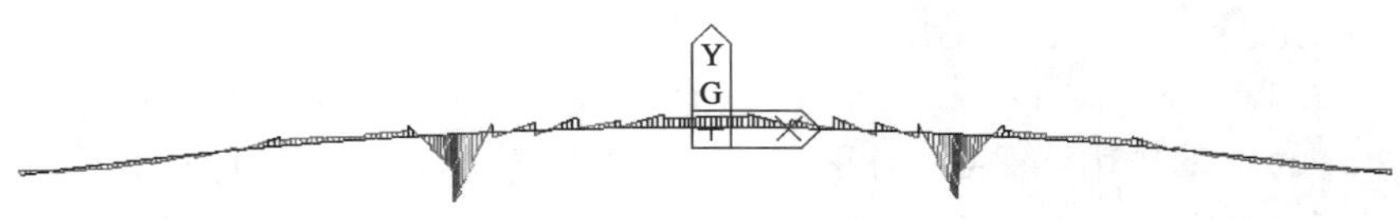

a) 自重工况下下弦杆扭矩(板单元模型)

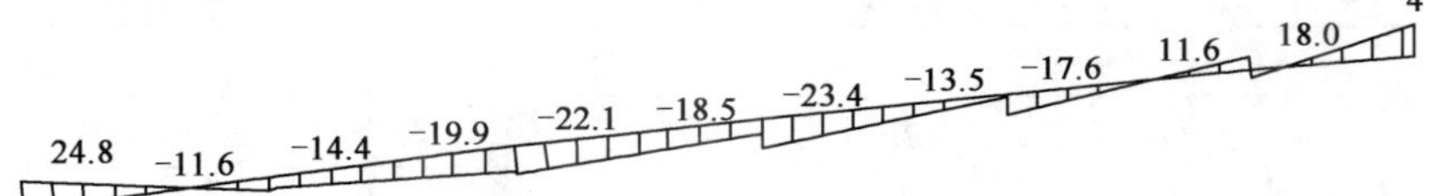

b) 自重工况下下弦杆边支座附近扭矩(板单元模型)

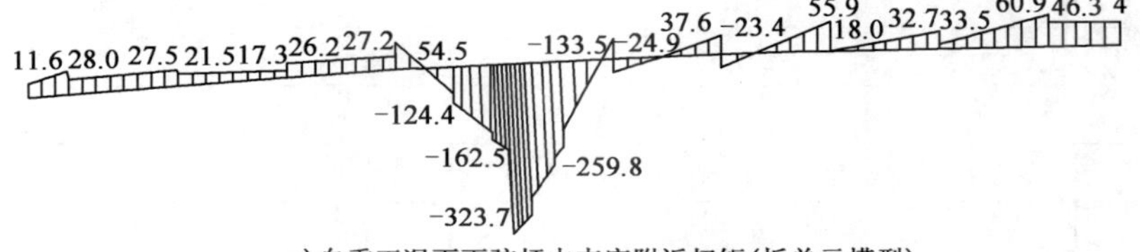

c) 自重工况下下弦杆中支座附近扭矩(板单元模型)

图 11.3-6　板单元模型扭矩

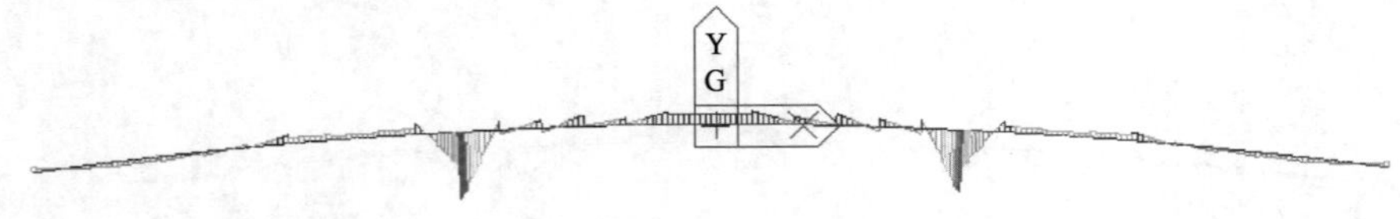

a) 自重工况下下弦杆扭矩(双梁模型)

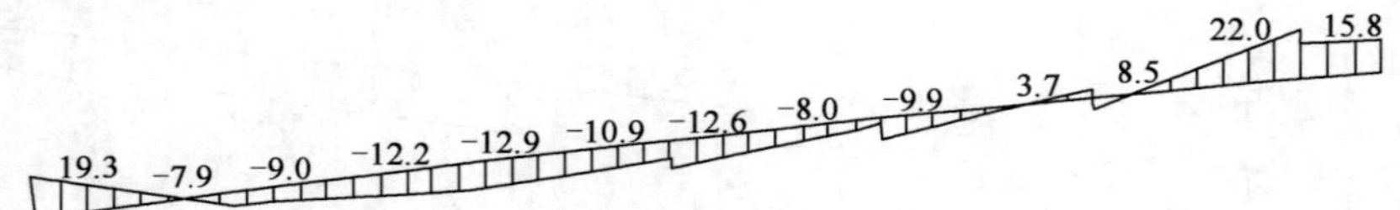

b) 自重工况下下弦杆边支座附近扭矩(双梁模型)

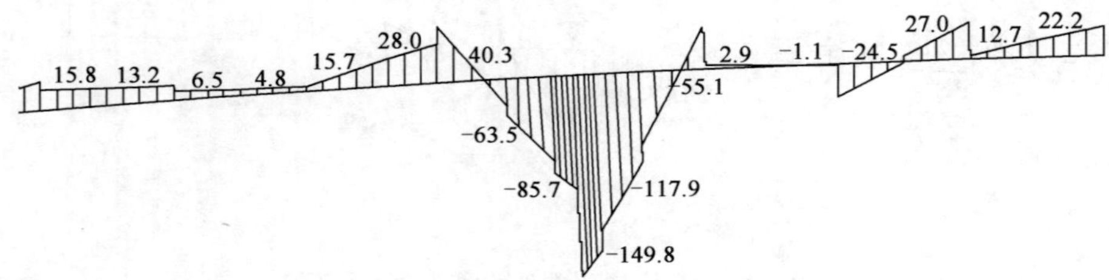

c) 自重工况下下弦杆中支座附近扭矩(双梁模型)

图 11.3-7 双梁单元模型扭矩

②位移。各工况下,未考虑支座强制位移时的梁部位移如表 11.3-4 所示,自重及活载下各模型的位移如图 11.3-8～图 11.3-13 所示。从中可见:相对于通常的连续梁,本结构边中跨比较大,由于边跨的压重作用,导致在自重工况下,中跨挠度向上,为正值;活载下,中跨挠度 30mm 左右,边跨挠度 25mm 左右,满足相关规范的要求。3 种计算模型结果接近,表明 3 种模型在挠度计算方面均可。

跨中位移:未考虑中支座强制位移及支座沉降时梁部竖向位移(单位:mm) 表 11.3-4

荷 载 工 况	梁+板单元模拟		板单元模拟		双梁单元模拟	
	边跨跨中	中跨跨中	边跨跨中	中跨跨中	边跨跨中	中跨跨中
自重	−41	3	−40	2	−40	3
二恒	−27	−20	−28	−21	−27	−20
自重+二恒+收缩徐变	−77	−14	−78	−17	−77	−14
活载 max	10	9	10	9	10	9
活载 min	−25	−31	−25	−31	−24	−31
整体升温	−2	1	−2	1	−2	1
桥面板升温	1	−2	2	−2	2	−2
钢管内混凝土升温	0	2	0	2	0	2
恒+活 max	−67	−5	−68	−8	−67	−5

续上表

荷载工况	梁＋板单元模拟		板单元模拟		双梁单元模拟	
	边跨跨中	中跨跨中	边跨跨中	中跨跨中	边跨跨中	中跨跨中
恒＋活 min	－102	－45	－103	－48	－101	－45
恒＋活＋温度 max	－64	0	－64	－3	－63	0
恒＋活＋温度 min	－105	－50	－107	－53	－105	－50
恒载(简化算法 0.3)	－78	－16	－79	－19	－78	－14
恒载(简化算法 0.25)	－78	－17	－79	－20	－78	－16

注：表中向下为"＋"，向上为"－"。

a) 自重下结构整体位移(梁+板单元模型)

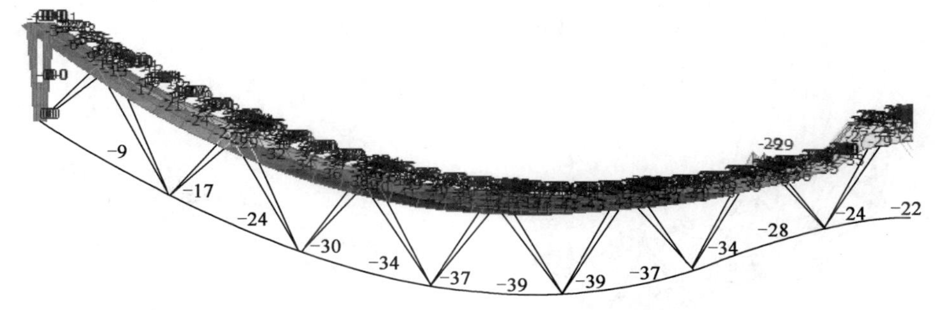

b) 自重下边跨位移(梁+板单元模型)

图 11.3-8　梁＋板模型自重位移

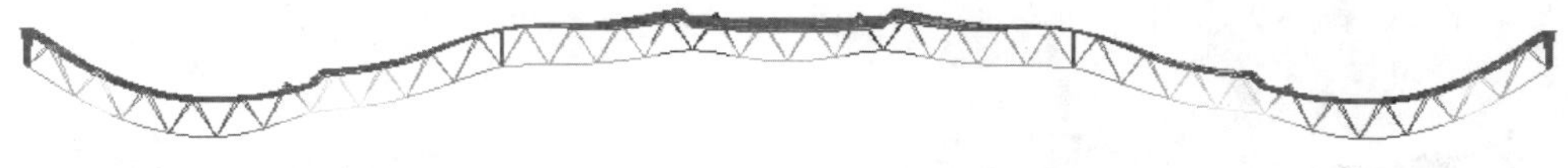

a) 自重下结构整体位移(板单元模型)

图　11.3-9

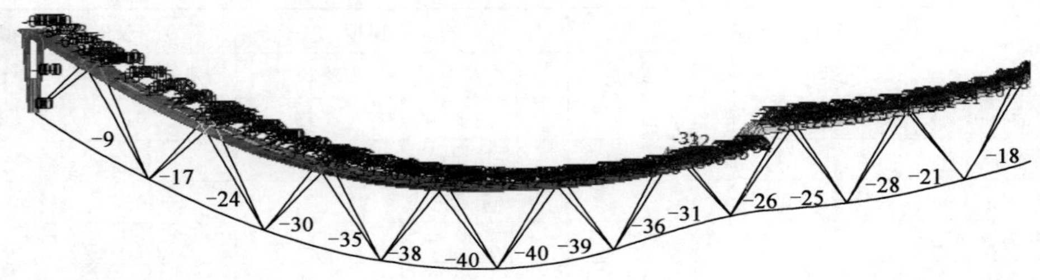

b) 自重下边跨位移(板单元模型)

图 11.3-9　板模型自重位移

a) 自重下结构整体位移(双梁模型)

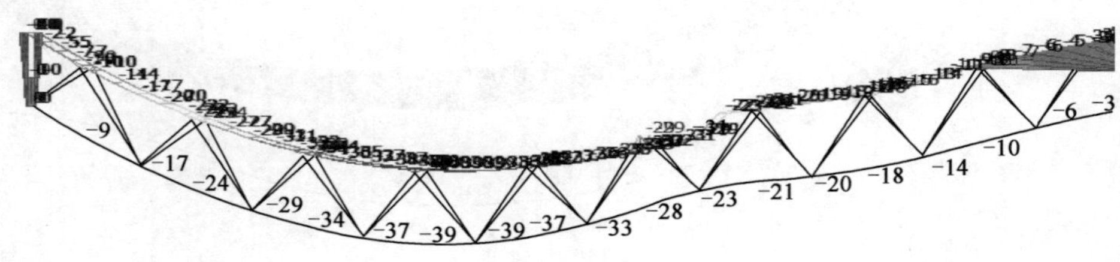

b) 自重下边跨位移(双梁单元模型)

图 11.3-10　双梁模型自重位移

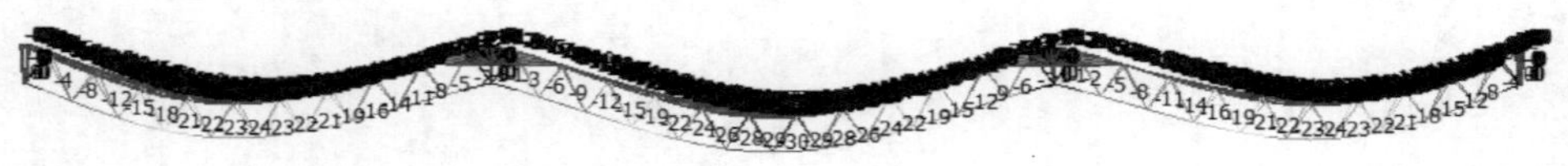

图 11.3-11　活载下结构整体位移(梁+板单元模型)

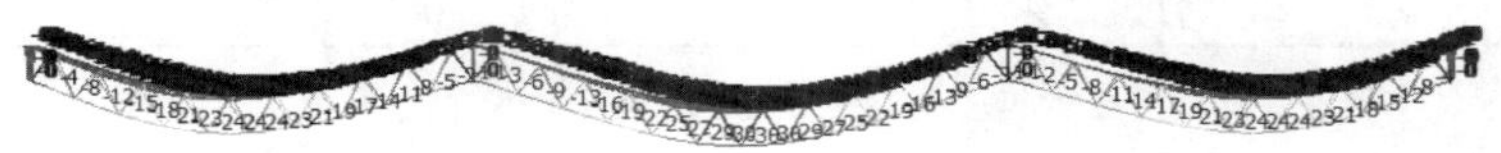

图 11.3-12　活载下结构位移(板单元模型)

图 11.3-13　活载下结构位移(双梁单元模型)

③钢管应力。

a.常规算法钢结构主要杆件应力如表 11.3-5～表 11.3-7 所示。梁+板模型下弦杆钢管截面在各个不同荷载工况下,结构的应力如图 11.3-14 所示,从中可见,下弦杆各个部位应力变化规律各个工况基本一致,边跨跨中为拉应力极值位置,中支点处为压应力极值位置,中跨跨中为拉应力,但较边跨跨中下。不同模型下各个钢结构部位不同工况下的应力如图 11.3-15～图 11.3-18所示。从中可见,不同建模方式对钢结构的应力影响不大。

主要杆件应力(桥面板按梁+板单元模拟)(单位:MPa)　　表 11.3-5

位　置	梁+板单元模拟			
	恒载	恒+活	主力	主+附
钢管中支点	−132	−166	−175	−208
钢管边跨跨中	134	193	203	222
钢管中跨跨中	52	110	119	178
钢管 1/4 点	−87	−100	−107	−137
腹杆 1	−153	−193	−197	−206
腹杆 2	−109	−149	−158	−170
腹杆 3	−114	−152	−159	−177

注:拉应力为“+”,压应力为“−”。

主要杆件应力(桥面板按板单元模拟)(单位:MPa)　　表 11.3-6

位　置	板单元模拟			
	恒载	恒+活	主力	主+附
钢管中支点	−128	−162	−172	−204
钢管边跨跨中	133	191	201	219
钢管中跨跨中	55	113	121	180
钢管 1/4 点	−82	−95	−101	−131
腹杆 1	−142	−177	−180	−188
腹杆 2	−104	−145	−150	−155
腹杆 3	−110	−140	−147	−169

主要杆件应力(桥面板按双梁单元模拟)(单位:MPa)　　表 11.3-7

位　置	双梁单元模拟			
	恒载	恒＋活	主力	主＋附
钢管中支点	−132	−164	−173	−205
钢管边跨跨中	128	186	196	215
钢管中跨跨中	45	102	111	169
钢管 1/4 点	−90	−103	−110	−141
腹杆 1	−153	−192	−195	−207
腹杆 2	−105	−145	−150	−155
腹杆 3	−108	−146	−154	−175

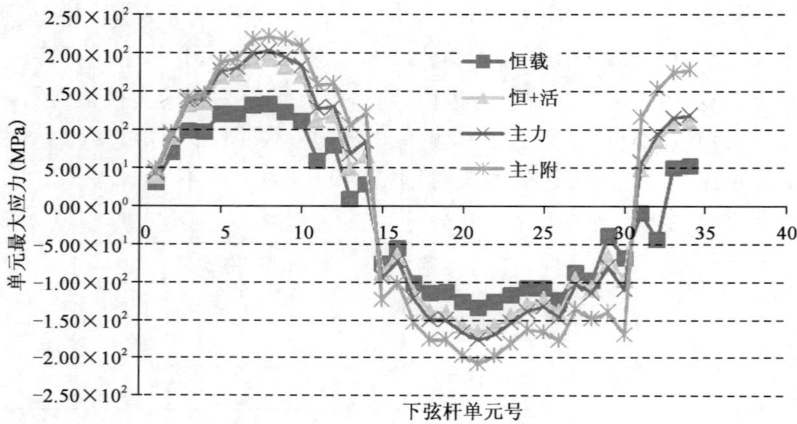

图 11.3-14　下弦钢管不同工况下应力(梁＋板单元模型,半结构)

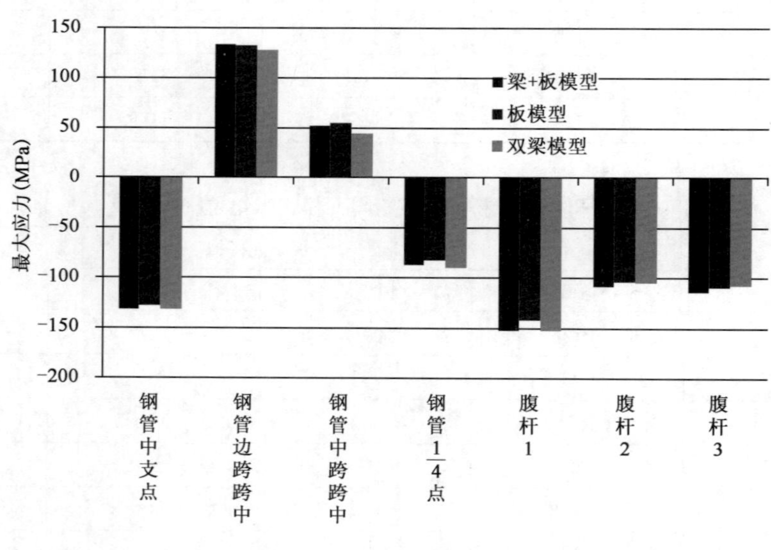

图 11.3-15　不同模型下各杆件恒载工况下应力

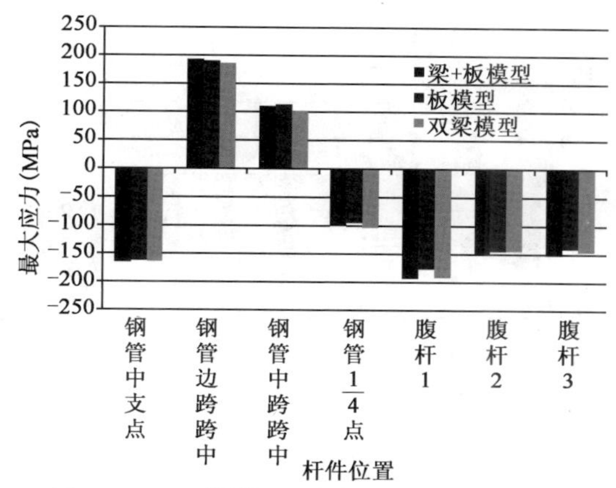

图 11.3-16　不同模型下各杆件恒＋活工况下应力

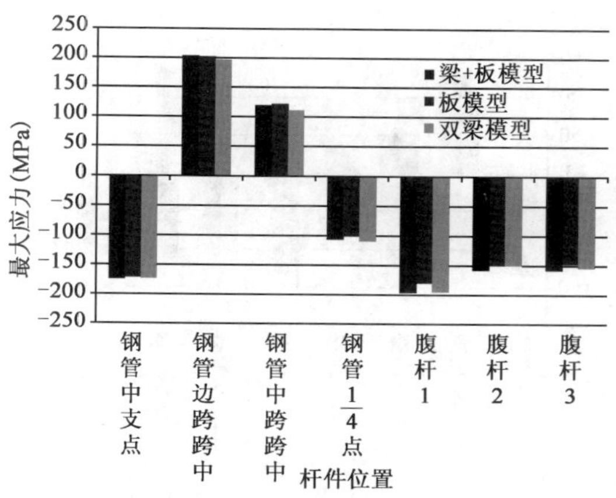

图 11.3-17　不同模型下各杆件主力工况下应力

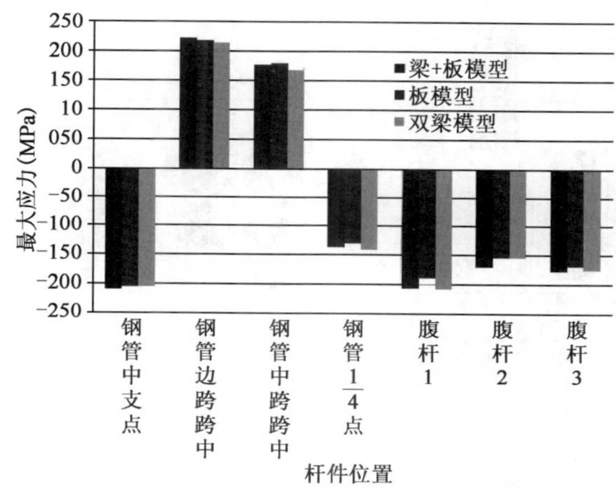

图 11.3-18　不同模型下各杆件主＋附工况下应力

b. 钢管混凝土结构考虑收缩徐变时，可采用将混凝土部分刚度进行折减的方法进行计算，简化算法中折减系数取 0.3 和 0.25 时，主要杆件在恒载工况下的应力与常规算法对比如表 11.3-8 和图 11.3-19～图 11.3-21 所示，从中可见：不同系数简化算法的计算结果影响不大，钢管中支点应力变化幅度不到 10%，对结构其他部分影响更小；简化算法结果与常规算法相差不大，说明简化算法适用合理。

主要杆件应力(单位：MPa)　　表 11.3-8

位　置	梁＋板单元模拟			板单元模拟			双梁单元模拟		
	简化 0.3	简化 0.25	常规	简化 0.3	简化 0.25	常规	简化 0.3	简化 0.25	常规
钢管中支点	−134	−137	−132	−129	−132	−128	−133	−136	−132
钢管边跨跨中	134	134	134	133	133	133	128	128	128
钢管中跨跨中	55	54	52	57	58	55	45	47	45
钢管 1/4 点	−82	−83	−87	−76	−77	−82	−86	−87	−90
腹杆 1	−152	−152	−153	−141	−141	−142	−152	−152	−153
腹杆 2	−109	−109	−109	−105	−105	−104	−106	−106	−105
腹杆 3	−115	−114	−114	−111	−111	−110	−109	−109	−108

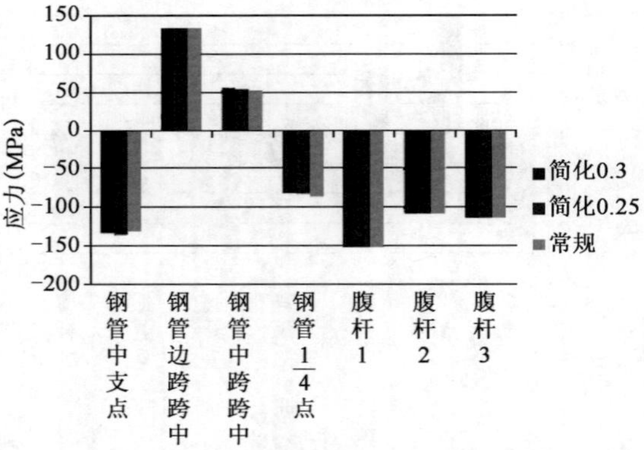

图 11.3-19 梁+板单元模型下各杆件应力

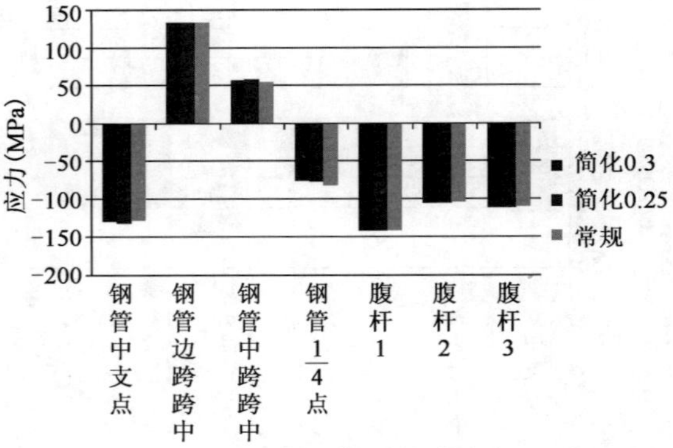

图 11.3-20 板模型各杆件应力

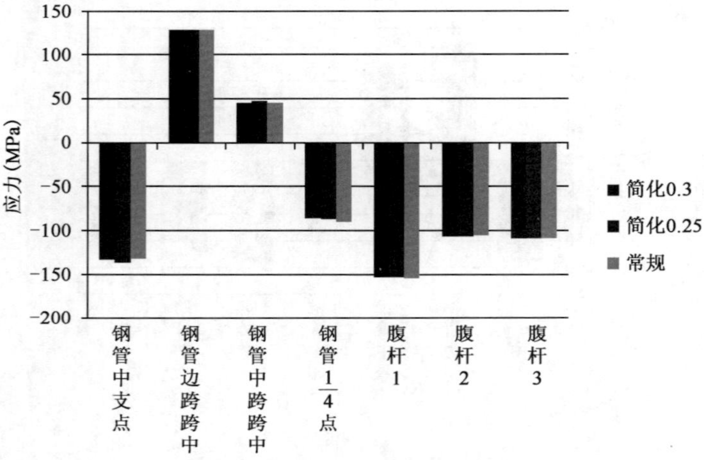

图 11.3-21 双梁模型下各杆件应力

c. 考虑压杆折减腹杆容许压应力(表 11.3-9)。

腹杆容许压应力(单位:MPa) 表 11.3-9

项目	腹杆 1		腹杆 2		腹杆 3	
	翼缘	腹板	翼缘	腹板	翼缘	腹板
$l=$	6	6	6	6	6	6
$A=$	0.0948	0.0948	0.06512	0.06512	0.053184	0.053184
$I=$	0.00434	0.00434	0.001917	0.001917	0.001534	0.001534
$i=$	0.213964	0.213964	0.171575	0.171575	0.169833	0.169833
$\lambda=$	28.0421	28.0421	34.97014	34.97014	35.32881	35.32881
$b=$	0.394	0.4	0.316	0.44	0.318	0.456
$\delta=$	0.05	0.032	0.04	0.028	0.032	0.024
b/δ	7.88	12.5	7.9	15.7429	9.9375	19
b/δ 容许值	12	30	12	30	12	30
容许应力	198		190		190	

第 4 章相关内容要求钢管混凝土构件的钢管应力在各种荷载组合(不含地震力)下应不大于 1.25[σ_s](1.25×210=262.5MPa)。

④桥面板纵向应力。

a. 桥面板按板+梁单元模拟时桥面板纵向应力(表 11.3-10)。

桥面板应力(桥面板按梁+板单元模拟)(单位:MPa) 表 11.3-10

荷载工况	梁+板单元模拟					
	常规算法		简化算法 0.3		简化算法 0.25	
	min	max	min	max	min	max
恒载上缘	−12.8	−2.9	−13.4	−2.1	−13.4	−2.1
恒载下缘	−15.8	−3.5	−15.4	−3	−15.4	−3
恒+活上缘	−14.6	0				
恒+活下缘	−16.9	−1.3				
主力上缘	−14.9	0.2				
主力下缘	−17.7	0.6				
主+附上缘	−15.4	0.5				
主+附下缘	−18.1	0.4				

b. 桥面板按板单元模拟时桥面板纵向应力(表 11.3-11)。

桥面板应力(桥面板按板单元模拟)(单位:MPa) 表 11.3-11

荷载工况	板单元模拟					
	常规算法		简化算法 0.3		简化算法 0.25	
	min	max	min	max	min	max
恒载上缘	−15.8	−2.4	−15.1	−2.1	−15.3	−2.1
恒载下缘	−15.1	0	−14.6	−0.4	−14.6	0.1
恒+活上缘	−17.4	0.1				
恒+活下缘	−17.6	0.2				
主力上缘	−17.9	0.4				
主力下缘	−18.1	1.1				
主+附上缘	−18.5	0.9				
主+附下缘	−18.7	1.7				

(3)结论

通过以上计算,结构静力计算结果满足相关规范和本书第 4 章的有关要求。

11.3.3 主梁抗扭计算

主梁为曲线梁,在横向力及竖向活载作用下,均会产生扭转,主梁较大的扭转变形会影响行车安全,因此应对主梁的抗扭进行分析。

(1)横向力下结构扭转

在列车横向摇摆力，离心力、风力以及温度力的作用下，梁体扭转变形如图 11.3-22～图 11.3-24 所示。

(2)活载下结构扭转

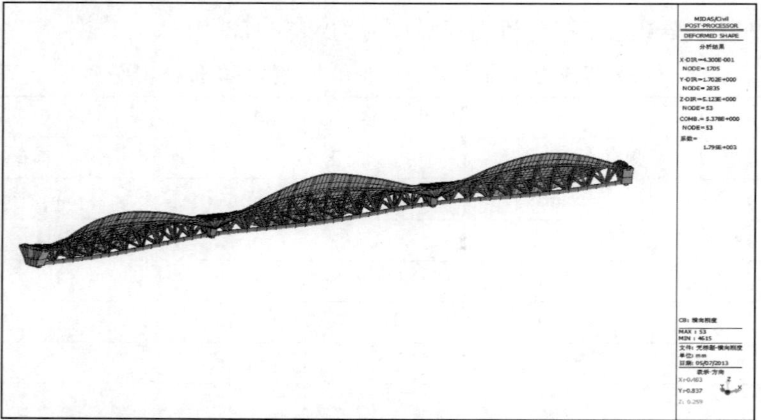

图 11.3-22　横向力作用下梁体扭转变形(一)

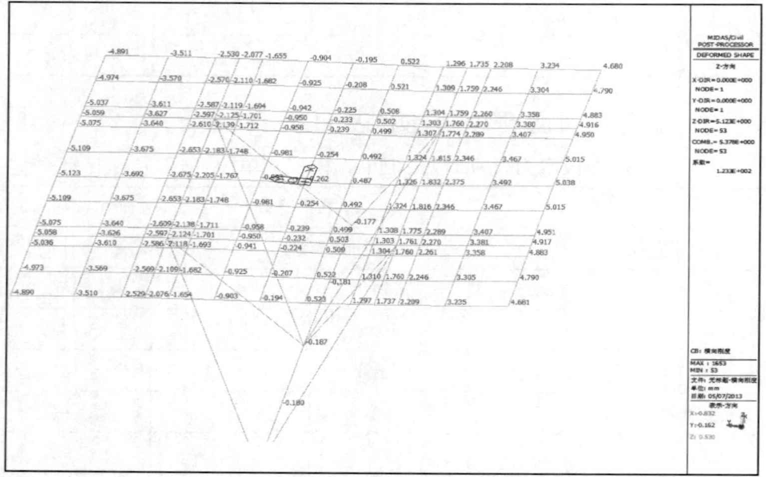

图 11.3-23　横向力作用下梁体扭转变形(二)

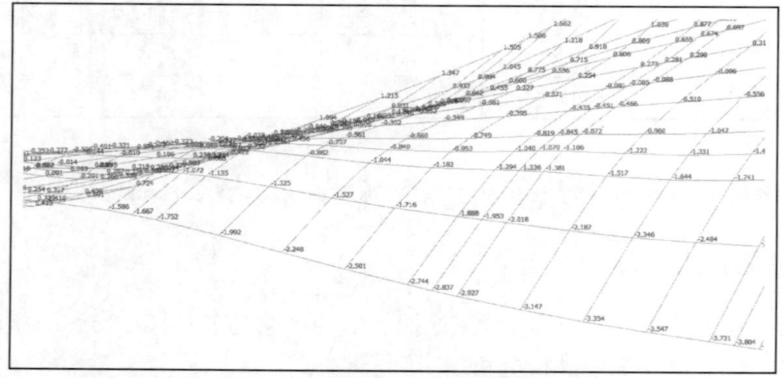

图 11.3-24　横向力作用下梁体扭转变形(三)

单线静活载作用下，梁体扭转变形如图 11.3-25、图 11.3-26 所示。

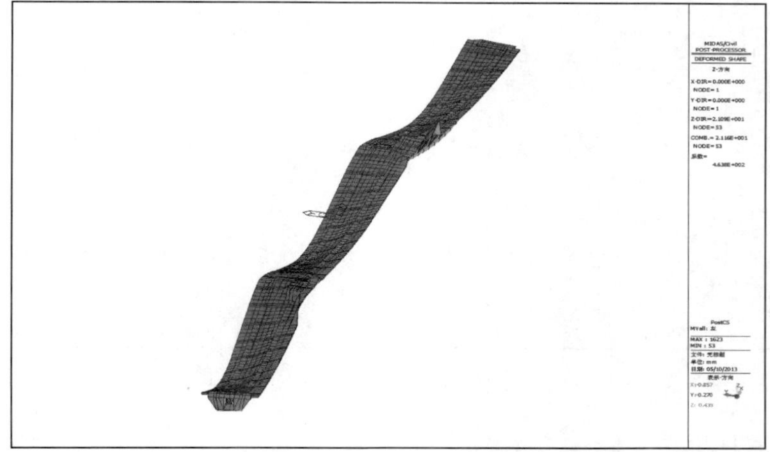

图 11.3-25　单线活载作用下梁体扭转变形（影响线一）

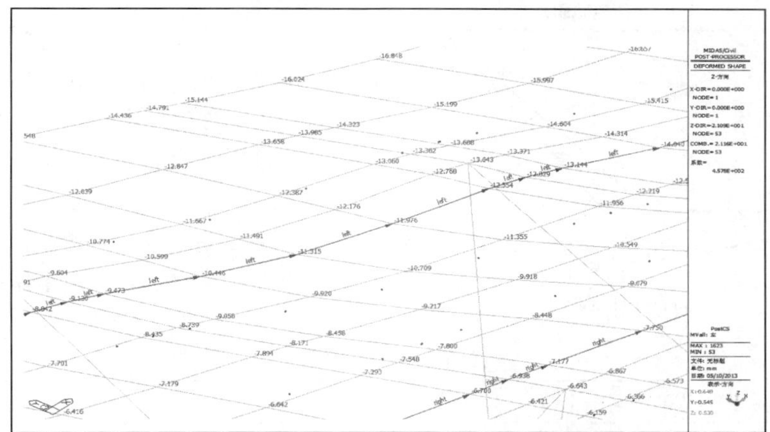

图 11.3-26　单线活载作用下梁体扭转变形（影响线二）

双线静活载作用下，梁体扭转变形如图 11.3-27、图 11.3-28 所示。

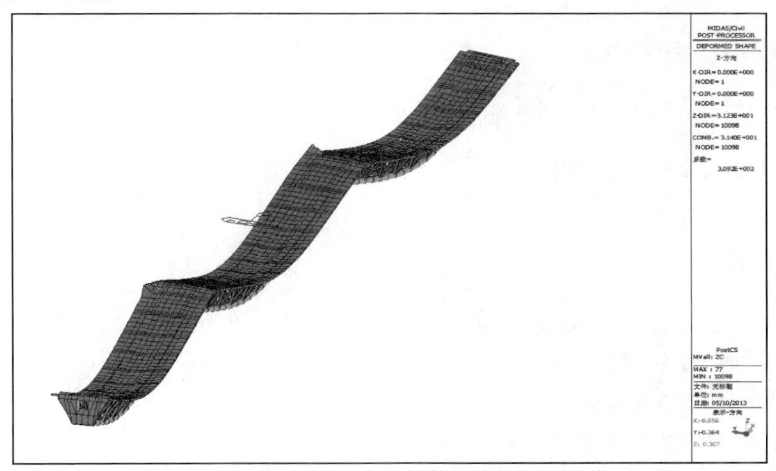

图 11.3-27　双线活载作用下梁体扭转变形（影响线一）

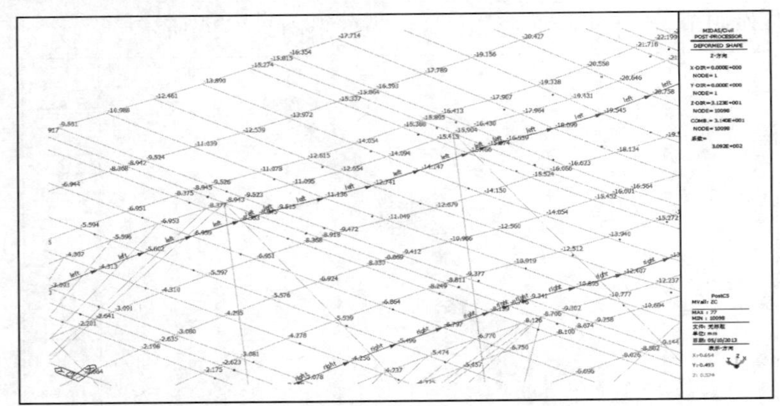

图 11.3-28　双线活载作用下梁体扭转变形(影响线二)

(3)计算结果评价

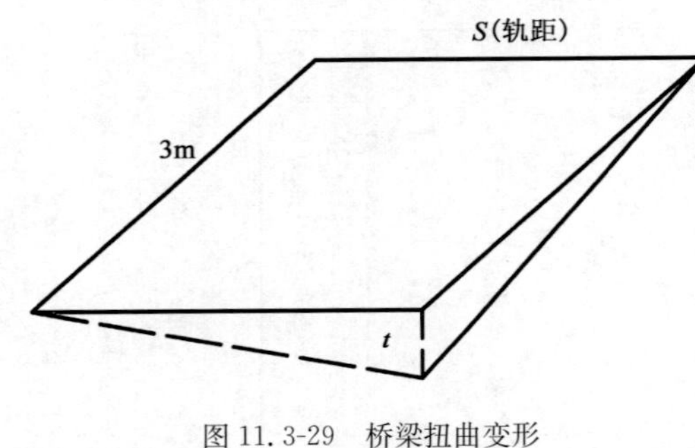

图 11.3-29　桥梁扭曲变形

结构的扭转变形如图 11.3-29 所示,《新建时速 200 公里客货共线铁路设计暂行规定》中相应的规定为:t 小于或等于 3mm。本桥为 3mm,满足时速 200 公里暂行规定的规定。欧盟关于梁体的扭转变形的相关限值如表 11.3-12 所示,从中可见,主梁扭转变形的限值与列车运行的速度有关,速度越高,扭转变形限值越小。根据鄂尔多斯机场线的设计运营时速,本桥计算结果能满足运营要求。

速度与变形的关系　　表 11.3-12

$V \leqslant 120$km/h	$t \leqslant 4.5$mm/3m
120km/h$<V\leqslant 200$km/h	$t \leqslant 3.0$mm/3m
$V>200$km/h	$t \leqslant 1.5$mm/3m

11.3.4　钢结构疲劳检算

(1)根据本书第 7 章的有关要求,钢结构疲劳强度检算如下:

①拉拉或以拉为主的拉压构件 $\rho=\dfrac{\sigma_{\min}}{\sigma_{\max}}\geqslant -1$:

$$\gamma_{\mathrm{d}}\gamma_{\mathrm{sc}}\gamma_{\mathrm{t}}(\sigma_{\max}-\sigma_{\min})\leqslant[\sigma_0] \tag{11.3-1}$$

式中:$\sigma_{\max}$、$\sigma_{\min}$——分别为最大、最小应力,以拉为正,以压为负;

$[\sigma_0]$——疲劳容许应力;

γ_{d}——双线系数;

γ_{sc}——应力集中系数;

γ_{t}——壁厚系数。

②以压为主的拉压构件 $\rho<-1$：

$$\gamma_d\gamma_{sc}\gamma_t\sigma_{max}\leqslant\gamma_\rho[\sigma_0] \tag{11.3-2}$$

式中：γ_ρ——应力比修正系数。

③压压构件：对于压压构件，不计算疲劳。

(2)下弦钢管疲劳检算：

下弦钢管疲劳根据式(7.1-1)和表7.1-1进行计算，不等厚钢管对接焊缝的疲劳容许应力幅$[\sigma_0]=71.01$MPa。

修正后钢管疲劳应力幅 $\gamma_d\gamma_{sc}\gamma_t(\sigma_{max}-\sigma_{min})$如图11.3-30所示。

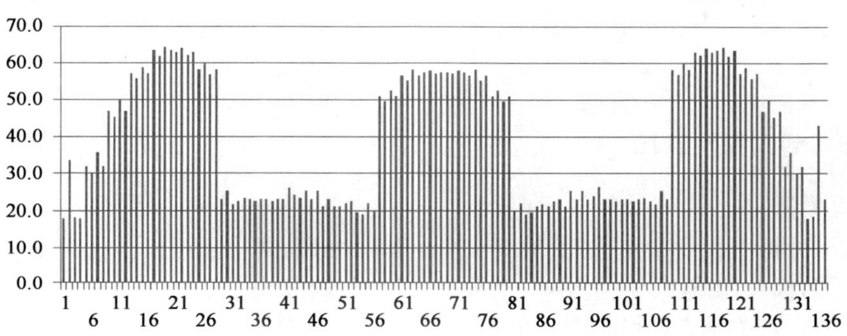

图11.3-30 下弦钢管疲劳应力幅(修正后)(竖轴单位：MPa)

由图11.3-30可知，修正后钢管疲劳应力幅为64.4MPa，小于$[\sigma_0]$，满足相关规范要求。

(3)腹杆疲劳检算：

腹杆疲劳检算各参数取值如下：$\gamma_{sc}=1.0$，$[\sigma_0]=80.0$MPa。

内侧腹杆疲劳应力幅如图11.3-31所示。

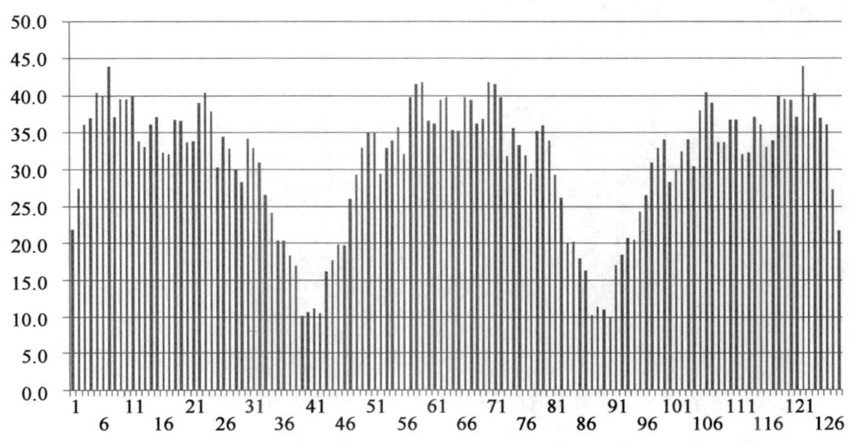

图11.3-31 内侧腹杆疲劳应力幅(竖轴单位：MPa)

外侧腹杆疲劳应力幅如图11.3-32所示。

由图11.3-32可知，修正后腹杆疲劳应力幅为50.9MPa，小于$[\sigma_0]$，满足相关规范要求。

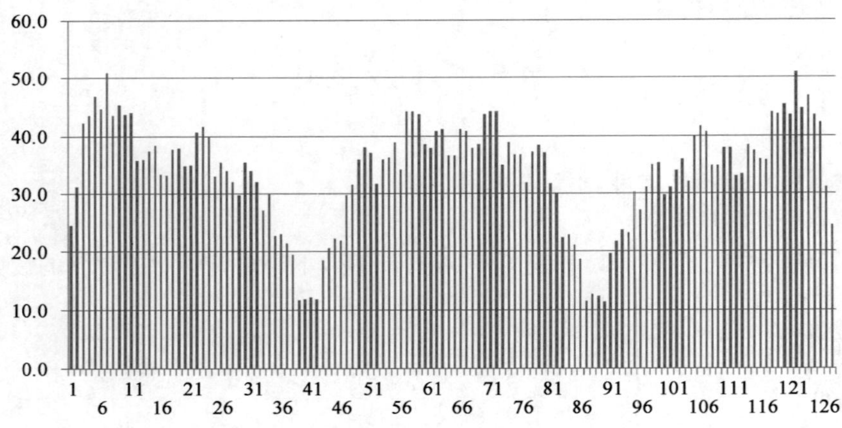

图 11.3-32 外侧腹杆疲劳应力幅(竖轴单位:MPa)

11.3.5 动力特性计算

(1)计算模型

总体结构分析采用桥梁有限元计算程序 midas civil 7.90 计算,根据桥面板承托处处理方式的不同,桥面板按照梁单元(承托处)+板单元进行计算。

计算模型中各关键点的模拟分述如下:

①钢管混凝土模拟。钢管混凝土采用相同两节点间分别建立钢管单元及管内混凝土单元的方式模拟。

②桥面板模拟。考虑到桥面板的实际支承形式为腹杆处的点支承,与箱梁截面有较大区别,采用梁单元模拟时,考虑剪力滞效应时的有效宽度也难以确定,因此,桥面板分别按照梁单元(承托处)+板单元进行计算。

梁单元(承托处)+板单元模拟,如图 11.3-33 所示。

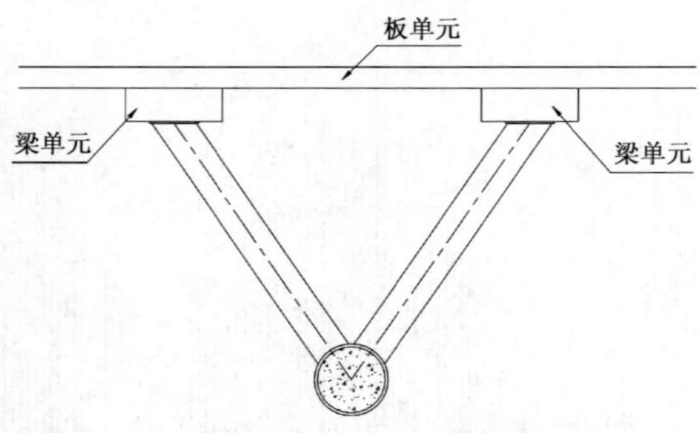

图 11.3-33 桥面板单元模拟

桥面板采用板单元模拟,板厚 35cm,承托采用梁单元模拟。

③主要材料及截面指标。

a.材料。

梁部混凝土板钢管内混凝土:采用 C55 混凝土。

梁部钢结构：Q370qE。

b. 钢管内混凝土截面。

钢管混凝土单元的轴压刚度、抗弯刚度分别取：E_sA_s、$\eta_A E_c A_c$；$E_s I_s$、$\eta_I E_c I_c$。

④荷载。

a. 自重。

混凝土：重度取 26kN/m^3。

钢结构：将钢结构中节点板及螺栓等重量按钢结构重度计入，钢结构重度取 117kN/m^3。

b. 二期恒载。

二期恒载按简支梁取 190kN/m。

结构自重和二恒转化为 X、Y、Z 三个方向的质量进行动力特征值计算。

(2)动力特性计算结果

动力特性见表 11.3-13。

动力特性 表 11.3-13

序号	频率	振型
1	1.806604	主梁竖弯
2	2.376772	主梁竖弯
3	2.686487	中跨扭转
4	2.729095	主梁竖弯+边跨扭转
5	2.973505	中跨扭转
6	3.173545	边跨反对称扭转
7	3.230408	中跨扭转+边跨扭转
8	3.695863	中跨扭转+边跨扭转
9	4.066434	主梁横弯+竖弯
10	4.195606	主梁横弯+竖弯

11.3.6 线性稳定计算

(1)计算模型

采用梁+板模型计算，不考虑施工过程，荷载考虑如下：

①自重。

混凝土：重度取 26kN/m^3。

钢结构：将钢结构中节点板及螺栓等重量按钢结构重度计入，钢结构重度取 117kN/m^3。

②二期恒载。二期恒载取 190kN/m。

③活载按照单线、双线分别考虑。自重、二恒、活载均按照可变量考虑结构的线性屈曲安全系数。

(2)线性稳定计算结果

①双线满载(表 11.3-14)。

屈曲稳定系数(双线满载)　　表 11.3-14

模　态	特　征　值	发　生　部　位	原　　因
1	46.04	边跨跨中	腹杆失稳
2	46.06	边跨跨中	腹杆失稳
3	57.26	边跨跨中	腹杆失稳
4	57.32	边跨跨中	腹杆失稳
5	61.04	边跨跨中	腹杆失稳

双线满载工况下,三角桁架钢管混凝土连续结合梁第一阶屈曲模态稳定系数 $k=46.04>4$,表明结构整体稳定性满足要求。

②单线满载(表 11.3-15)。

屈曲稳定系数(单线满载)　　表 11.3-15

模　态	特　征　值	发　生　部　位	原　　因
1	51.70	边跨跨中	腹杆失稳
2	51.71	边跨跨中	腹杆失稳
3	62.60	边跨跨中	腹杆失稳
4	62.62	边跨跨中	腹杆失稳
5	68.87	边跨跨中	腹杆失稳

单线满载工况下,三角桁架钢管混凝土连续结合梁第一阶屈曲模态稳定系数 $k=51.70>4$,表明结构整体稳定性满足要求。

11.3.7　钢管混凝土构件强度

本桥仅在支点负弯矩区按钢管混凝土结构计算,其他位置按钢管结构进行计算。

(1)计算依据

分别按式(5.1-1)~式(5.1-4)、式(5.2-1)、式(5.2-6)计算钢管混凝土下弦杆的轴压、纯弯、压弯强度。

(2)计算结果

主力、主+附作用下的各截面轴压强度、压弯强度如图 11.3-34~图 11.3-37 所示。

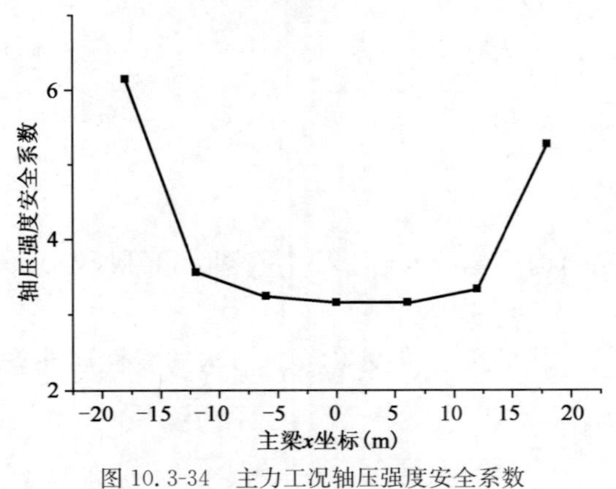

图 10.3-34　主力工况轴压强度安全系数

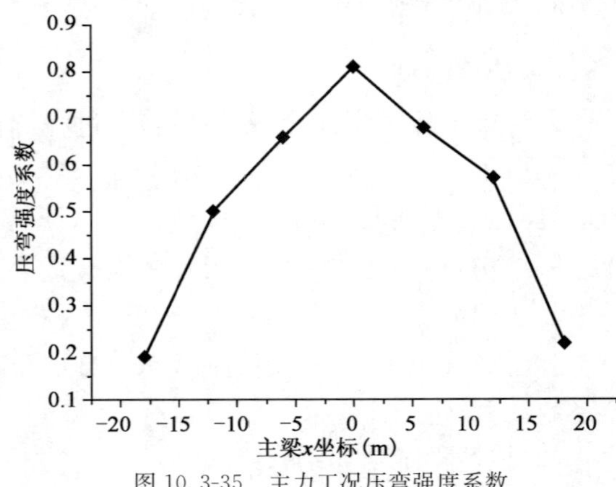

图 10.3-35　主力工况压弯强度系数

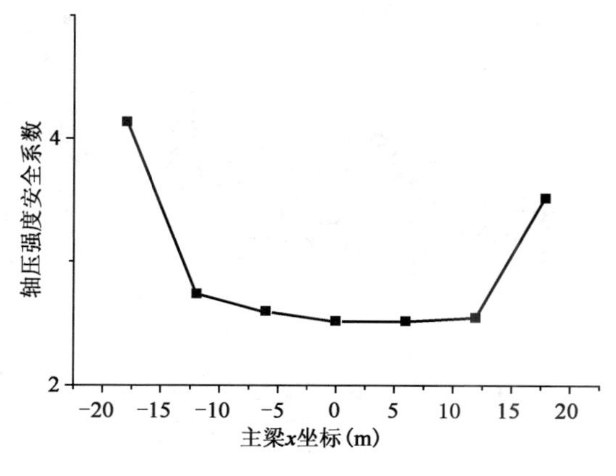

图 10.3-36 主+附工况轴压强度安全系数

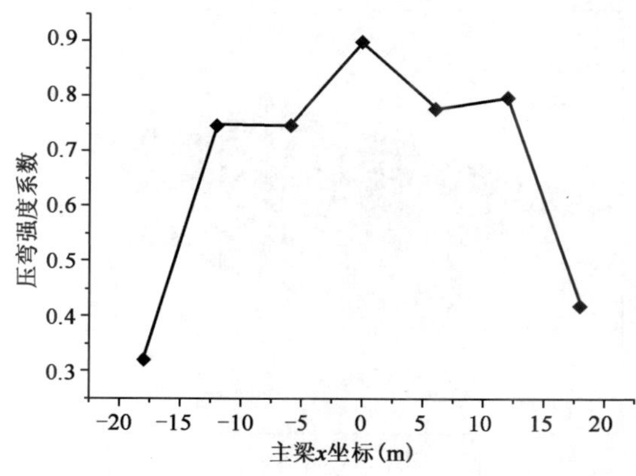

图 10.3-37 主+附工况压弯强度系数

计算结果表明，在主力、主+附组合工况下弦钢管混凝土结构的各截面设计强度均满足第5章的有关要求。

11.4 关键构造局部应力分析

11.4.1 结构分离体分析

为准确反映混凝土桥面板的受力状况，分别取跨中、中支点和边支点处分离体，采用ANSYS软件进行空间实体计算，对桥面板的纵横向应力及主应力进行分析，其中桥面板采用实体单元，腹杆和弦杆采用梁单元。

为保证梁单元与实体单元能够变形协调，在腹杆与桥面板相交处设置纵向及横向刚臂梁单元，刚臂长度采用腹杆与桥面板实际相交区的长度。

(1)跨中分离体计算

①计算模型。从MIDAS计算结果中读取主力工况下跨中弯矩最大时对应分离体的边界内力，作为外荷载施加在ANSYS模型中。二期恒载和活载均按面荷载施加，其中，二恒为190kN/m，活载中的集中荷载部分在跨中施加。ANSYS模型中考虑横向和纵向预应力钢束影响，其中纵向预应力按节点力施加，横向预应力采用杆单元。取半边结构进行分析，计算模型如图11.4-1所示。

②计算结果。

a.桥面板纵向应力。桥面板纵向应力如图11.4-2、图11.4-3所示(单位:Pa;拉应力为“+”,压应力为“−”)。

从中可以看出，桥面板最大纵向压应力在桥面板顶部，为−13.7MPa，桥面板纵向无拉应力。

b.桥面板横向应力。桥面板横向应力如图11.4-4、图11.4-5所示(单位:Pa;拉应力为“+”,压应力为“−”)。

图 11.4-1　ANSYS 计算模型

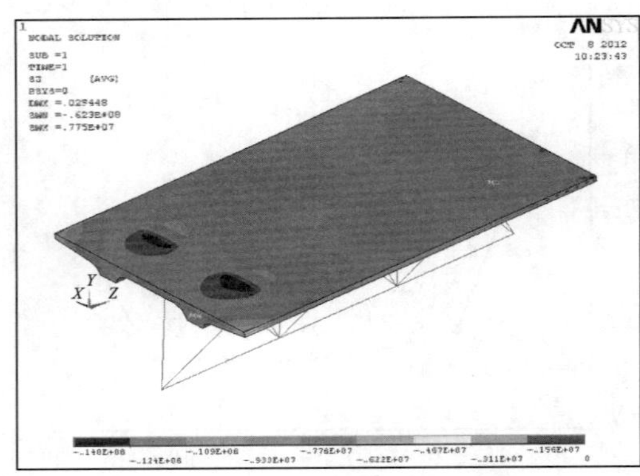

图 11.4-2　桥面板纵向应力(一)

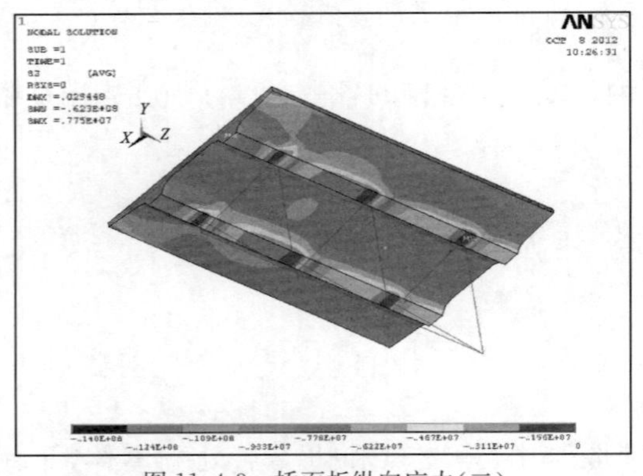

图 11.4-3　桥面板纵向应力(二)

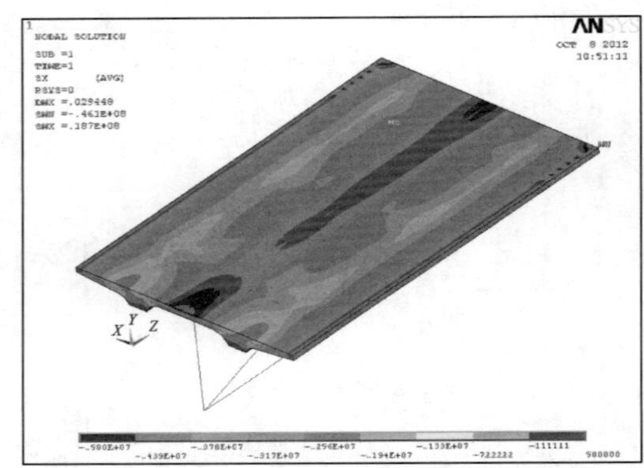

图 11.4-4　桥面板横向应力(一)

可以看出,桥面板最大横向压应力在桥面板横向跨中顶部,为 5MPa,桥面板横向拉应力超过 0.5MPa 仅为局部位置。

c. 桥面板主拉应力。桥面板主拉应力如图 11.4-6、图 11.4-7 所示(单位:Pa;拉应力为"+",压应力为"-")。

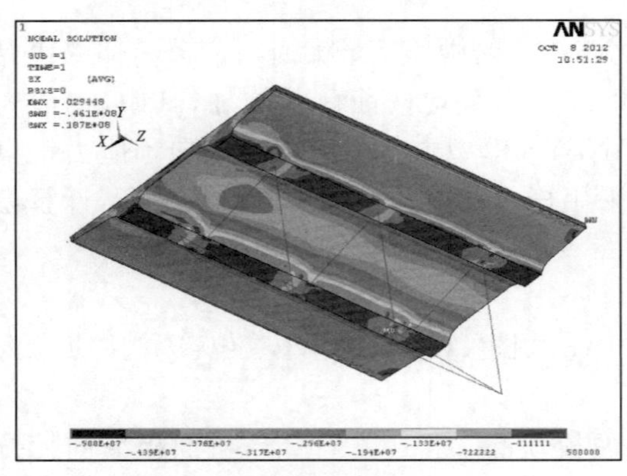

图 11.4-5　桥面板横向应力(二)

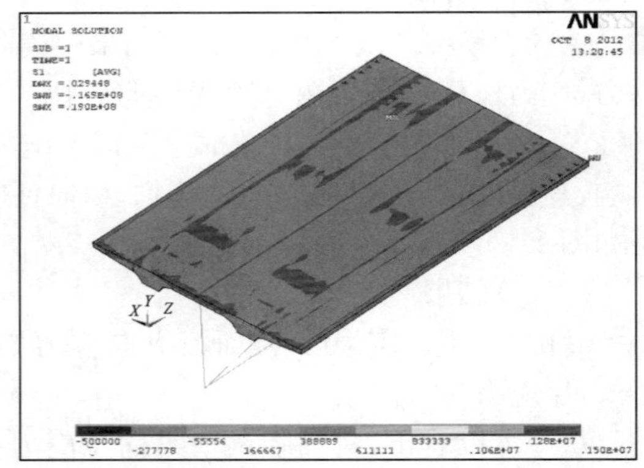

图 11.4-6　桥面板主拉应力(一)

可以看出,桥面板最大主拉应力仅在局部位置应力超过 1.5MPa,最大约 4MPa,其他部分主拉应力均较小。

d. 桥面板主压应力。桥面板主压应力如图 11. 4-8、图 11. 4-9 所示（单位：Pa；拉应力为“+”，压应力为“－”）。

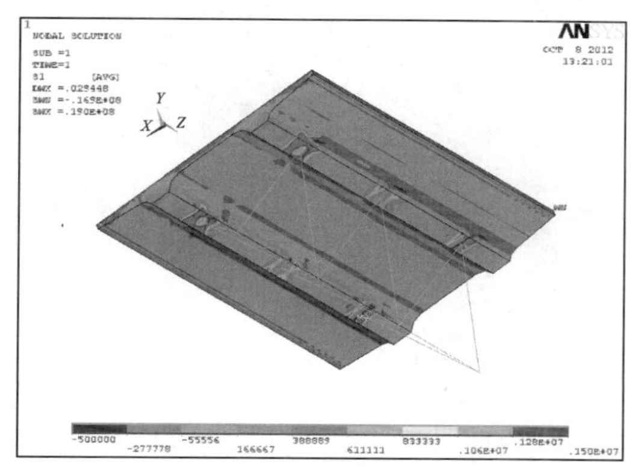
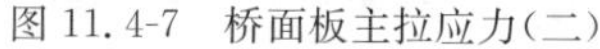

图 11. 4-7　桥面板主拉应力（二）

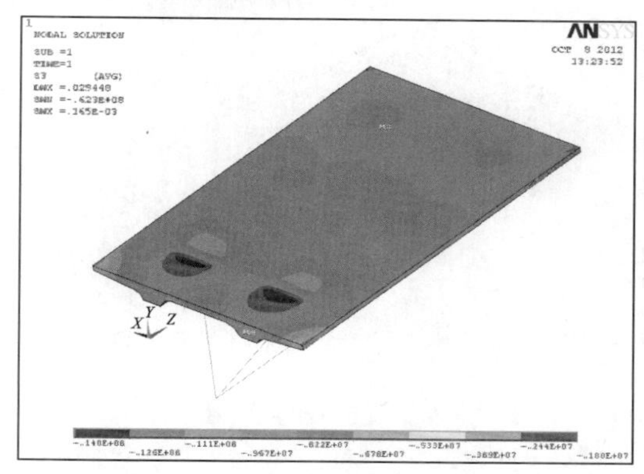

图 11. 4-8　桥面板主压应力（一）

可以看出，桥面板最大主压应力在桥面板顶部，为－13. 7MPa。

（2）中支点处分离体计算

①计算模型。从 MIDAS 计算结果中读取主力工况下跨中弯矩最大时对应分离体的边界内力，作为外荷载施加在 ANSYS 模型中。二期恒载和活载均按面荷载施加，其中，二恒为 190kN/m，活载中的集中荷载部分在跨中施加。ANSYS 模型中考虑横向和纵向预应力钢束影响，其中纵向预应力按节点力施加，横向预应力采用杆单元。取半边结构进行分析，计算模型如图 11. 4-10 所示。

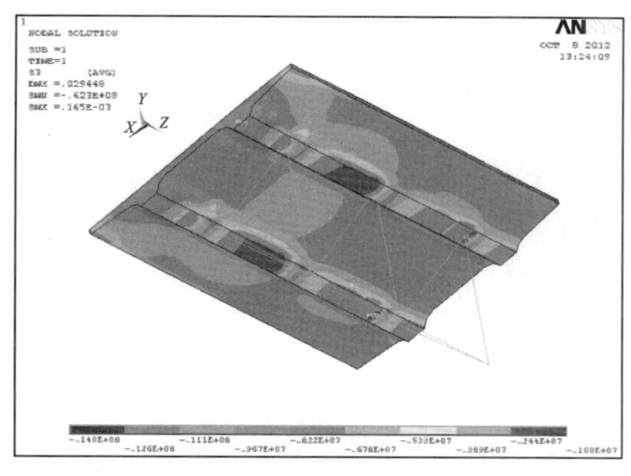

图 11. 4-9　桥面板主压应力（二）

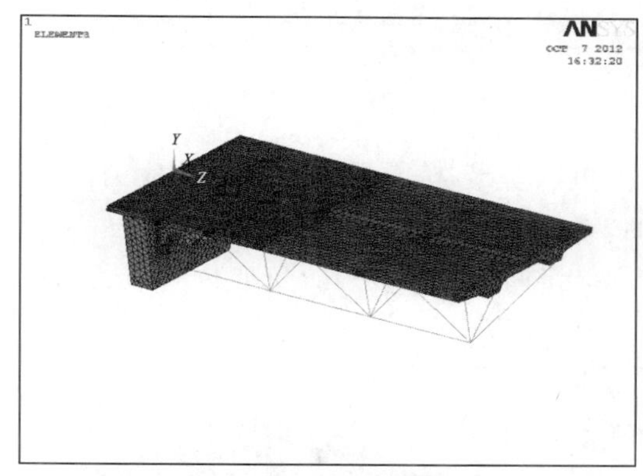

图 11. 4-10　ANSYS 计算模型图

②计算结果。

a. 桥面板纵向应力。桥面板纵向应力如图 11. 4-11、图 11. 4-12 所示（单位：Pa；拉应力为“+”，压应力为“－”）。

可以看出，桥面板最大纵向压应力发生在隔板承托与桥面板相交处，为－16MPa；最大纵向拉应力为 3. 3MPa，位置发生在桥面板顶面（对应隔板处）。

b. 桥面板横向应力。桥面板横向应力如图 11. 4-13、图 11. 4-14 所示（单位：Pa；拉应力为“+”，压应力为“－”）。

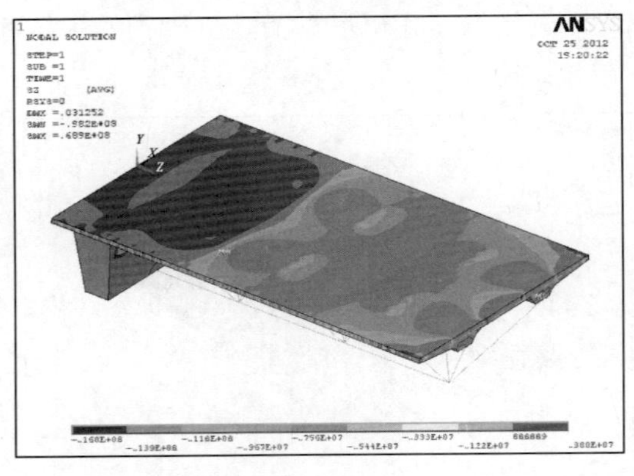

图 11.4-11　纵向应力(一)

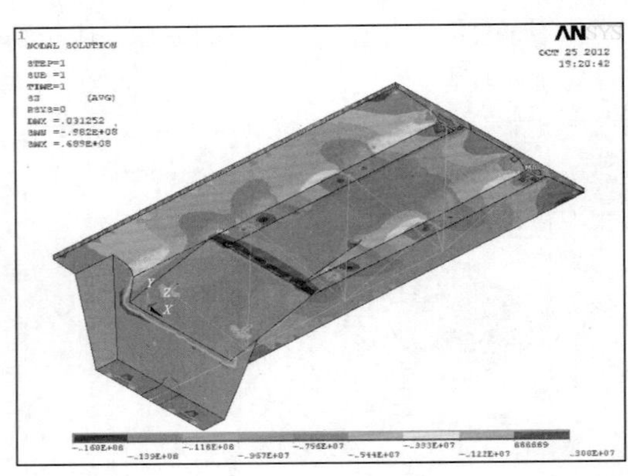

图 11.4-12　纵向应力(二)

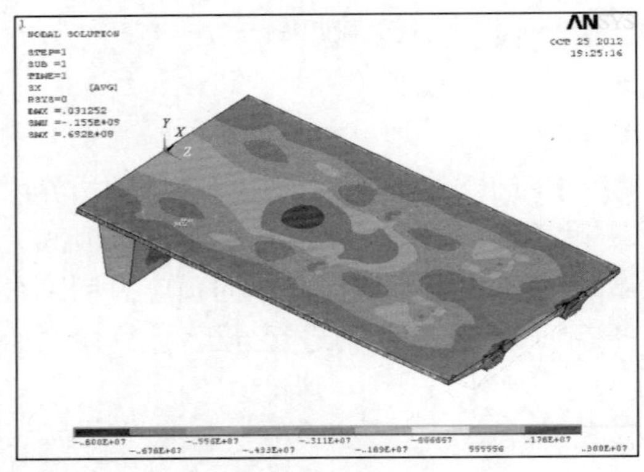

图 11.4-13　横向应力(一)

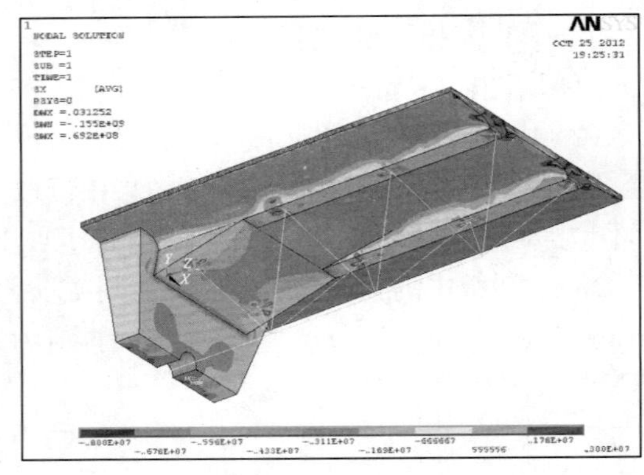

图 11.4-14　横向应力(二)

可以看出,桥面板最大横向拉应力为 2.2MPa,发生在隔板承托与桥面板相交处顶板顶面,满足相关规范要求。

c.桥面板竖向应力。桥面板竖向应力如图 11.4-15、图 11.4-16 所示(单位:Pa;拉应力为"+",压应力为"-")。

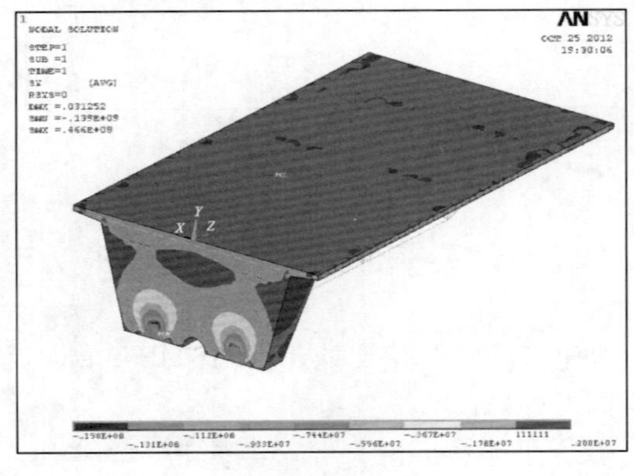

图 11.4-15　竖向应力(一)

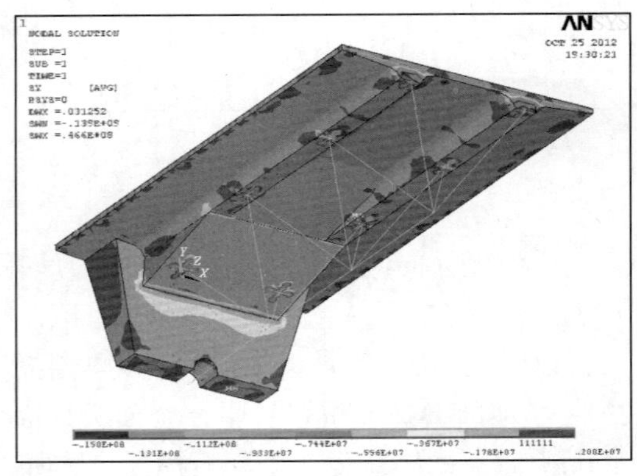

图 11.4-16　竖向应力(二)

可以看出，混凝土最大竖向压应力发生在支座上部。

d. 桥面板主拉应力。桥面板主拉应力如图 11.4-17、图 11.4-18 所示（单位：Pa；拉应力为"+"，压应力为"−"）。

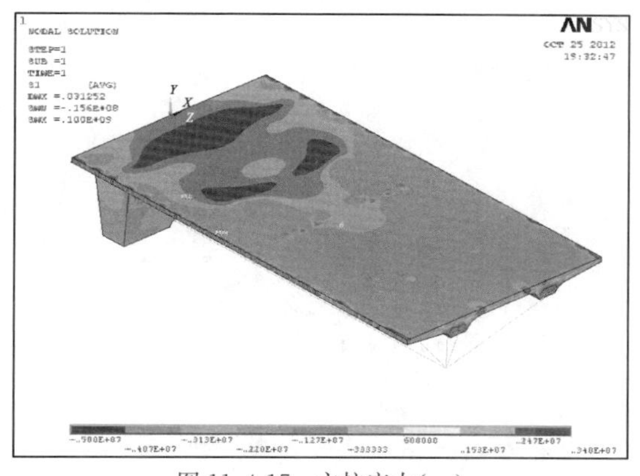

图 11.4-17　主拉应力(一)

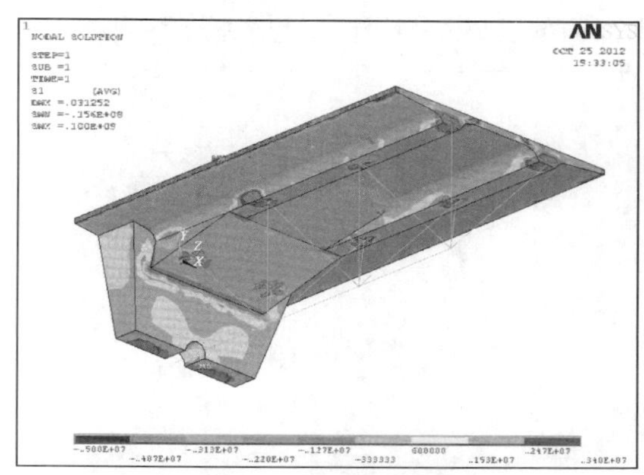

图 11.4-18　主拉应力(二)

可以看出，混凝土最大主拉应力超出 3.4MPa 发生在梁单元与实体单元相交处以及支座处，顶板顶面最大主拉应力为 3.4MPa，发生在对应隔板处。

e. 桥面板主压应力。桥面板主压应力如图 11.4-19、图 11.4-20 所示（单位：Pa；拉应力为"+"，压应力为"−"）。

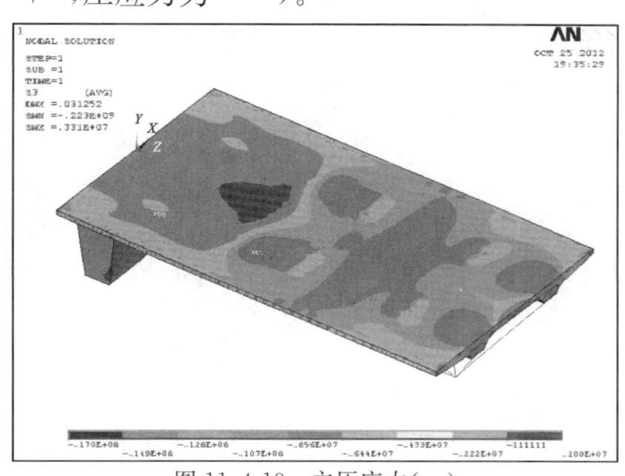

图 11.4-19　主压应力(一)

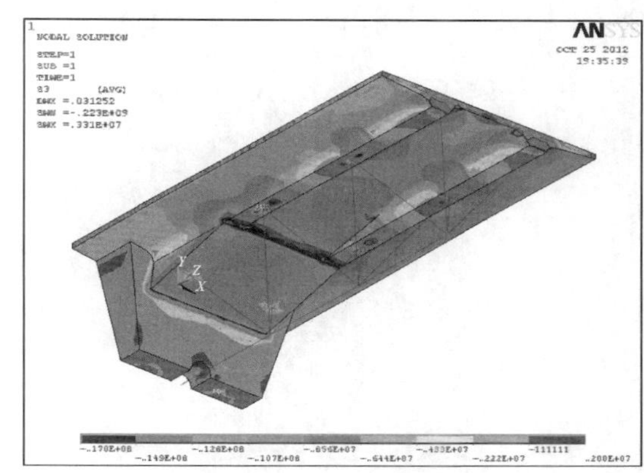

图 11.4-20　主压应力(二)

可以看出，除支座及隔板承托以外，混凝土主压应力较小，隔板承托处最大主压应力约为 17MPa。

(3)边支点处分离体计算

①计算模型。从 MIDAS 计算结果中读取主力工况下使下弦杆拉力最大工况下对应分离体的边界内力，作为外荷载施加在 ANSYS 模型中。二期恒载挡砟墙(含)以内 17.6kN/m^2，挡砟墙外 7.4kN/m^2。ANSYS 模型中考虑横向和纵向预应力钢束影响，其中纵向预应力按节点力施加，横向预应力采用杆单元。计算模型如图 11.4-21 所示。

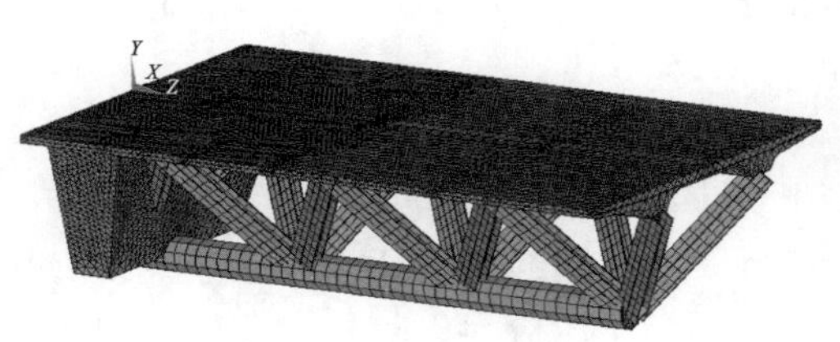

图 11.4-21　边支点分析模型

②计算结果。边支点分析着重考查边隔板在下弦杆拉力、预应力、桥面板纵向压力等作用下的复杂应力状态,因此,着重对此进行分析。

a. 横向应力。横向应力如图 11.4-22、图 11.4-23 所示。从中可以看出,除支座、施加预应力等局部区域外,其他区域应力均不超过 3MPa。

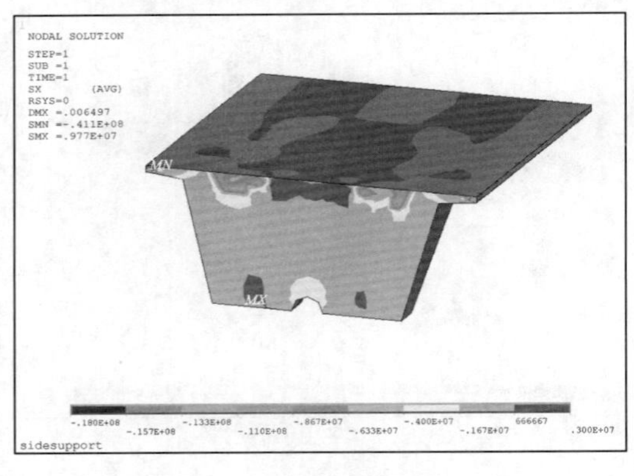

图 11.4-22 隔板横向应力(一)

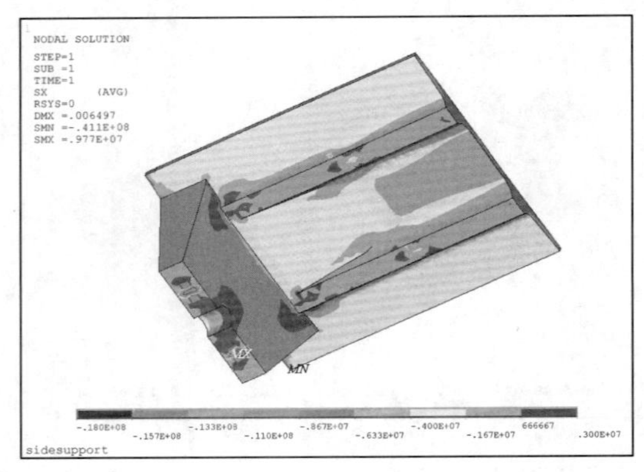

图 11.4-23 隔板横向应力(二)

b. 竖向应力。隔板竖向应力如图 11.4-24、图 11.4-25 所示,从中可以看出,近桥面板附近由于桥面板纵向预应力作用效应,表层有部分区域应力超过 3MPa,该部分纵向方向深度约为 10cm。除此之外,在腹杆与混凝土交界附近及支座附近区域应力超过 3MPa。

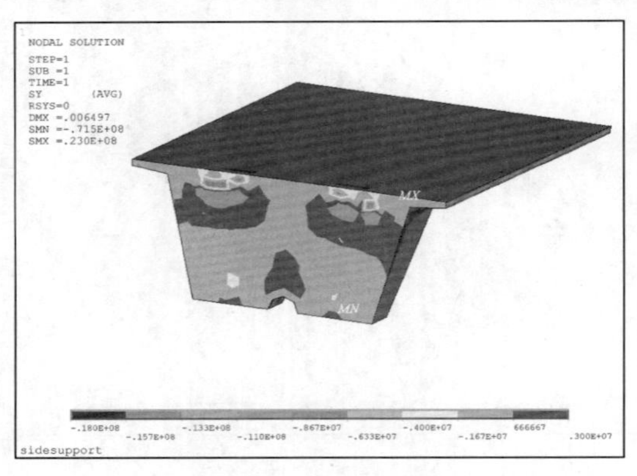

图 11.4-24 隔板竖向应力(一)

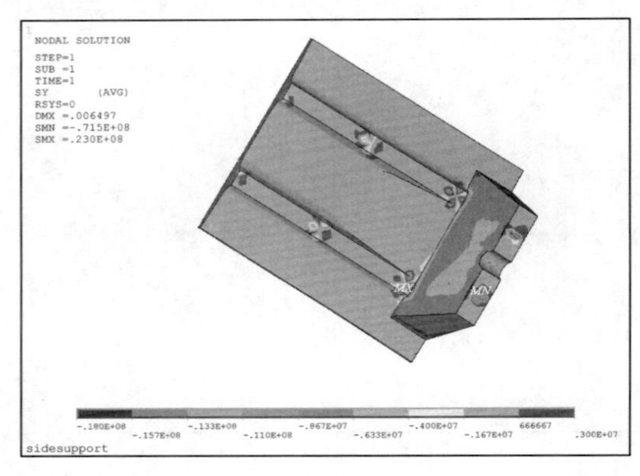

图 11.4-25 隔板竖向应力(二)

c. 隔板纵向应力。隔板纵向应力如图 11.4-26、图 11.4-27 所示,从中可以看出,除桥面板承托处由于纵向预应力的作用而造成压应力超过 18MPa 外,其他区域拉压应力均为 −18～3MPa。

d. 主拉应力。主拉应力如图 11.4-28、图 11.4-29 所示,从中可以看出,除支座及腹杆与混凝土交界附近由于应力集中,超过 3MPa 外,隔板由于桥面板纵向预应力的作用,在近承托附近隔板主拉应力超过 3MPa,大多为 3～4MPa。

e. 隔板主压应力。隔板主压应力如图 11.4-30、图 11.4-31 所示,从中可以看出,除直接承受预应力荷载的桥面承托局部主压应力超过 18MPa 外,其他基本不超过 19MPa。

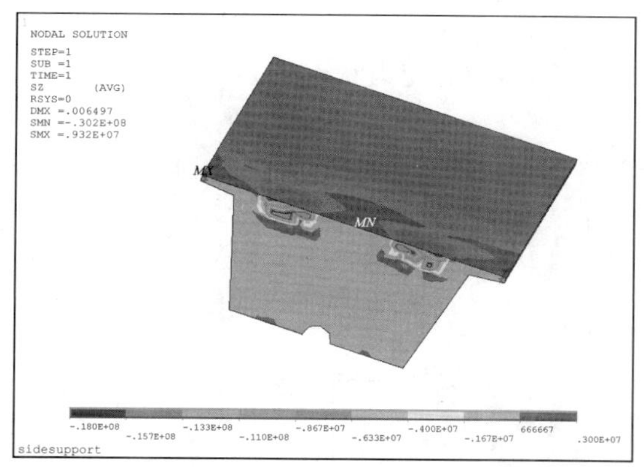

图 11.4-26 隔板纵向应力(一)

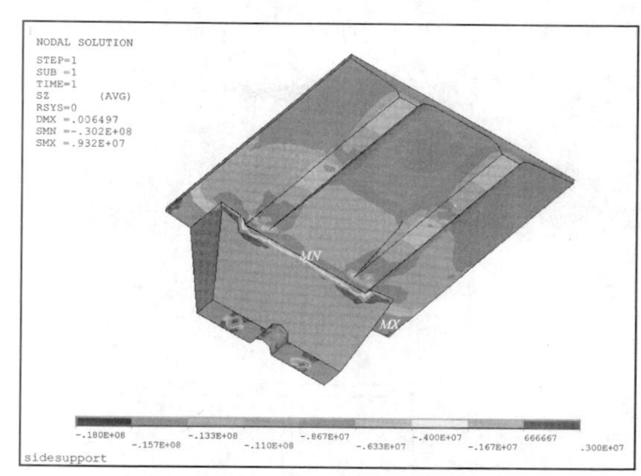

图 11.4-27 隔板纵向应力(二)

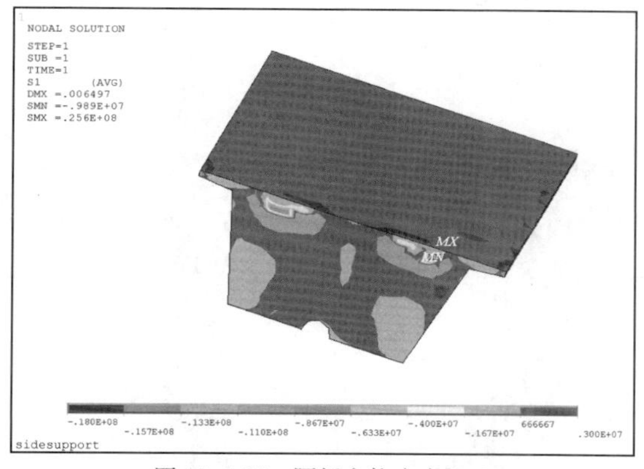

图 11.4-28 隔板主拉应力(一)

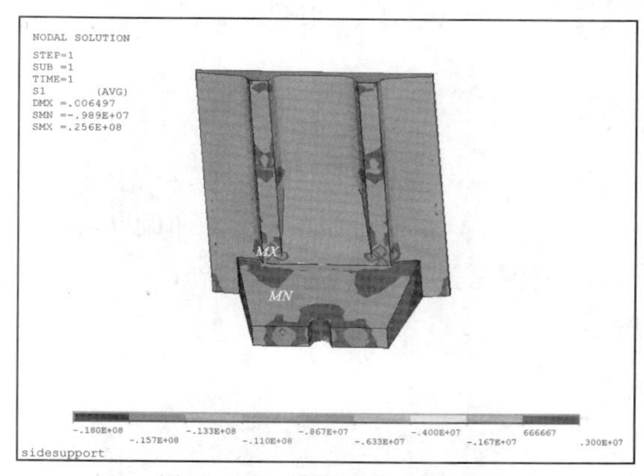

图 11.4-29 隔板主拉应力(二)

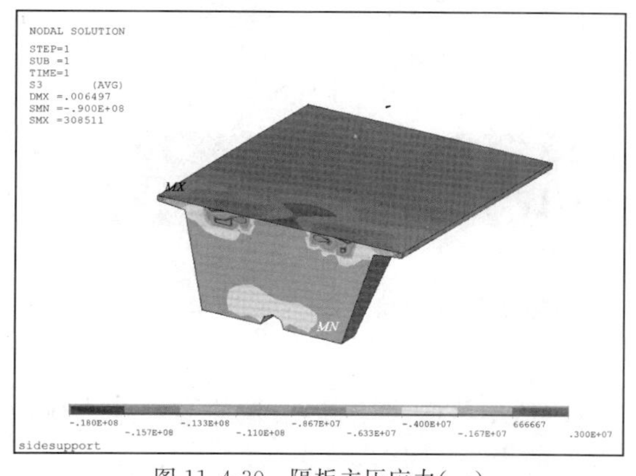

图 11.4-30 隔板主压应力(一)

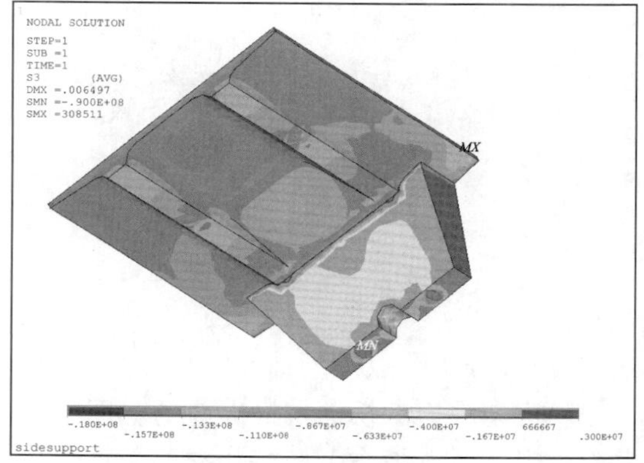

图 11.4-31 隔板主压应力(二)

综合上述分析可知,隔板的拉应力较大的地方主要出现在施加预应力及支座处的局部区域,考虑到施加荷载时造成的人为应力集中,实际应力较计算要低。这些区域,应加强普通钢筋的配置。

11.4.2 下弦节点局部分析

在结构整体分析中,腹杆采用梁单元模拟,腹杆与下弦钢管混凝土及混凝土桥面板之间均是节点连接，无法反映腹杆与下弦杆及桥面板之间相接处复杂的应力状态。因此，必须建立精细的有限元局部分析模型，考虑节点板等细部构造，计算结构的应力状态。

(1)计算模型

各种腹杆和截面尺寸如图 11.4-32 所示，由于整体分析中腹杆 1 与腹杆 2 的应力水平较高，腹杆 3 的应力水平较低，因此，仅就腹杆 1 与腹杆 2 建立节点分析模型。

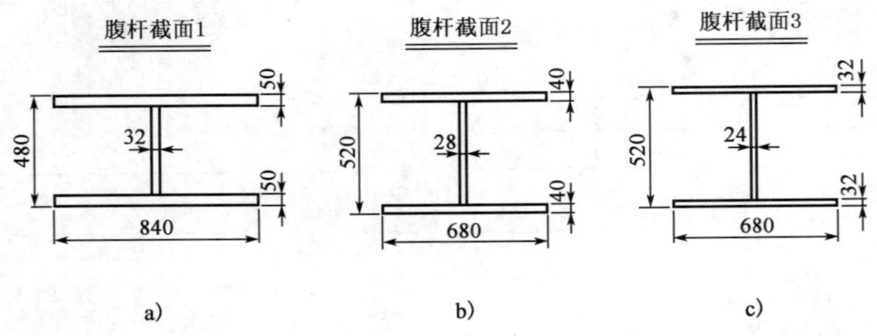

图 11.4-32 腹杆截面(尺寸单位:mm)

将与同一下弦节点相接的 4 根腹杆在整体模型中的内力作为输入，下弦节点两侧各取 3m 节段，偏保守的不考虑钢管中混凝土的作用，两端取固定约束，建立的计算模型如图 11.4-33 所示。

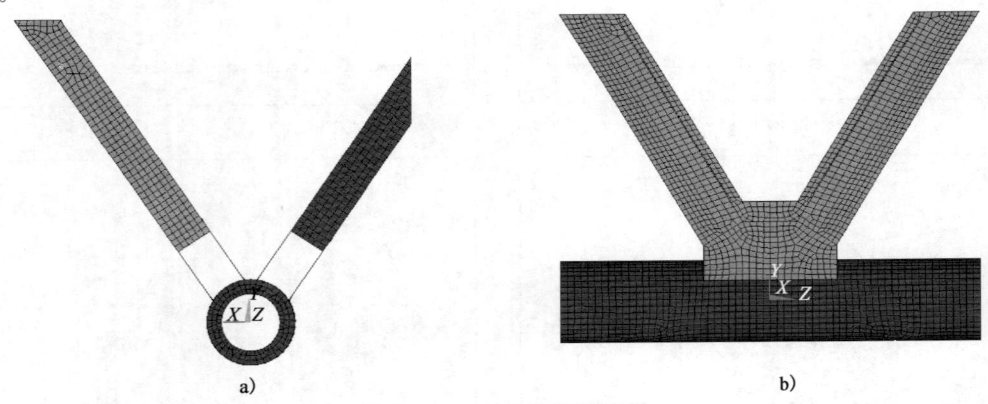

图 11.4-33 ANSYS 计算模型

(2)腹杆 1 节点模型计算结果

①横向应力。桥面板横向应力如图 11.4-34 所示，从中可以看出，最大拉应力与最大压应力均出现在节点板与下弦杆相交的角点附近。最大压应力 106MPa，最大拉应力 130MPa。

②竖向应力。桥面板竖向应力如图 11.4-35 所示，从中可以看出，最大拉应力与最大压应力均出现在节点板与下弦杆相交的角点附近。最大压应力 135MPa，最大拉应力 148MPa。

③纵向应力。纵向应力如图 11.4-36 所示，从中可以看出，最大拉应力及最大压应力出现在节点板与腹杆相接处。最大压应力 166MPa，最大拉应力 174MPa。

④最大主拉应力。图 11.4-37 中绝大部分区域主拉应力均小于 190MPa。但腹杆与节点板相接处附近有极小区域压应力超过 190MPa。

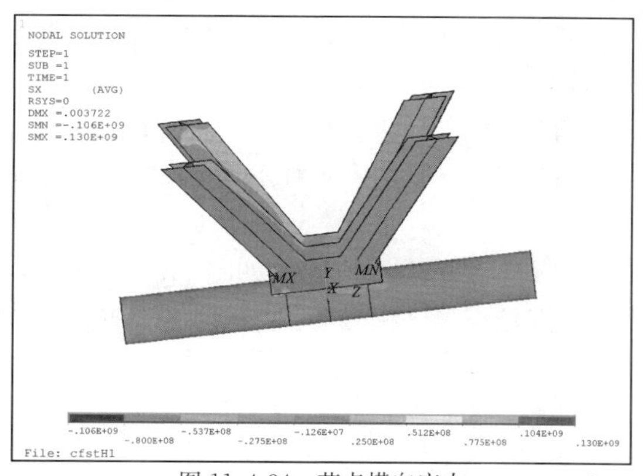

图 11.4-34 节点横向应力

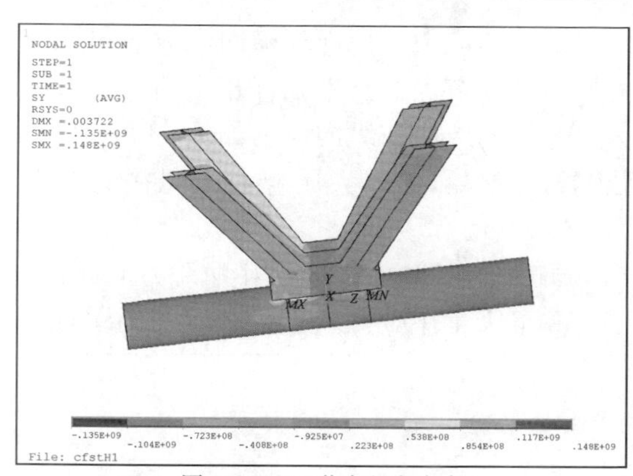

图 11.4-35 节点竖向应力

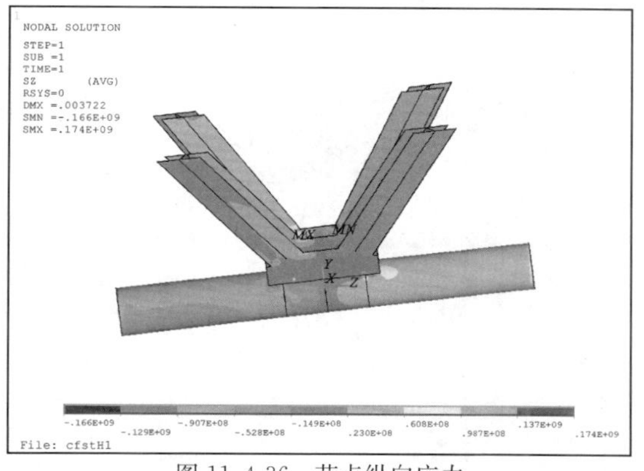

图 11.4-36 节点纵向应力

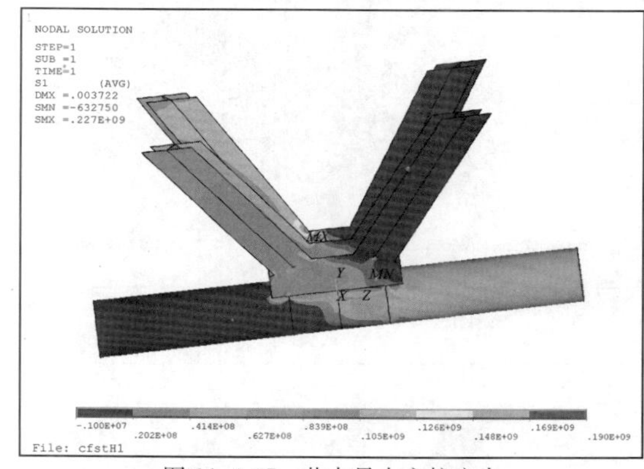

图 11.4-37 节点最大主拉应力

⑤最大主压应力。图 11.4-38 中绝大部分区域主压应力均小于 190MPa。但腹杆与节点板相接处附近有极小区域压应力超过 190MPa。

(3)腹杆 2 节点模型计算结果

①横向应力。桥面板横向应力如图 11.4-39 所示,从中可以看出,最大拉应力与最大压应力均出现在节点板与下弦杆相交的角点附近。最大压应力 165MPa,最大拉应力 137MPa。

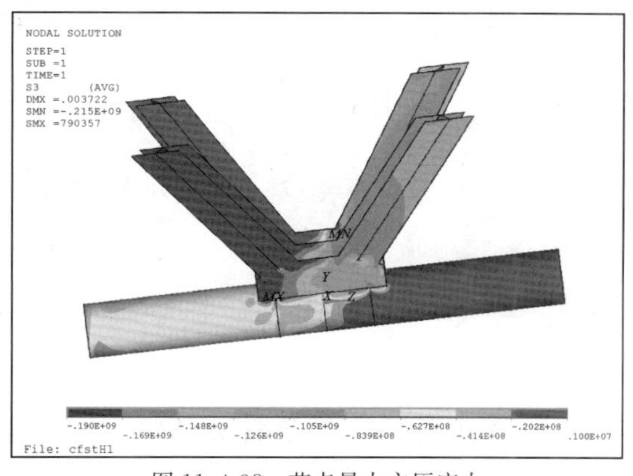

图 11.4-38 节点最大主压应力

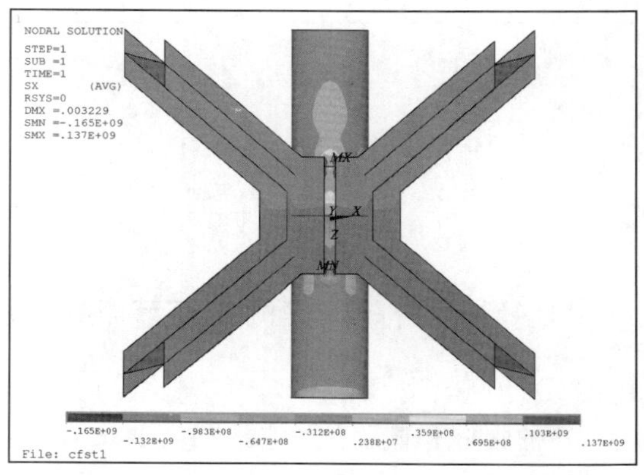

图 11.4-39 节点横向应力

②竖向应力。桥面板横向应力如图 11.4-40 所示，从中可以看出，最大拉应力与最大压应力均出现在节点板与下弦杆相交的角点附近。最大压应力 168MPa，最大拉应力 135MPa。

③纵向应力。纵向应力如图 11.4-41 所示，从中可以看出，最大拉应力出现在节点板与上弦钢管相接处，而最大压应力出现在节点板与腹杆相接处。最大压应力 125MPa，最大拉应力 124MPa。

④最大主拉应力。最大主拉应力 169MPa，出现在与腹杆与节点板相接处，如图 11.4-42 所示。

⑤最大主压应力。最大主压应力 180MPa，出现在节点板与腹杆相接处，如图 11.4-43 所示。

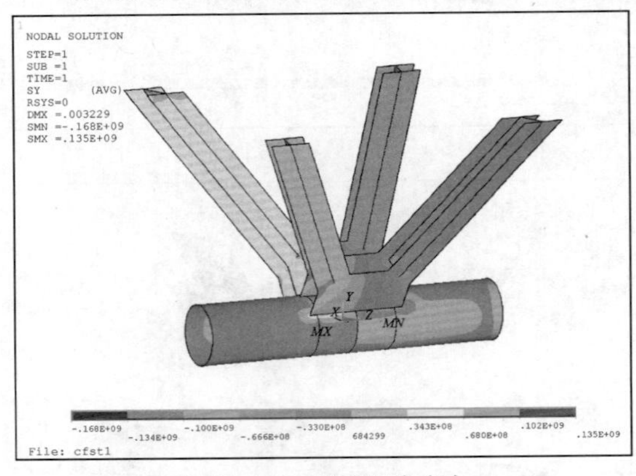

图 11.4-40　节点竖向应力

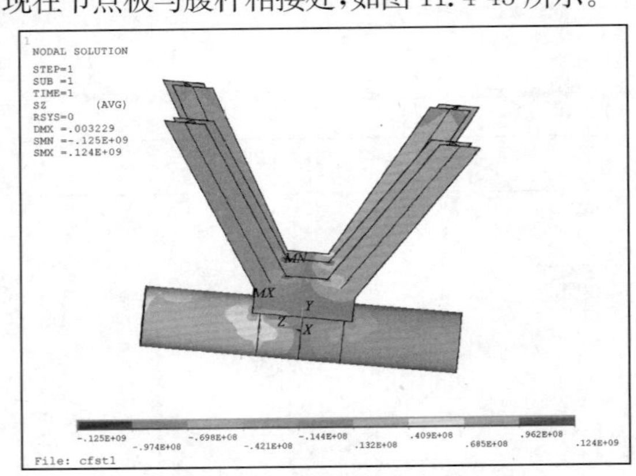

图 11.4-41　节点纵向应力

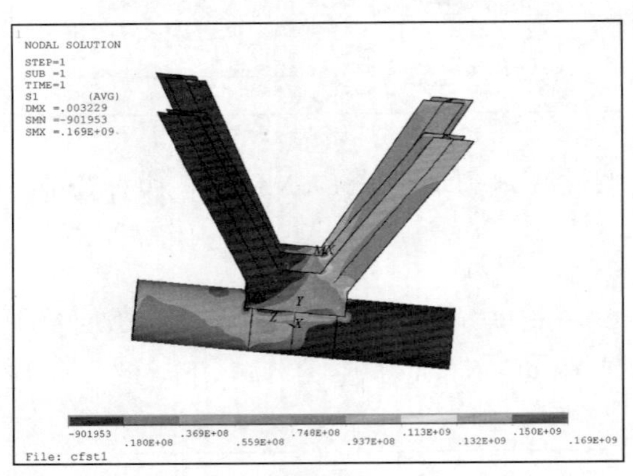

图 11.4-42　节点最大主拉应力

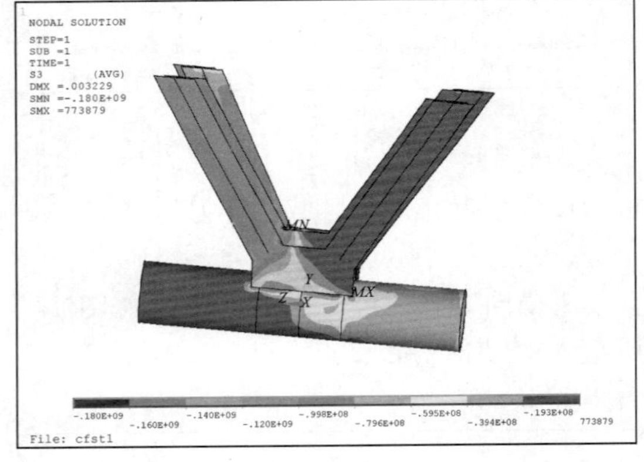

图 11.4-43　节点最大主压应力

(4)结论

通过对下弦节点进行局部应力分析，下弦节点钢管、腹杆及节点板受力均满足相关规范要求。

11.4.3　腹杆与桥面板相交节点局部分析

(1)计算模型

各种腹杆和截面尺寸如图 11.4-44 所示，由于整体分析中腹杆 1 与腹杆 2 的应力水平较高，腹杆 3 的应力水平较低，因此，仅就腹杆 1 与腹杆 2 建立节点分析模型。

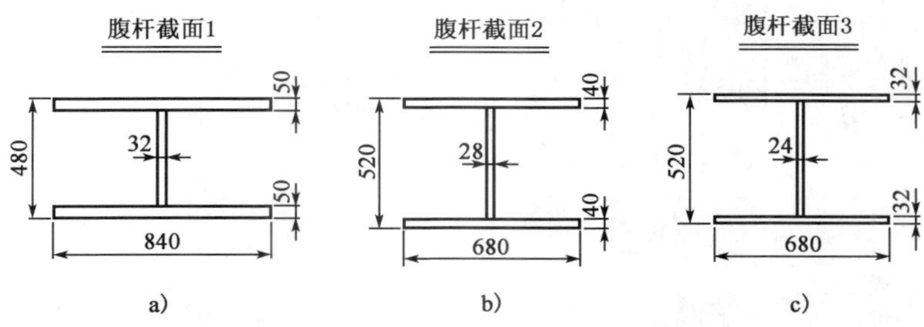

图 11.4-44 腹杆截面(尺寸单位:mm)

本计算横桥向取半边结构,建立桥面板及与其相连的两根腹杆,桥面板长度纵向取 6m 节段。混凝土桥面板采用实体单元模拟,腹杆及节点板采用板单元模拟,横向预应力钢束采用只受拉杆单元模拟。桥面板两端取固定约束,桥面板纵向预应力通过施加桥面板单元节点强制位移来模拟,通过 MIDAS 计算读取腹杆内力施加到相应腹杆上,建立的计算模型如下,如图 11.4-45所示(右侧为板单元)。

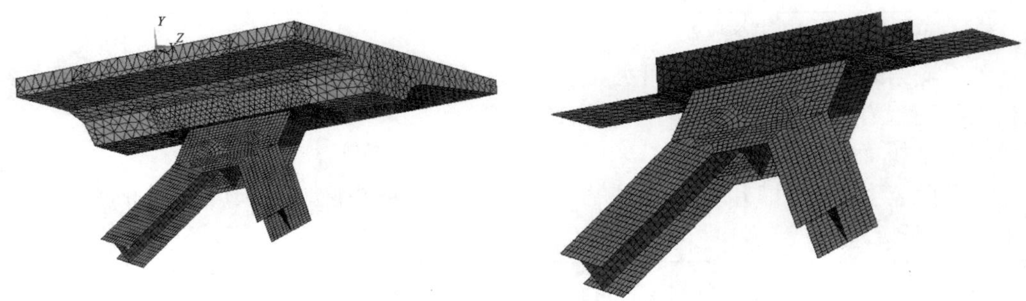

图 11.4-45 计算模型

(2)腹杆 1 对应上节点计算结果

①钢结构应力计算结果。

a. 纵桥向应力。图 11.4-46 中绝大部分区域主拉应力均小于 190MPa。但腹杆与节点板相接处附近有极小区域压应力超过 190MPa。

b. 竖向应力。图 11.4-47 中最大拉应力 149MPa,最大压应力－168MPa,均发生在腹杆与节点板相交拐点处,范围极小,其他部分应力均在－130～110MPa 范围内。

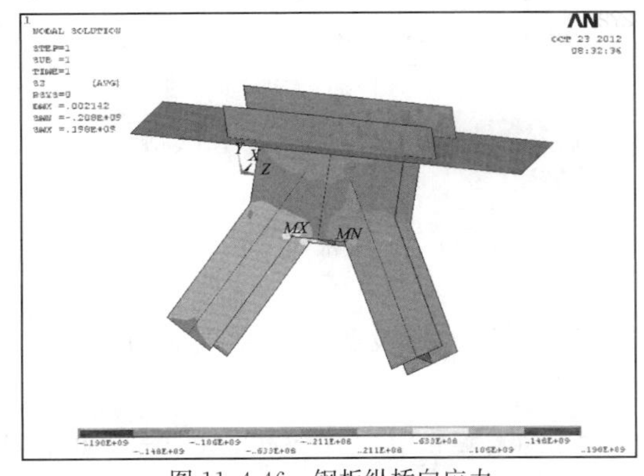

图 11.4-46 钢板纵桥向应力

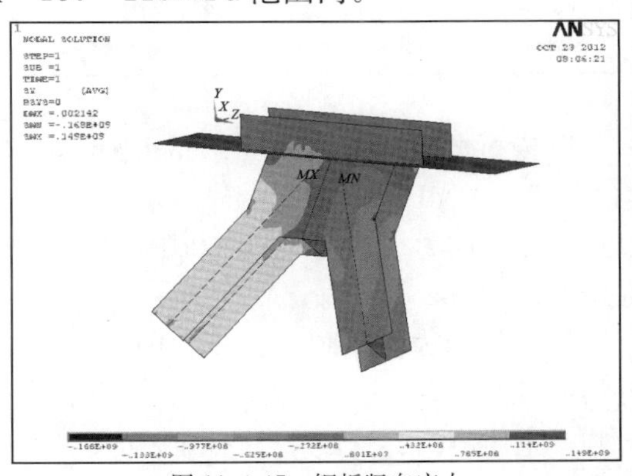

图 11.4-47 钢板竖向应力

c. 横向应力。图 11.4-48 中最大拉应力 134MPa，最大压应力－161MPa，发生在腹杆腹板顶端与节点板相交处，范围极小，其他部分应力均在－120～100MPa 范围内。

d. 主拉应力。从图 11.4-49 中可见，绝大部分区域主拉应力均小于 190MPa。但腹杆与节点板相接处附近有极小区域压应力超过 190MPa。

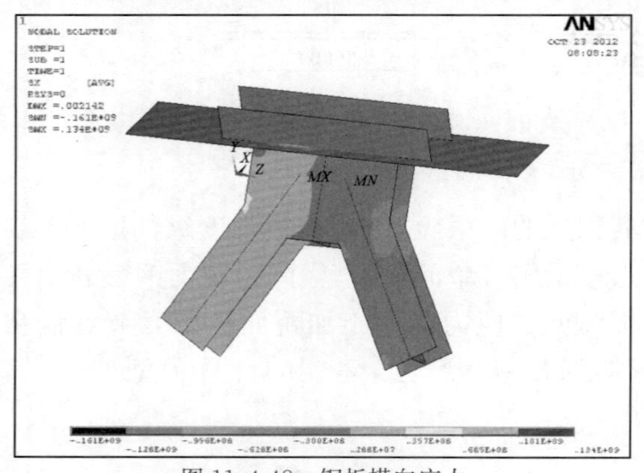

图 11.4-48 钢板横向应力

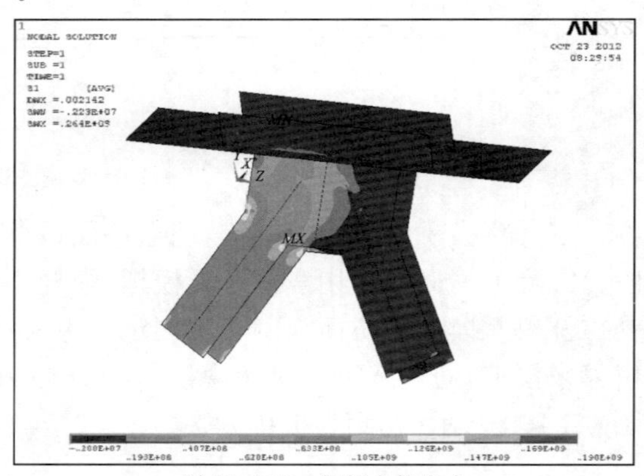

图 11.4-49 钢板主拉应力

e. 主压应力。从图 11.4-50 中可见，绝大部分区域主压应力均小于 190MPa。但腹杆与节点板相接处附近有极小区域主压应力超过 190MPa。

②混凝土桥面板应力计算结果。

a. 纵桥向应力。从图 11.4-51 中可见，除横向预应力锚头区域外，其他部分区域纵向应力均小于－20MPa。

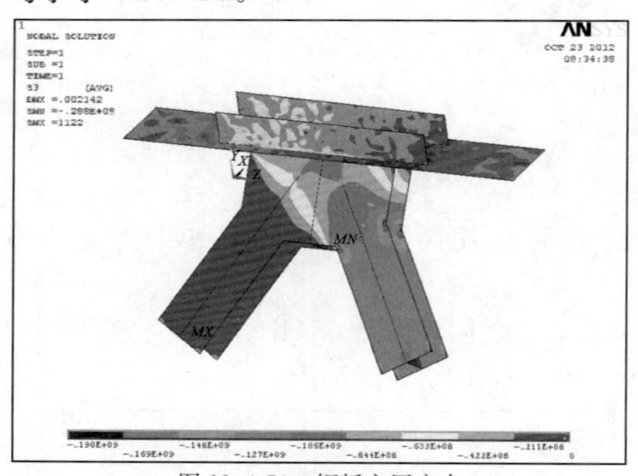

图 11.4-50 钢板主压应力

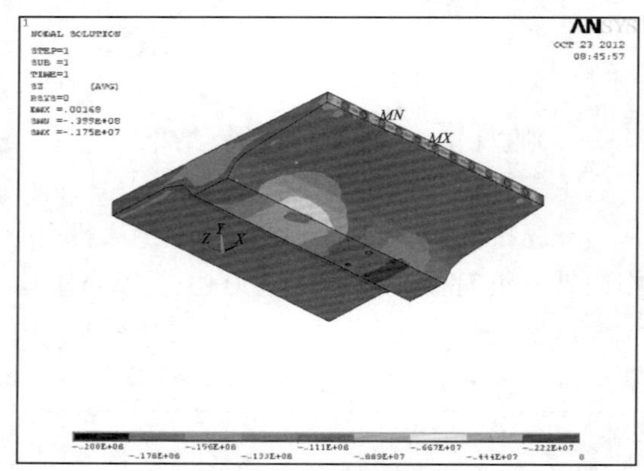

图 11.4-51 桥面板纵桥向应力

b. 横桥向应力。从图 11.4-52 中可见，除横向预应力锚头区域外，其他部分区域横向应力均在－20～3MPa 范围内。

c. 竖向应力。从图 11.4-53 中可见，除横向预应力锚头区域外，其他部分区域竖向应力均在－20～3MPa 范围内。

d. 主拉应力。从图 11.4-54 中可见，除节点板顶部与混凝土相交处最大主拉应力为 5MPa 外，其他部分区域主拉应力均小于 3MPa。

e. 主压应力。从图 11.4-55 中可见，除节点板顶部与混凝土相交处极小范围内主压应力超出－20MPa 外，其他部分区域主压应力均小于－20MPa。

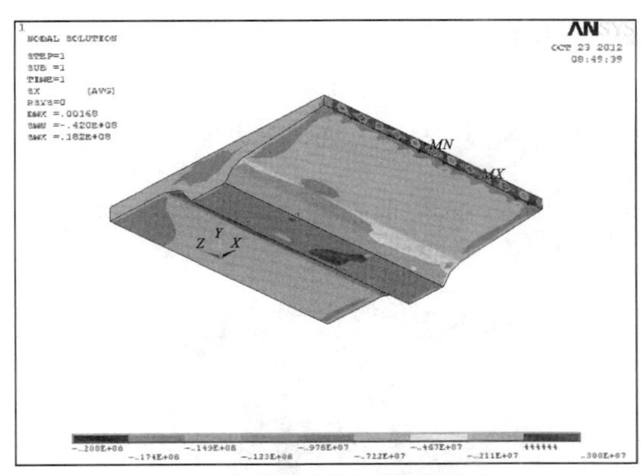

图 11.4-52 桥面板横桥向应力

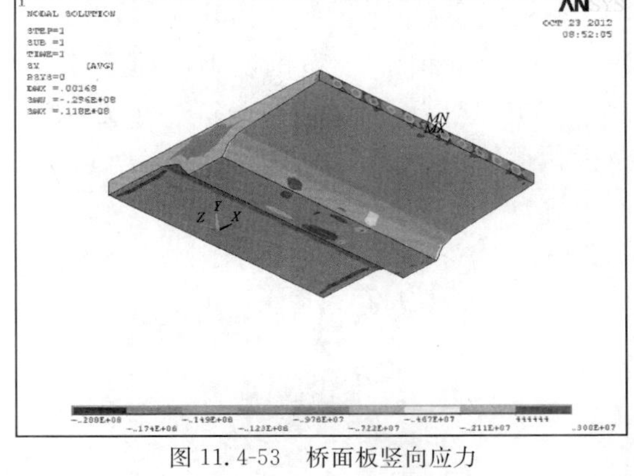

图 11.4-53 桥面板竖向应力

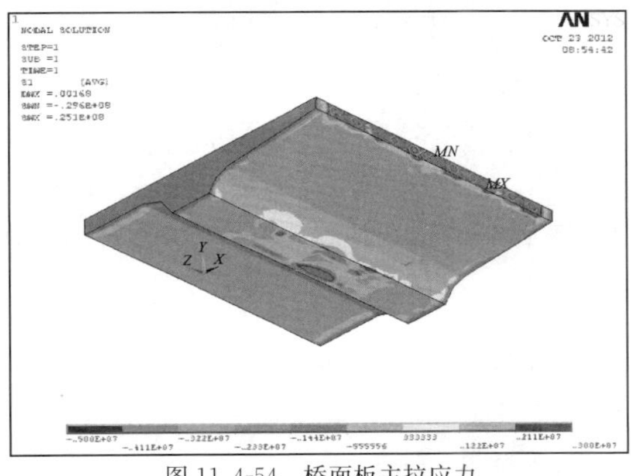

图 11.4-54 桥面板主拉应力

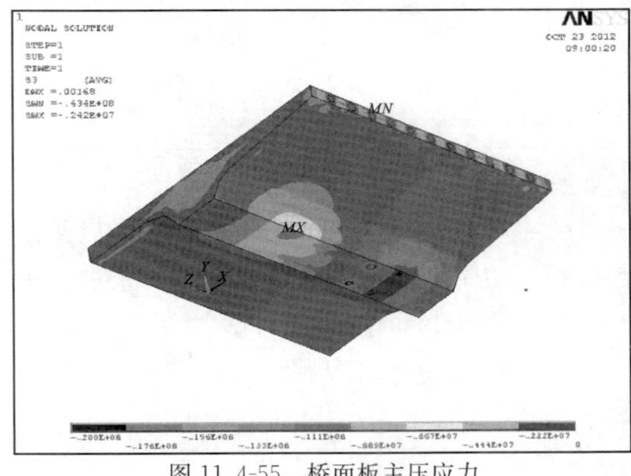

图 11.4-55 桥面板主压应力

(3)腹杆 2 对应上节点计算结果

①钢结构应力计算结果。

a. 纵桥向应力。从图 11.4-56 中可见,绝大部分区域主拉应力均小于 190MPa。但腹杆与节点板相接处附近有极小区域压应力超过 190MPa。

b. 竖向应力。图 11.4-57 中最大拉应力 168MPa,最大压应力−194MPa,均发生在腹杆与节点板相交拐点处,范围极小,其他部分应力均在−150～130MPa 范围内。

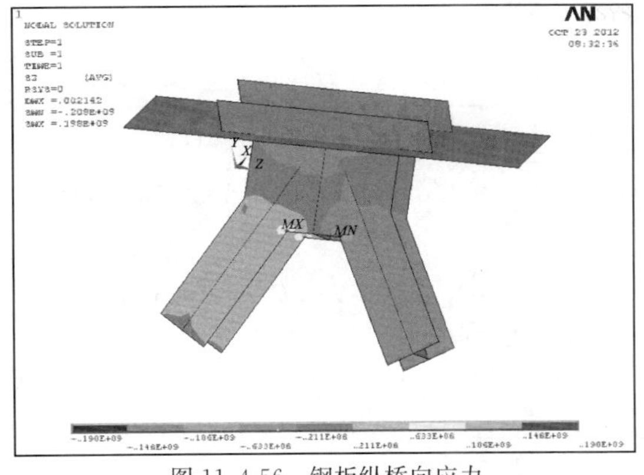

图 11.4-56 钢板纵桥向应力

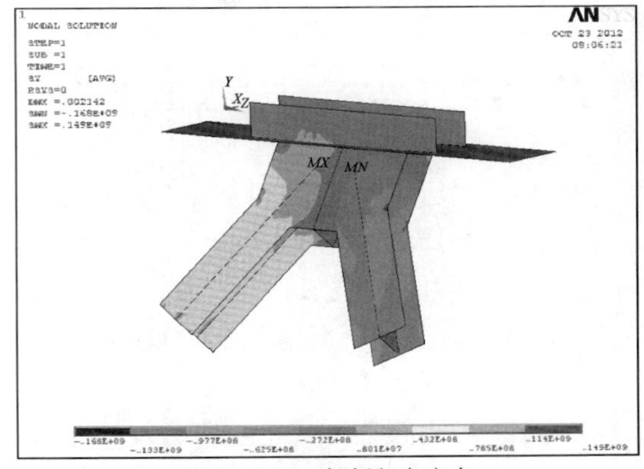

图 11.4-57 钢板竖向应力

c. 横向应力。图 11.4-58 中最大拉应力 173MPa，最大压应力－212MPa，发生在腹杆腹板顶端与节点板相交处，范围极小，其他部分应力均在－150～130MPa 范围内。

d. 主拉应力。从图 11.4-59 中可见，绝大部分区域主拉应力均小于 190MPa。但腹杆与节点板相接处附近有极小区域压应力超过 190MPa。

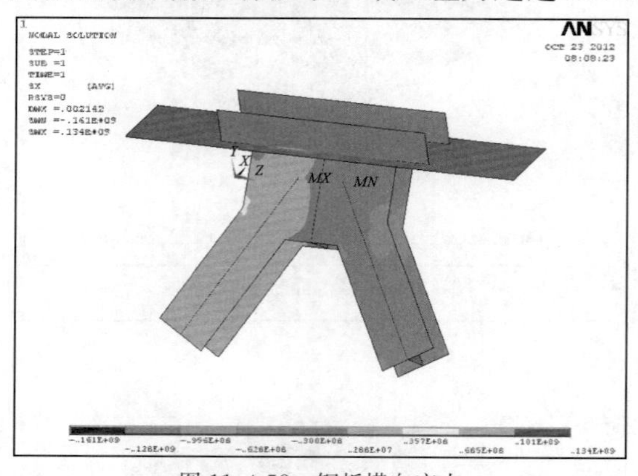

图 11.4-58 钢板横向应力

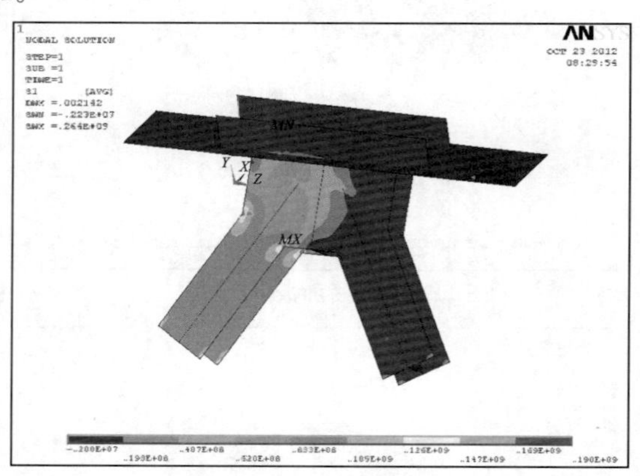

图 11.4-59 钢板主拉应力

e. 主压应力。从图 11.4-60 中可见，绝大部分区域主压应力均小于 190MPa。但腹杆与节点板相接处附近有极小区域压应力超过 190MPa。

②混凝土桥面板应力计算结果。

a. 纵桥向应力。从图 11.4-61 中可见，除横向预应力锚头区域外，其他部分区域纵向应力均小于－20MPa。

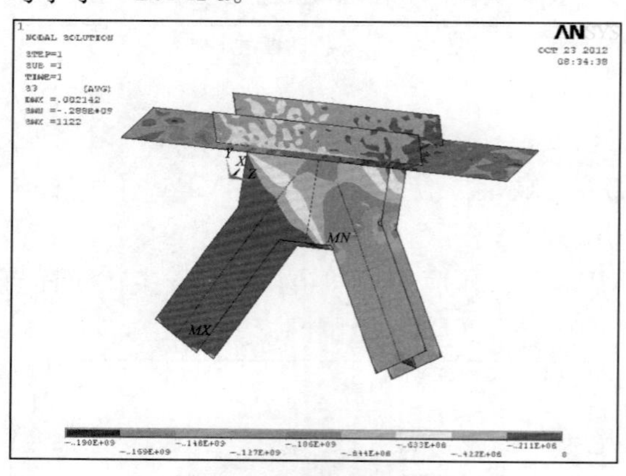

图 11.4-60 钢板主压应力

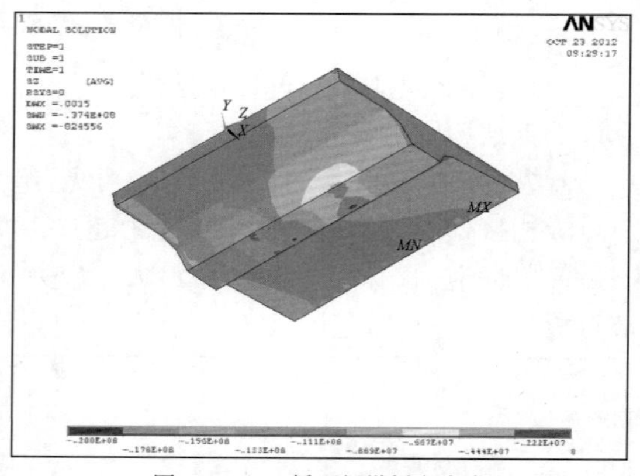

图 11.4-61 桥面板纵桥向应力

b. 横桥向应力。从图 11.4-62 中可见，除横向预应力锚头区域外，其他部分区域横向应力均在－20～3MPa 范围内。

c. 竖向应力。从图 11.4-63 中可见，除横向预应力锚头区域及节点板与混凝土桥面板相交局部区域外，其他部分区域竖向应力均在－20～3MPa 范围内。

d. 主拉应力。从图 11.4-64 中可见，除节点板顶部与混凝土相交处最大主拉应力为 5.5MPa外，其他部分区域主拉应力均小于 3MPa。

e. 主压应力。从图 11.4-65 中可见，除节点板顶部与混凝土相交处极小范围内主压应力超出－20MPa外,其他部分区域主压应力均小于－20MPa。

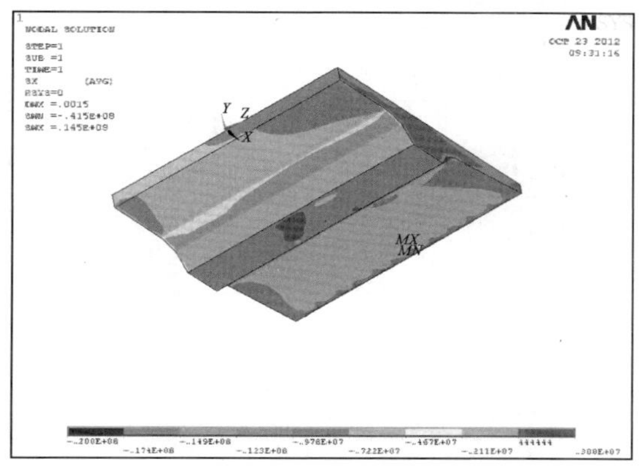

图11.4-62 桥面板横桥向应力

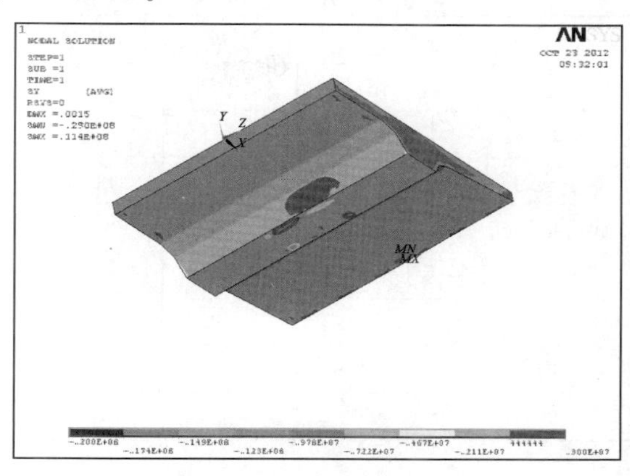

图11.4-63 桥面板竖向应力

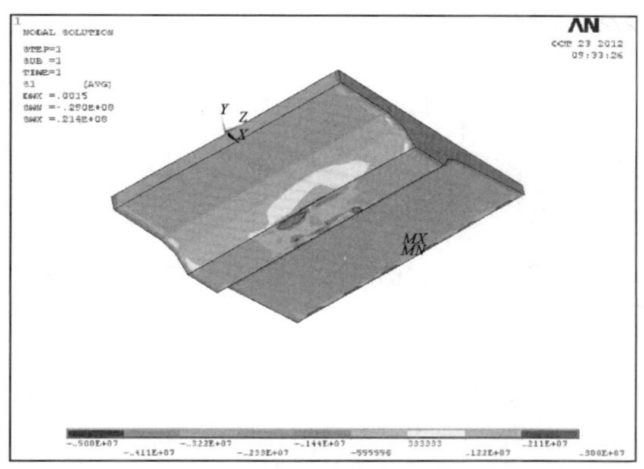

图11.4-64 桥面板主拉应力

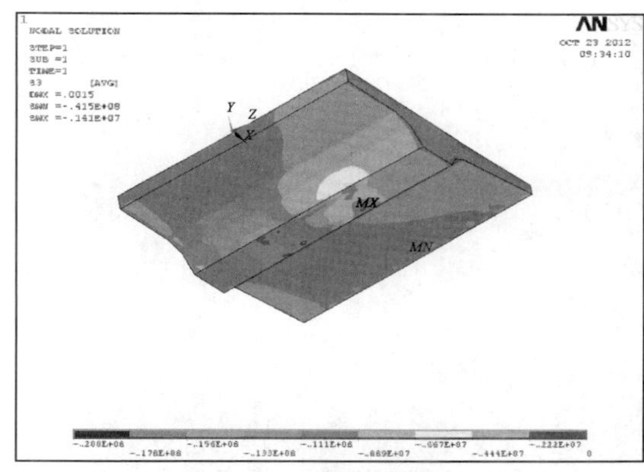

图11.4-65 桥面板主压应力

(4)结论

通过对腹杆与混凝土板相交区进行局部应力分析,上节点板、腹杆及混凝土桥面板受力满足相关规范要求。

11.5 中支点落梁措施

在钢—混凝土连续结合梁安装完成后,在中支点实施落梁以改善主要构件的受力状况是常用的施工措施。对于三角形截面钢管混凝土桁架连续组合梁,采用支架法施工是比较合理的,在设计计算中对主梁施工结束后中支点落梁的效果进行了分析。

主要截面钢结构的应力如表11.5-1所示,从中可以看出:不落梁时,下弦钢管应力在主＋附工况下,最大应力达到252MPa,应力高且拉、压应力不均匀;采用落梁措施后,主＋附工况下钢管中支点压应力与跨中拉应力较为均匀,且最大应力有所降低。

除钢管混凝土结构外,各个腹杆的应力也有了一定的改善,因此采用落梁的施工措施是合理的。

不同施工过程钢结构应力对比(单位:MPa) 表 11.5-1

位　置	落梁模型				不落梁模型			
	恒载	恒＋活	主力	主＋附	恒载	恒＋活	主力	主＋附
钢管中支点	−156	−195	−204	−229	−189	−212	−222	−252
钢管边跨跨中	155	214	220	229	94.2	152.4	162	181
钢管中跨跨中	113	173	177	208	−115	−130	−136	−190
钢管 1/4 点	−85	−95	−99	−121	−70.6	−120	−126	−154
腹杆 1	−139	−182	−186	−191	−160	−199	−206	−216
腹杆 2	−138	−186	−190	−199	133	167	173	180
腹杆 3	−93	−135	−141	−151	−137	−174	−184	−204

参 考 文 献

[1] 韩林海.钢管混凝土结构——理论与实践[M].2版.北京:科学出版社,2007.
[2] 蔡绍怀.现代钢管混凝土结构[M].北京:人民交通出版社,2007.
[3] 徐升桥.广州丫髻沙大桥主桥设计研究[J].铁道标准设计,2001(6):2-7.
[4] 徐升桥.铁路桥梁钢管混凝土结构基本设计参数研究[J].铁道标准设计,2011(3):52-55.
[5] 李国强,徐升桥.铁路桥梁钢管混凝土结构体系参数研究[J].铁道标准设计,2013(4):27-30.
[6] 韦建刚,陈宝春.钢管混凝土拱桥拱肋刚度设计取值分析[J].交通运输工程学报,2008,8(2):34-39.
[7] 徐升桥,高静青.三管式空间桁架钢管混凝土拱桥的创新技术[J].钢结构,2012(10):42-45.
[8] 西南交通大学结构工程试验中心.宜万铁路宜昌长江大桥荷载试验报告[R].成都:2011.
[9] 马庭林,徐勇.水柏铁路北盘江大桥设计[J].桥梁建设,2001(5):25-30.
[10] 西南交通大学结构工程试验中心.宜万铁路野三河大桥荷载试验报告[R].成都:2011.
[11] 艾智能.钢管混凝土拱桥节点疲劳疲劳寿命研究[D].成都:西南交通大学,2002.
[12] 白玉慧.自应力钢管混凝土节点疲劳试验与数值分析研究[D].重庆:重庆交通大学,2010.
[13] 徐升桥,彭岚平.铁路桥梁承载能力可靠性分析[J].铁道标准设计,2013(1):45-51.
[14] 中华人民共和国行业标准.TB 10002.2—2005 铁路桥梁钢结构设计规范[S].北京:中国铁道出版社,2005.
[15] 中华人民共和国行业标准.TB 10002.3—2005 铁路桥涵钢筋混凝土和预应力混凝土结构设计规范[S].北京:中国铁道出版社,2005.
[16] Recommended practice DNV-RP-C203,Fatigue design of offshore steel structures[M]. Det Norske Veritas. April 2010.
[17] 聂建国.钢—混凝土组合结构桥梁[M].北京:人民交通出版社,2011.
[18] 贡金鑫,魏巍巍.工程结构可靠性设计原理[M].北京:机械工业出版社,2007.
[19] 陈宝春,韦建刚,吴庆雄.钢管混凝土拱桥技术规程与设计应用[M].北京:人民交通出版社,2011.
[20] CECS 28:2012 钢管混凝土结构技术规程[S].北京:中国计划出版社,2012.